北京大学"双一流"建设成果
方李邦琴北京大学人文学科文库出版基金赞助

北 京 大 学 | 北大中国语言学
人文学科文库 | 研 究 丛 书

汉语方言的共时分类与历史层次

Classification and Historical Strata of Chinese Dialects

李小凡 著

北京大学出版社
PEKING UNIVERSITY PRESS

图书在版编目（CIP）数据

汉语方言的共时分类与历史层次 / 李小凡著 . -- 北京：北京大学出版社，2024.9

（北京大学人文学科文库 . 北大中国语言学研究丛书）

ISBN 978-7-301-33186-6

Ⅰ . ①汉…　Ⅱ . ①李…　Ⅲ . ①汉语方言 – 方言研究　Ⅳ . ① H17

中国版本图书馆 CIP 数据核字（2022）第 132644 号

书　　名	汉语方言的共时分类与历史层次 HANYU FANGYAN DE GONGSHI FENLEI YU LISHI CENGCI
著作责任者	李小凡　著
责任编辑	崔　蕊
标准书号	ISBN 978-7-301-33186-6
出版发行	北京大学出版社
地　　址	北京市海淀区成府路 205 号　100871
网　　址	http://www.pup.cn　　新浪微博：@ 北京大学出版社
电子邮箱	zpup@pup.cn
电　　话	邮购部 010-62752015　发行部 010-62750672　编辑部 010-62754144
印 刷 者	北京中科印刷有限公司
经 销 者	新华书店
	650 毫米 ×980 毫米　16 开本　13.5 印张　207 千字
	2024 年 9 月第 1 版　2024 年 9 月第 1 次印刷
定　　价	58.00 元

总　序

袁行霈

人文学科是北京大学的传统优势学科。早在京师大学堂建立之初，就设立了经学科、文学科，预科学生必须在5种外语中选修一种。京师大学堂于1912年改为现名，1917年，蔡元培先生出任北京大学校长，他“循思想自由原则，取兼容并包主义”，促进了思想解放和学术繁荣。1921年北大成立了四个全校性的研究所，下设自然科学、社会科学、国学和外国文学四门，人文学科仍然居于重要地位，广受社会的关注。这个传统一直沿袭下来，中华人民共和国成立后，1952年北京大学与清华大学、燕京大学三校的文、理科合并为现在的北京大学，大师云集，人文荟萃，成果斐然。改革开放后，北京大学的历史翻开了新的一页。

近十几年来，人文学科在学科建设、人才培养、师资队伍建设、教学科研等各方面改善了条件，取得了显著成绩。北大的人文学科门类齐全，在国内整体上居于优势地位，在世界上也占有引人瞩目的地位，相继出版了《中华文明史》《世界文明史》《世界现代化历程》《中国儒学史》《中国美学通史》《欧洲文学史》等高水平的著作，并主持了许多重大的考古项目，这些成果发挥着引领学术前进的作用。目前北大还承担着《儒藏》《中华文明探源》《北京大学藏西汉竹书》的整理与研究工作，以及《新编新注十三经》等重要项目。

与此同时,我们也清醒地看到,北大人文学科整体的绝对优势正在减弱,有的学科只具备相对优势了;有的成果规模优势明显,高度优势还有待提升。北大出了许多成果,但还要出思想,要产生影响人类命运和前途的思想理论。我们距离理想的目标还有相当长的距离，需要人文学科的老师和同学们加倍努力。

我曾经说过：与自然科学或社会科学相比，人文学科的成果，难以直接转化为生产力，给社会带来财富，人们或以为无用。其实，人文学科力求揭示人生的意义和价值、塑造理想的人格，指点人生趋向完美的境地。它能丰富人的精神，美化人的心灵，提升人的品德，协调人和自然的关系以及人和人的关系，促使人把自己掌握的知识和技术用到造福于人类的正道上来，这是人文无用之大用！试想，如果我们的心灵中没有诗意，我们的记忆中没有历史,我们的思考中没有哲理,我们的生活将成为什么样子?国家的强盛与否，将来不仅要看经济实力、国防实力，也要看国民的精神世界是否丰富，活得充实不充实，愉快不愉快，自在不自在，美不美。

一个民族，如果从根本上丧失了对人文学科的热情，丧失了对人文精神的追求和坚守，这个民族就丧失了进步的精神源泉。文化是一个民族的标志，是一个民族的根，在经济全球化的大趋势中，拥有几千年文化传统的中华民族，必须自觉维护自己的根，并以开放的态度吸取世界上其他民族的优秀文化，以跟上世界的潮流。站在这样的高度看待人文学科，我们深感责任之重大与紧迫。

北大人文学科的老师们蕴藏着巨大的潜力和创造性。我相信，只要使老师们的潜力充分发挥出来，北大人文学科便能克服种种障碍，在国内外开辟出一片新天地。

人文学科的研究主要是著书立说，以个体撰写著作为一大特点。除了需要协同研究的集体大项目外，我们还希望为教师独立探索，撰写、出版专著搭建平台,形成既具个体思想,又汇聚集体智慧的系列研究成果。为此,北京大学人文学部决定编辑出版“北京大学人文学科文库”，旨在汇集新时代北大人文学科的优秀成果，弘扬北大人文学科的学术传统，展示北大人文学科的整体实力和研究特色，为推动北大世界一流大学建设、促进人文学术发展做出贡献。

我们需要努力营造宽松的学术环境、浓厚的研究气氛。既要提倡教师根据国家的需要选择研究课题，集中人力物力进行研究，也鼓励教师按照自己的兴趣自由地选择课题。鼓励自由选题是“北京大学人文学科文库”的一个特点。

我们不可满足于泛泛的议论，也不可追求热闹，而应沉潜下来，认真钻研，将切实的成果贡献给社会。学术质量是“北京大学人文学科文库”的一大追求。文库的撰稿者会力求通过自己潜心研究、多年积累而成的优秀成果，来展示自己的学术水平。

我们要保持优良的学风，进一步突出北大的个性与特色。北大人要有大志气、大眼光、大手笔、大格局、大气象，做一些符合北大地位的事，做一些开风气之先的事。北大不能随波逐流，不能甘于平庸，不能跟在别人后面小打小闹。北大的学者要有与北大相称的气质、气节、气派、气势、气宇、气度、气韵和气象。北大的学者要致力于弘扬民族精神和时代精神，以提升国民的人文素质为己任。而承担这样的使命，首先要有谦逊的态度，向人民群众学习，向兄弟院校学习。切不可妄自尊大，目空一切。这也是“北京大学人文学科文库”力求展现的北大的人文素质。

这个文库目前有以下17套丛书：

“北大中国文学研究丛书”

“北大中国语言学研究丛书”

“北大比较文学与世界文学研究丛书”

“北大中国史研究丛书”

“北大世界史研究丛书”

“北大考古学研究丛书”

“北大马克思主义哲学研究丛书”

“北大中国哲学研究丛书”

“北大外国哲学研究丛书”

“北大东方文学研究丛书”
“北大欧美文学研究丛书”
“北大外国语言学研究丛书”
“北大艺术学研究丛书”
“北大对外汉语研究丛书”
“北大古典学研究丛书”
“北大人文学古今融通研究丛书”
“北大人文跨学科研究丛书”[①]

这 17 套丛书仅收入学术新作，涵盖了北大人文学科的多个领域，它们的推出有利于读者整体了解当下北大人文学者的科研动态、学术实力和研究特色。这一文库将持续编辑出版，我们相信通过老中青学者的不断努力，其影响会越来越大，并将对北大人文学科的建设和北大创建世界一流大学起到积极作用，进而引起国际学术界的瞩目。

---

① 本文库中获得国家社科基金后期资助或入选国家哲学社会科学成果文库的专著，因出版设计另有要求，因此加星号注标，在文库中存目。

丛书序言

北京大学的中国语言学研究可以追溯到京师大学堂所设国文门，新文化运动时期的新旧两派人物胡适、钱玄同、刘复、黄侃等，同时也是语言学研究者。刘复《四声实验录》（1924）更是开中国实验语音学之先河。此后，罗常培、白涤洲、唐兰、何容、陆宗达、俞敏、李荣等学者先后在老北大任教。1952年院系调整后，北京大学中文系大师云集，如王力、袁家骅、魏建功、岑麒祥、杨伯峻、高名凯、周祖谟等名家，朱德熙、林焘等年轻一代也崭露头角，北大中文系成为全国语言学研究的重镇。20世纪70年代末改革开放后，王力、朱德熙、林焘等老一辈学者迎来语言学研究的高峰，唐作藩、郭锡良、曹先擢、裘锡圭、何九盈、蒋绍愚、石安石、贾彦德、徐通锵、叶蜚声、陈松岑、索振羽、吴竞存、王福堂、王理嘉、陆俭明、侯学超、符淮青、马真、苏培成等中年学者和沈炯、张双棣、李家浩、张联荣、宋绍年、张卫东、刘勋宁等青年学者也大放异彩，成为中国语言学界的中坚力量。从20世纪80年代末开始，恢复高考后培养的新一代语言学者逐步成熟，担负起北大中文系语言学教学科研的重任。本丛书即是北大中文系新一代语言学者的最新研究成果。

放入丛书的，是作者几年甚至十几年的研究心血。目前收入丛书的专著，内容涉及汉语方言学、汉语语法史、汉语语音史、现代汉语语法、汉语语义和语用、语言学史、少数民族语言等不同方面，基本囊括了北大中文系语言学教研室、古代汉语教研室、现代汉语教研室和语音实验室的所有研究领域。随着研究的继续，还将有新的成果入选。

北大中文系的语言学研究者，其实成果并不算多，但却独具个性。这也许与老北大的学风有关。前人有云："北大的学风仿佛有点迂阔似的，有些明其道不计其功的气概，肯冒点险却并不想获益。""北大该走他自己的路，去做人家所不做的而不做人家所做的事。北大的学风宁可迂阔一点，不要太漂亮，太聪明。"朱德熙师也说，"以中国之大，在北大这样的学校里，让一部分愿意并且也习惯于坐冷板凳的人去钻研一些不急之务，是合理的，也是必要的"。学风大概是可以遗传的，当代北大的语言学者大抵也是如此。做研究，凭的是自己的兴趣和好奇心，绝无功利之想。这样的学风，在当今的环境下，有些不识时务。但是正是这种只顾耕耘、不问收获的境界，如小孩玩泥巴一般的乐趣，让北大中文系的语言学研究，多了一点为学术而学术的纯粹，少了一些为论文而论文的庸俗。

不过，既然付出了耕耘之苦，收获的思想之光也理应传之于世。北大要做的，应该是把那些冷板凳上的语言学者的成果尽入彀中，促成其发表出版，推动中国语言学的进步。这应该也是北大设立"北京大学人文学科文库"的初衷吧。

郭　锐　王洪君

2020年11月12日

序 言

李小凡老师1954年10月出生于苏州，1979年考入北京大学中文系汉语专业，1983年毕业留校任教。我1981年考入北京大学中文系汉语专业，低李老师两个年级。可是从年龄上说，李老师可大多了。李老师1970年上山下乡，在苏北盐城地区大丰县金墩人民公社插队务农。那会儿我还没踏进小学的门呢。北京大学中文系汉语专业是1978年恢复招生的，而七八、七九级中有很多像李老师这样阅历丰富、老成持重的专业大哥、大姐。在我们这些从小学一直念到大学的毛头小伙眼里，他们都特别用功，仿佛有使不完的劲儿，精诚刚毅、能力超群，用现在的流行语说，个个都是“学霸”。

“汉八一”1984年赴苏州方言调查实习。那会儿李老师已经是我们的老师了。那年的实习就是李老师的父亲帮忙联系的。实习队住在苏州大学的学生宿舍里，记音也借用苏州大学的教室。记得那年指导我们实习的老师是王福堂、王理嘉、石安石、杨必胜、刘勋宁、王若江、李小凡、郭锐等八位老师。实习队的很多具体事务都是李老师在张罗。

1985年本科毕业后我考上本系现代汉语研究生班，而李老师则开始随王福堂先生攻读在职研究生。我们成了同级研究生，很多课都是一起上的。1987年我研究生班毕业分配到国家语言文字工作委员会工作，1992年底调回母校，在中文系任教至今。需要特别提到的是，1988年李小凡老师撰写的硕士学位论文《从苏州青年人语音看苏州音系六十年来的变迁》，答辩时深得专家认可。下面引李老师自己的一段话（《承泽堂方言论丛》276页，李小凡、项梦冰主编，语文出版社，2014年）：

> 文中涉及苏州话的连读变调，对于同一发音人将同一字组先后读作不同连调式的纷乱现象，早在几年前我协助王老师带学生到苏州进行方言调查实习时已经领教，并深感困惑。后经王老师指点，我调查了上海话，顿悟苏州话的乱象乃是连调系统和单字调系统互相制约、互相调适的反映。老派上海话单字调比新派多，连读变调的乱象并不亚于苏州，新派单字调简化，与连调的对应则相当整齐，而苏州话尚处于调适过程中。多年后，那届学生入学20周年之际重聚燕园，王老师到场宣布：当年困扰大家的这个问题，现在大体搞清楚了。

李老师提到的“那届学生”即“汉八一”。我因为在福建做田野调查没有参加聚会。李老师硕士论文中解决苏州话连调乱象的精彩之论曾以《苏州话的字调转移及其成因》为题载于严家炎、袁行霈两位先生主编的《缀玉集》479—493页（北京大学出版社，1990年）。

除了特殊原因没有安排方言调查实习外，方言组的老师照例每年暑期都要跟学生一起到外地进行方言调查实习。我调回母校后自然也加入了这一行列。开始仍然是王福堂先生带队，到20世纪90年代后期，王福堂先生因年龄原因不再参加（印象中1996年江西宜春的方言调查实习是王福堂先生最后一次领队，是年我受系里委派到韩国讲学，没有参加），改由李老师带队，一直到2012年7月赴广东湛江方言调查实习。李老师就是在那次实习中身体出了状况。大家开始都以为就是普通的胃病，调理调理就恢复了，谁知每况愈下，到2015年7月竟成了天人之隔。

李老师留校任教的同时，还长期兼职从事学生工作和党务工作。1988年至1995年任北京大学中文系党委副书记，1995年至2005年任北京大学中文系党委书记。李老师淡泊名利，克己奉献，敢于直言，兢兢业业，任劳任怨。曾获北京市高等教育精品教材奖、北京市教学成果一等奖、国家级教学成果二等奖、北京市优秀教师和北京大学“十佳教师”称号、第一届北京大学优秀党务和思想政治工作者“李大钊奖”、2014年北京大学优秀共产党员标兵。

李老师的代表性学术著作有《苏州方言语法研究》（北京大学出版社，1998年）。参与编写的教材有《现代汉语专题教程》（北京大学出版社，2003年），主持编写的教材有《汉语方言学基础教程》（北京大学出版社，2009年）。现在这本《汉语方言的共时分类与历史层次》无疑是李老师最重要的一部学术著作，代表了他几十年来于汉语方言学领域所做的理论思考和方法探索。

这本书分上下两编。上编论方言分区，重点阐述现代汉语方言整体分类的方法论以及疑难问题。疑难问题从平话问题切入，对晋语、徽语问题也都有言简意赅的精论。下编论历史层次，对历史层次的含义，汉语方言历史层次的争议问题、学术渊源，文白异读和文白层次的纠缠以及分析框架都有平衡、切旨的阐述，尤为有七个具体专题的抽丝剥茧、析毫剖厘。

总之，这是一部很有深度的著作，不仅展现出独到的理论眼光，对学理的重视程度更是超乎寻常。尤为重要的是，作者能从具体问题（特别是一些学术热点问题）入手，运用精细的分析技巧，如同熟练的玉匠精心磨砺宝石一般，将问题层层剖解，直至抓住其精髓。读者在阅读过程中，可以领略到理论之光与实证之韵所交织出的学术之美，宛如进入一片璀璨的知识海洋。诚可谓汉语方言学理论和实践相结合的佳作。

毋庸讳言，重理论、直面学术热点问题往往存在见仁见智的问题，而涉及学术史的方面挂一漏万更是在所难免。但这丝毫不会影响本书的价值。我相信这本书不仅是同行研究的有益参考，更是汉语方言学教学的一本值得推荐的优秀读物，可与王福堂先生《汉语方言语音的演变和层次》（语文出版社，1999年，2005年修订本）互为补充。

倏忽八载，恍若隔世；物是人非，良可叹息。遂赋诗曰：

容仪俊逸属鸿儒，
止足持盈志未枯。
若欲安身须束带，
思君不见忆姑苏。

项梦冰谨记

2023年11月2日于北京西二旗搏微斋

目　录

下编：历史层次

前　言

方言学立足于田野调查。田野调查的活语料属于同一时代的共时语言系统。本书从共时角度对现代汉语方言进行分类，对共时系统中的某些不规则现象进行历史层次分析。

汉语方言的共时分类不同于历史语言学的谱系分析。前者是对同源关系明显的现代方言进行分类，后者则是为了确定各种关系不明的现代语言是否具有同源关系。前者着眼于共时状态，后者着眼于历时演变。

汉语方言的历史层次有两个不同的角度，有人用来分析和解释共时系统中不规则的例外现象，有人为了构拟纯粹的原始语用来剔除不纯粹的外来层次。前者属于共时描写语言学范畴，后者属于历史语言学范畴。

方言分类和历史层次都是多年来争论未休的问题，本书是笔者近十年来对这两个问题的思考。本书是国家社会科学基金“十五”项目“汉语方言历史层次研究”（批准号 03BYY028；结项号 20111054）结项成果。

2015 年 7 月

上　编

方言分区

一、汉语方言分区方法再认识

1.1 引言

自从《中国语言地图集》（1987）对汉语方言作出新的分区以来，关于方言分区问题的讨论就成为引人关注的学术焦点，一直持续至今。争论表现在两个方面，一是分区的方案，二是分区的方法。前者主要是某些方言区的分合之争，后者主要是分区标准之争。总的来说，这场讨论是以方案之争为主的，关于方法的讨论往往只是被包含在方案之争中，因而显得零碎而缺乏系统性。本章试从方法论的角度重新审视汉语方言分区问题。

1.2 事物分类和方言分区

方言分区本质上是语言的分类。既然是分类，就必须遵守事物分类的一般逻辑，同时也要充分考虑方言分区不同于一般事物分类的特殊性。

人类具有认识世界和改造世界的本能，对世界上的各种事物进行分类是人类认识世界的必由之路。在科学研究领域，分类更是建立学科体系的基础，对于生物学、人类学、民族学等学科来说，这种分类显得尤其重要，方言学也属于这样的学科。

分类不仅是人类认识世界的主观需要，而且是有客观依据的。世界上各种事物之间既有共同性，又有差异性，这就是分类的依据。根据共同性，可以将若干事物归为同一个类；根据差异性，可以将一个事物划分为若干个类。逻辑学将前者称为归类，后者称为划分。归类是从种到属，划分是从属到种，二者的逻辑出发点相反，思维过程也不同，但结果应该一致。也就是说，一方面，将属划分为种所依据的差异性标准和将种归类为属所依据的共同性标准是一致的；另一方面，操作的规则也是一致的：（1）同一级的种与种之间必须互不相容，（2）同一级的种必须穷尽最邻近的属，（3）每一次操作必须采用相同的标准，（4）每一次操作都不能越级。

就一般事物而言，划分和归类的一致性是显而易见的。假如有一个包含100个多边形的几何图集，我们可以从整体出发，根据多边形的边或角的数量，将它们划分为三角形、四边形、五边形，等等；然后再根据边长或角度将三角形进一步划分为直角三角形、锐角三角形、钝角三角形，将四边形进一步划分为正方形、长方形、梯形、平行四边形，如此等等。反之，我们也可以从个体图形出发，同样根据每一个多边形的边长或角度将其归类为正方形、长方形、梯形、平行四边形，以及直角三角形、锐角三角形、钝角三角形，等等；然后再根据边或角的数量进一步归类为三角形、四边形、五边形，等等。

但是，对于连续性事物来说，情况就不一样了。连续性事物内部同样存在差异，因此也是可以分类的，但在分类之前，整个事物呈未被切分的连续状态，根本无法确定其内部包含多少个体，因此很难从个体出发逐层向上归类，那就只能从整体出发逐层向下划分。例如，要对一条连续的曲线进行分类，只能从整体上去划分。然而，问题的复杂性在于，即使可以从整体出发对连续性事物进行逐层划分，并最终将所有的个体从连续体中切分出来，但这样分出来的不同的类中的个体，并不都像离散性事物那样泾渭分明，靠近切分部位的个体，往往既像这一类，又像那一类，或者既不太像这一类，也不太像那一类。例如颜色的划分，究竟有多少种就是不确定的。17世纪时牛顿将颜色分为7类，这是近代色轮的原型。此后，人们又提出过许多不同的标色方法。目前使用最广泛的是国际照明委员会1964年修订的CIE色度系统，该系统只分红、绿、蓝三原色，然后任取三原色中的两种按不同的量进行机械的混合，就可以得到远远多于七色的各种色调。

这样看来，从事物的性质来说，连续性事物的分类具有较大的难度。从分类的逻辑起点来说，从整体出发向下逐层划分，其适用面要宽于从个体出发逐层向上归类。需要进一步指出的是，即使不是连续性事物，假如个体项目数量庞大并且很复杂，要是逐一考察后再逐层归类，其效率也不如从整体出发逐层向下划分。因此，从复杂事物的分类来看，划分不仅比归类适用面更宽，而且更易于操作。

方言既是分布广袤的共时现象，又是绵延不断的历时现象，因而在空间和时间两方面都具有连续性。汉语是世界上母语人口最多的语言，也是方言最复杂的语言。汉语方言即便以县为个体单位，其数量也超过两千，其中还有不少地点的方言情况尚不清楚。综上所述，汉语方言分区作为一种语言的分类，其难度是可以想见的。因此，汉语方言分区也应该走划分的思维路线。事实上，从20世纪30年代汉语方言分区走上科学的道路时起，就采取了以确定的标准划分汉语方言的做法。这些标准起初带有工作假设的性质，经过多年的实践检验，尽管没有一条标准是完美无缺的，但其中的核心标准至今仍不可取代。因此，我们今天有必要对这些最初带有工作假设性质的朴素的真理加以更加深刻的重新认识。

1.3 汉语方言分区的两个步骤：划类和鉴别

汉语方言分区，当然要遵循事物分类的一般逻辑。以往的分区工作在这方面存在一些缺陷，主要是没有严格贯彻从全局出发逐层划分，每一层划分采用同一种标准的原则。例如，争议最大的“晋语”问题，就是因为在同一层次的划分中没有坚持同一标准。为了解释由此产生的矛盾，有一种意见认为，划分方言区和确定方言区的层次应该加以区分，二者不能采用同一个标准，前者只能用语言标准，最好是单一的语音标准，后者的标准则复杂得多。这显然是违背分类的一般性原理的，因为方言区的划分只能用同一个标准在同一层次上进行。依据这一原理划分出来的方言区当然处于同一层次，假如用另外的标准将其解释为不同层次，就将造成不合逻辑的悖论。

尽管在遵循一般分类原则方面有不够严格之处，但汉语方言分区至今不能取得一致的主要原因还是汉语方言本身的复杂性。这种复杂性主要在于各方言特别是交界地区的方言长期互相接触，互相影响，使得原有的差异渐渐磨损，新的区域性特征则不断产生，尤其是随着方言调查的密度不断增大，某些重要的区别性特征的覆盖面反而相对缩小。例如，就连保留全浊声母系统这一似乎没有争议的吴语鉴别特征今天在一些边缘地区也已经磨损了。人们从实践中逐渐意识到，面对这样复杂的情况，仅仅按照一般的分类原理是难以全面解决汉语方言分区问题的。于是，很多学者试图寻找和添加新的分区标准，随之又发生了语言标准和人文历史标准、语音标准和词汇语法标准、单项标准和多项标准、共时标准和历时标准的一系列争论。迄今为止，先后提出的分区标准日益增多，但问题并没有得到解决，反而陷入了各执一端、僵持不下的困境。有鉴于此，本章不打算提出新的分区标准，而试图从方法论的角度重新审视以往的标准。

我们认为，汉语方言分区不妨借鉴系统工程的方法，即面对一个复杂的大系统，人们的工作目标常常难以一步到位，此时可以设法将这个大系统分解为若干子系统，使问题的复杂性有所分散，以便于采用各种有效的方法分别予以解决，同时从总体上加以综合、调控。这种做法运用于复杂的连续性事物的分类是有成功先例可循的，例如，上文提到的关于颜色的CIE分类系统实际上就是这样做的。它首先按照一般的分类原理将颜色划分为红、绿、蓝三原色，下一步则不再按照同样的原理继续往下划分，而是对其中的任意两种原色进行调配（增量或减量），由此可以得到任意一种颜色。这两个步骤在性质和方法上都不相同，但二者并不矛盾，综合起来就成为一个优于七色分类系统而又易于操作的比较理想的色度系统。此外，上文批评将划分方言区和确定方言区的层次加以区分并采用不同标准是违背分类的一般逻辑的，但是，应该指出，这种意见中也含有将复杂的问题分解成相对单纯的问题、然后用不同的方法分别加以解决的合理因素，这是富有启发性的。事实上，汉语方言学界近年来根据以往方言分区工作的经验教训也逐渐产生了将方言分区分解为两件不同工作的思路，詹伯慧（2002）认为：“方言分区决不是地理上方言区界的划分”，“方言的地理划界只能说明说不同方言的人所处的地域区界，跟方言分区是两个不同的概念”。李小凡在《现代汉语专题教程》（2003）中提出，“方言的分区与划界是相关而又不同的两项工作，分区是从语言学角度划分出几类特征鲜明的典型方言，划界是从地理学角度划定每一个区域的方言归属。分区必须先行，划界则以分区方案为出发点和归宿”。

按照以上思路，汉语方言的分区可以分解为划类和鉴别两件相关而并不等同的工作。首先是从汉语方言的整体出发，划分出几类特征鲜明的方言区；划类完成后，再从个体出发，将方言点一一归入既定的方言区中。前一项是严格意义上的划分类别，后一项工作则是鉴别类属。划类与一般事物从属到种的划分完全一致，鉴别则不同于一般事物从种到属的归类。其差别在于：鉴别时，类是事先确定好了的，是工作的出发点；归类时，类是有待确定的，是工作的目标。也就是说，鉴别是一种对号入座的工作，是划分的后续工作；归类则是与划分同一层次但方向相反的归纳工作。汉语方言的划类和鉴别工作前后相继，操作时互不干扰，结果互不矛盾。两项工作综合起来就是汉语方言分区的全部内容。

第一步划类工作要严格按照分类的一般原理，用同一个特征在同一层次上作穷尽性划分。这样划分的结果无非是以下几种情况：

（1）能划入某一类的都是特征鲜明的典型方言，典型方言区即使互相毗连，由于特征鲜明，边界并不模糊。

（2）典型方言区之间往往存在既难以划入这一类，也难以划入那一类的或大或小的方言过渡区。典型区与过渡区互相交错，呈网状分布。

（3）就典型区而言，原先在地域上的连续性分布便转化成了离散性分布，这就使典型方言区变得明确而不再模糊了，典型区中方言点的归属也就同时得到了确认（方言岛除外）。

（4）就过渡区而言，其方言归属尚未确定，须留待第二步的鉴别工作去完成。

（5）地处典型方言区边缘的某些方言点，虽因具备该方言区的划类特征而被划入该方言区，仍须在第二步鉴别工作中加以检验，假如它同时又具有相邻的典型方言的特征，其归属还需要综合考虑。

第二步鉴别工作的范围限于划类时未能确定类属的剩余区域。这些区域分别处于几个典型方言之间，远离典型方言的中心地带，是不同方言之间的过渡区。方言区中心地带的语言特点扩散到这里已经变得模糊起来，有的甚至完全消失。所以过渡区的方言常常既不具备甲方言的全部特点，也不具备乙方言的全部特点；同时又既具有甲方言的某些特点，也具有乙方言的某些特点；有的甚至具有某方言的众多特点却没有该方言的划类特征。对于过渡区的方言，不宜按照一般的分类原理加以划分或归类，而要根据具体情况综合判断，区别对待。可以采取以下几种处理方法：

（1）将过渡区各方言点的语言特点分别与邻近的典型方言的代表点相比较，对号入座，与哪个典型方言的共同性大就归入哪个方言。需要注意的是，共同性不仅要看共同点的多少，更要看共同点的重要性。

（2）对于用对号入座的办法难以判断究竟与哪一个典型方言共同性更大的过渡性方言，可以采用不一定适用于整体划分，但对区别邻近的典型方言十分有效的鉴别特征来判断。例如，某些古老的、罕见的语音特征，近年来发现的特征词、特字，以及某些特殊的语法形式等都可以充当这样的鉴别特征。

（3）对于很难用纯粹的语言特征来判断的过渡性方言，可以参考其人文历史和地域文化与邻近的典型方言区的异同来确定其归属。

（4）以上三种方法都不能确定其归属的过渡性方言，不一定非要归入某一个典型方言，可以径称为过渡方言。这种处理方法近来逐渐成为学者们的共识，李如龙（2001b）认为，“对于那些交叉很多，很难分出主次的方言点或方言片，据各种标准的综合表现，如实地划成过渡点、过渡片，岂不是更符合实际情况吗？”詹伯慧（2002）认为，“对于某些一时难以确切定出方言归属的地区，暂时保留作为‘系属不明’的方言或‘过渡性方言’，应该也是可以的”。

（5）如果过渡区的地域比较大，其内部分歧也比较复杂，在人文历史和地域文化上又有过比较长期的共同发展历程，而且难以认定它正在或将要向某个典型方言靠拢，也可以单立为混合方言。混合方言不是在第一步的划类中根据划类特征从整体上划分出来的，其性质与整体划分的典型方言不同。混合方言虽然不是整体划分的结果，但它与整体划分并不矛盾，承认混合方言反倒有利于稳定分类格局，可以说是对汉语方言分区的合理的综合调控。混合方言不完全是自身演变的结果，也是方言接触的产物。方言接触的理论意义今天已经得到了充分揭示，将其应用于方言分区应该是合理的。

以上讨论都是就一级方言区而言的，一级方言区以下的各级次方言，理论上也应该依照上述原理自上而下层层划分。但实际操作时，每一级次方言的划分难度都不亚于一级方言区的划分，都需要经过深入的调查研究，找出最佳分类标准，统一划分出若干典型次方言，然后再对剩余地区加以鉴别，归入恰当的典型次方言。划分次方言的研究总的说来远不如一级方言，因此，在这方面还有大量工作要做。不过，次方言的层级越低，进一步划分的必要性、重要性和迫切性也就越低；而且，上一级方言区的划分并不依赖或取决于下一级方言区的划分。因此，不妨先集中力量解决一级方言区的划分和鉴别问题，而将各级次方言的划分留待条件成熟时水到渠成地分别予以解决，在此之前，可以先维持现有的次方言格局，暂且视之为工作假设。

令人欣慰的是，在次方言划分方面，实际上已经有了十分成功的范例可资仿效，这就是李荣（1985a）对官话次方言的划分。它采用中古入声调在官话方言中的分派这条音韵标准，从整体上将官话方言统一划分为北京、东北、冀鲁、胶辽、江淮、中原、兰银、西南8个次方言。我们认为这项工作是经得起历史检验的，由此我们相信：第一，其他次方言的科学划分应该也是可以做到的；第二，用单一标准划分汉语方言区并非不可能；第三，入声的分派既然已成功地用作划分官话次方言的标准，就不能同时再用来划分一级方言，也不宜与其他标准共用。

1.4 汉语方言分区的两类标准：划类标准和鉴别标准

按上文划类和鉴别两步走的思路，汉语方言分区的标准也应该分为两类，一类用来对汉语进行整体划分，另一类用来将方言点归入既定的类别。前者可以称为划类标准，后者可以称为鉴别标准。这两类标准不仅操作顺序不同，性质也不必相同。划类标准要从科学性、逻辑性出发，尽可能反映方言的本质特点，并对各方言具有普遍性；鉴别标准则要从实用性、便捷性出发，不必刻意追求普遍性。

划类标准必须是具有普遍性的语言标准，最好是单一标准。过去认为这是难以做到的，所以分区标准才会越提越多。但是，将方言分区分解为划类和鉴别两件不同的工作后，在第一步划类工作中就有可能做到了。

鉴别一个方言点的归属时，通常只需考虑该方言点邻近的2～3个典型方言，因此，鉴别标准不必具有普遍性。即可以用某些标准来鉴别某过渡区的某方言点属于典型方言甲还是典型方言乙，而用其他标准来鉴别另一过渡区的某方言点属于典型方言丙还是典型方言丁。还可以采用多项标准，甚至可以借助某些人文历史、地域文化标准。由于归类是在分类框架已定的基础上进行的，采用若干不同的鉴别标准不会反过来影响划类。

以上两类标准不能互相替代。划类标准无法用来鉴别过渡方言的归属，因为方言过渡区本来就是用划类标准对汉语方言进行整体划分后的剩余区域。鉴别标准不一定能用来划类，因为它不一定具有普遍性。以往关于汉语方言分区标准的讨论将两类标准混为一谈，结果既不能有效地解决整体划分问题，也不能有效地解决个体归类问题。

汉语方言分区最初并没有明确的标准。较早明确提出比较系统的分区标准的是王力。他在《中国音韵学》（1936）一书中将汉语方音划分为五大系，不仅对各大系的分布区域作了详细说明，而且每一系都“择定一个都市的方音”作为代表，逐一列举其语音特征。这些语音特征就是划分五大系的标准。这在汉语方言分区的学术史上具有重要意义。

王力采用的标准是若干项具有普遍性的语音特征。其中，古全浊声母的今读是首要标准。李方桂、赵元任的著作也都用这些语音特征来给汉语方言分区。迄今为止，用来进行整体划类的语音特征，基本上没有超出这个范围。丁邦新（1982/1998）将这些语音特征称为“历史性条件”，朱德熙（1986）则加以修正：“说是历史标准，是因为用了古音类的名目。其实我们可以完全不提古音类，直接选择某些字在现代方言里的实际读音作为分类标准。事实上历史标准是无法直接施之于现代语的，我们能够利用的只是它在现代方言上的投影。”方言表现为共时分布，却又反映了历时演变，方言分区必须同时考虑这两个方面，分区标准也必须兼顾这两个方面，否则，分出来的就不是具有空间和时间双重连续性的方言区了。历史投影的概念具有将共时和历时融为一体的理论意义。

但还是有人在方言分区问题上将共时和历时对立起来，割裂开来，认为："要追溯历史，对方言进行历时分析，就应该选择能反映方言间亲缘关系的语言特征为标准；要反映现代方言间的共时差异，就应该以方言的类型特征为依据，而不必考虑这些特征是否反映亲缘关系。根据亲缘关系给方言分类属谱系分类法，根据类型特征给方言分类属类型分类法，两者是完全不同的。"（薛才德，1991）这种看法显然是不全面的，须知，选择关键性的演变特征并非仅仅为了追溯历史，更是为了反映变化或发展中的事物在共时层面上的深层差异，在这一点上，方言分区类似于生物分类，生物分类就是用遗传学特征来进行的。正如朱德熙（1986）所言："方言区实质上是方言亲缘关系在地理上的分布。划分方言区是给现代方言分类，可是分出来的类要能反映亲缘关系的远近。因此这种研究实质上属于历史比较语言学的范畴。"历史比较语言学的目的固然是为了追溯历史，重现语言的历史面貌，但所采用的历史比较法却是从共时出发，以共时现象为依据的。方言分区的直接目的并不是为了追溯历史和重建古代方言，而是给今天的方言分类，但也不排除它在方法上可以而且必须采用具有历史内涵的分区标准。纯粹的类型学分类的确可以不考虑历史，但分出来的类就不是具有空间和时间双重连续性的方言区，而是类似于孤立语、屈折语、黏着语，或者分析语、综合语，甚至SVO型语言、SOV型语言那种结构类型了。

按照分类的一般原理，划类标准应该是越少越好，最好只用一条标准，这样才能最大限度地避免兼类。这一点在理论上没有人反对，但是在实践上会遇到重重困难。正如张振兴（1997）所说，"确实很难只用一个标准，特别是用一个绝对排他性的标准，对方言进行自始至终的划分。当然，也很难设想可以采用多种标准，对方言分区产生相同的效果"。既然难以做到只用一个标准，只好迫不得已地采用多项标准。从王力一直到《中国语言地图集》，采用的都是多项语音特征。罗杰瑞（1995）则采用了一套"包括有音韵、词汇、语法三方面"的多项标准。此后，李如龙（2001a）认为，"方言特征词可以为方言分区提供依据"，"只根据语音特征来区分方言是不可能做到不偏颇的"。詹伯慧（2002）认为，"毫无疑义，在考虑以方言特征来区分不同方言时，语音、词汇和语法理应受到同样的重视”。“偏颇”的意思是不全面，然而，即便增加词汇语法标准，恐怕也难以真正做到全面。若用这种思路来指导分类，一旦发现按原先的标准分出来的方言区有不尽全面之处，必然会设法增加新的标准以求全面，那么，标准就会越来越多，而且从理论上来说将会没有止境。这是与上述分类标准越少越好的原理相悖的。采用尽可能少的分类特征并不意味着抹杀众多的其他特征，过去对方言词汇、语法重视不足、研究不够也不是由方言分区造成的。朱德熙（1986）对这个问题的精辟分析很值得重视：

> 给方言分区时，原则也是这样：最好能只用一条同言线来规定方言之间的界限。有人觉得根据一条简单的标准划分方言太轻率。不知道标准多了，要是划出来的同言线完全重合，那么任选其中一条就够了，其余的都是多余的。要是不重合，那么根据不同的同言线划分出来的方言区就不相同，彼此打架。此时必须确定这些标准之间是逻辑上的合取关系，还是析取关系，把几项标准合并成一项，这样才能使划分出来的方言区有比较明确的范围。

他强调“通过合取和析取关系可以把几项语言特征统一起来成为一个单一的划类标准”，其目的就是为了避免同言线的分歧。然而，连单纯根据语音特征画出来的同言线都难以重合，再增加词汇、语法特征只能徒然增加整合和统一标准的困难。因此，在第一步划类工作中，同时采用语音、词汇、语法三种不同质的标准，不仅无助于问题的解决，反而容易造成更大的混乱。那么，三类标准中哪一种最适合充当划类标准呢？显然应选择处于语言结构中更深层次者。加拿大学者J. K. Chambers（钱伯斯）和Peter Trudgill（恰吉尔）合著的《方言学》（*Dialectology*）一书在分析各类同言线的重要性时，在对语音、词汇、语法三方面的六项因素进行分析后，曾经尝试按照它们的抽象程度由浅入深作了如下排列：

词汇：1. 词汇（lexical），2. 发音（pronunciation）；

音系：3. 语音（phonetic），4. 音位（phonemic）；

语法：5. 形态（morphological），6. 句法（syntactic）。

在以上六项因素中，最深层的是句法。我们相信，这一概括是具有普遍性的，可以用作选择汉语方言分区标准的参考。就汉语而言，目前对方言句法的研究水平显然还不足以提出有效的划类标准，汉语又没有形态，因此可以用来划类的抽象程度最高的结构特征就是音位了。事实上，迄今为止汉语方言分区的主要依据恰恰都是音位性的音韵标准，例如浊声母的有无及其不同的演变途径、入声韵的有无及其不同的归并方式、鼻音韵尾的多少、调类的多少及其不同分并方式。

在以上几种音韵标准中，中古全浊声母在今方言里的映射最具系统性和规律性。系统性表现为对共时音系的控制面广，规律性表现为对音韵演变的解释力强。前者即李荣（1985b）所说的“代表性”和“频率”，也就是统辖的字多，控制面越广的要素管的字就越多。后者即丁邦新（1982/1998）所说的“历史性”和“普遍性”，经受漫长的历史冲刷而不被湮没，而且在各地方音中均留有痕迹的要素对音韵演变的解释力最强。显然，在上述几种音韵特征中，中古全浊声母在今方言里的映射是管字最多、历史最久的。这从《方言调查字表》便可窥见，在该表所收三千多字中，中古全浊声母字将近一千，而入声字只有六百，闭口韵字三百，浊上字一百多。全浊声母不仅字数最多，而且能和各个韵摄、各个声调相配合，因此对音系的控制面最广。相比之下，入声不涉及阴声韵摄，闭口韵只涉及咸深二摄，控制面都不如全浊声母。同时，全浊声母开始清化的时间也早于入声和闭口韵的消失，波及的方言也最多，因而对音韵演变的解释力最强。综上所述，假如要挑出一项音韵特征来给汉语方言分类，根据目前的认识水平，恐怕只能是中古全浊声母在今方言中的映射，尽管这条标准并不是完美无缺的，也不一定是一成不变的最终选择。严格地说，中古全浊声母在今方言里的映射实际上是一条合取特征，王力在列举客家音系特点时就将其列为两条：（1）无浊音[b][d][g][v][z]；（2）古浊声母字无论平仄，今皆读为吐气音。

依据中古全浊声母在今方言里的映射这条标准对汉语方言进行整体划分，可以得到以下六类典型方言：

1. 系统地保留全浊声母——吴方言。

2. 全浊塞音、塞擦音声母逢平上去三声保留浊声母或并入不送气清声母，逢入声并入送气清声母多于不送气清声母——湘方言。

3. 全浊塞音、塞擦音全部并入送气清塞音、塞擦音——客赣方言。

4. 全浊塞音、塞擦音多数并入不送气清塞音、塞擦音——闽方言。

5. 全浊塞音、塞擦音逢平声并入送气清塞音、塞擦音，逢去声和入声并入不送气清塞音、塞擦音；若逢上声，保持阳上调的并入送气清音，归入阳去调的并入不送气清音——粤方言。

6. 全浊塞音、塞擦音逢平声并入送气清塞音、塞擦音，逢上去入三声并入不送气清塞音、塞擦音——官话方言。

除了以上六种类型之外，山西晋中一些地区中古全浊声母字今白读音无论平仄均为不送气清声母，但这些白读音字数有限，表明白读系统已走向衰亡，而占优势的文读系统则属于平声送气、仄声不送气的官话类型。因此，尽管该类型与以上六种类型都不相同，仍不宜在整体划分的层次上划为一类独立的方言。

参考文献

北京大学中文系现代汉语教研室（2003）《现代汉语专题教程》，北京大学出版社。

丁邦新（1982/1998）汉语方言区分的条件，《清华学报》14.1,2；《丁邦新语言学论文集》，商务印书馆。

丁邦新（1996）书评：中国语言地图集，《国际中国语言学评论》第1期。

丁邦新（2002）汉语方言的“特字”：一致的例外，*Journal of Chinese Linguistics*, Vol.30, No.1。

陈　晖（2004）《湘语语音研究》，中国社会科学院研究生院博士论文。

侯精一主编（2002）《现代汉语方言概论》，上海教育出版社。

李　蓝（2002）方言比较、区域方言史与方言分区，《方言》第1期。

李　荣（1985a）官话方言的分区，《方言》第1期。

李　荣（1985b）汉语方言分区的几个问题，《方言》第2期。

李　荣（1985c）关于汉语方言分区的几点意见（二），《方言》第3期。

李　荣（1989a）中国的语言和方言，《方言》第3期。

李　荣（1989b）汉语方言的分区，《方言》第4期。

李如龙（1999）论汉语方音的区域特征，《中国语言学报》第九期。
李如龙（2001a）论汉语方言特征词，《中国语言学报》第十期。
李如龙（2001b）《汉语方言学》，高等教育出版社。
梁金荣、高 然、钟 奇（1997）关于汉语方言分区的几个问题，《语文研究》第2期。
刘勋宁（1995）再论汉语北方话的分区，《中国语文》第6期。
罗杰瑞（1995）《汉语概说》，语文出版社。
裴 文（2004）语言区域划分的时空观设定，《语言研究》第3期。
王福堂（1998）关于客家话和赣方言的分合问题，《方言》第1期。
王福堂（1999）《汉语方言语音的演变和层次》，语文出版社。
王福堂（2001）平话、湘南土话和粤北土话的归属，《方言》第2期。
王福堂（2004）徽州方言的性质和归属，《中国语文研究》第1期。
王 力（1936）《中国音韵学》，商务印书馆。
温端政（2000）晋语“分立”与汉语方言分区问题，《语文研究》第1期。
薛才德（1991）现代汉语方言分区方法问题初探，《语言研究》第2期。
袁家骅等（2001）《汉语方言概要》（第二版），语文出版社。
詹伯慧主编（2001）《汉语方言及方言调查》，湖北教育出版社。
詹伯慧（2002）方言分区问题再认识，《方言》第4期。
张光宇（1999）东南方言关系综论，《方言》第1期。
张 琨（1992）汉语方言的分类，《中国境内语言暨语言学》第一辑。
张振兴（1997）重读《中国语言地图集》，《方言》第4期。
张振兴（2000）闽语及其周边方言，《方言》第1期。
郑锦全（1988）汉语方言亲疏关系的计量研究，《中国语文》第2期。
郑锦全（1994）汉语方言沟通度的计算，《中国语文》第1期。
中国社会科学院、澳大利亚人文科学院（1987）《中国语言地图集》，香港朗文出版（远东）有限公司。
周振鹤、游汝杰（1985）湖南省方言区画及其历史背景，《方言》第4期。
朱德熙（1986）在中国语言和方言学术讨论会上的发言，《中国语文》第4期。
Chambers J. K. and Peter Trudgill (2002) *Dialectology*, Peking University Press.

二、现代汉语方言的历史鸟瞰

中国地域广大，人口众多，汉语方言分歧复杂，历史久远。方言学是立足于田野调查的学科，汉语方言的分区随着方言调查研究的深入而日臻成熟。在了解了汉语方言的种类及其分布区域之后，还要进一步追寻它们形成和发展的历史。本章先概述汉语方言分区的进程，然后依据文史资料追溯各大方言的历史轨迹。

2.1 汉语方言的分区

早在19世纪末，西洋传教士出于传教的实际需要，就尝试给汉语方言分类。1896年，穆麟德在《中国传教事工年报》上撰文将汉语方言分为4类：粤语、闽语、吴语、官话。1922年，《中华归主——中国基督教事业统计（1901—1920）》发表了第一幅《中国语言区域分划图》，将中国境内的语言分为8区，除了藏语（Tibetan）、蒙语（Mongolian）和黔桂滇一带的吐番语（Tribal dialects，苗瑶壮侗等少数民族语）外，其他5区均为汉语方言：官话（Mandarin）、吴语（Wu dialects）、闽语（Fukien dialects）、粤语（Cantonese）、客家话（Hakka）。

中国学者最早进行方言分区的是章炳麟。1904年，他在《訄书》中将汉语方言分为10区，1915年又在《检论·方言》中改为9区。他的分区只是大略描述各类方言通行的省区范围，并未给各方言命名。1934年，黎锦熙《国语运动史纲》将汉语方言分为12区，分别以江河水系命名：河北系、河南系、河西系、江淮系、江汉系、江湖系、金沙系、太湖系、浙源系、瓯海系、闽海系、粤海系。

1936年，王力的《中国音韵学》用一组语音标准将汉语方言分为5大音系，与上述传教士的《中国语言区域分划图》的分区颇为相似。值得重视的是，王力不仅对各大音系的分布区域作了详细说明，而且逐一列举了各系的特征，并对每一系"择定一个都市的方音"作为代表详加描写，可以视为前一阶段汉语方言分区的总结。

《申报》为纪念创刊60周年，从1930年开始绘制《中华民国新地图》，其中有一幅《语言区域图》，小8开，四色印刷，制图精美，但因"其幅较巨，值较昂也"，印数较少，流行不广。1933年8月，申报馆将其缩制成16开的《中国分省新图》以满足社会需求。1934、1936、1939、1948年又多次再版，《语言区域图》也随之多次修订。与此同时，赵元任主持的中央研究院历史语言研究所于1933—1948年对若干省区进行了方言调查，在此基础上对汉语方言分区不断加以修订，其结果体现在《申报》地图《语言区域图》的修订版中。《申报·语言区域图》初版将汉语方言分7区：华北官话、华南官话、吴方言、闽方言、客家方言、粤方言、海南方言。1934年版分9区：北方官话、上江官话、下江官话、吴、客、粤、闽、皖、潮汕。1948年版分11区：北方官话、西南官话、下江官话、湘语、赣语、吴语、客家语、粤语、闽南语、闽北语、徽州方言。但赵元任1948年的《国语入门》则分9区：北方官话、西南官话、下江官话、粤、赣客、闽南、闽北、吴、湘。这一时期的汉语方言分区是对前一阶段所分5大区的进一步划分：先将官话分为华北、华南2区；继而将华南官话再分为上江、下江、皖方言3区，同时从闽方言中分出潮汕方言；然后又从上江官话中分出湘语，从下江官话中分出赣语，同时将闽方言分为闽北、闽南2区。

1937年，李方桂在英文《中国年鉴》上将汉语方言分为8区：北方官话、西南官话、下江官话、湘语、赣–客家语、吴语、粤语、闽语。与《申报》地图11区的不同之处是：闽南闽北合一、客赣合一、徽语不独立。该文后来在*Journal of Chinese Linguistics*创刊号上重新发表，在海外影响较大。

1955年，丁声树、李荣将赵元任所分11区中的北方官话、西南官话、下江官话重新合并为统一的官话，同时取消徽语，将汉语方言分为8区：官话、吴语、湘语、赣语、客家话、闽南话、闽北话、粤语。1960年，袁家骅在《汉语方言概要》中考虑到“闽方言具有突出的异于其他方言的南北共同特点”，遂将闽南话和闽北话合并，提出七大方言的划分方案：北方话、吴方言、湘方言、赣方言、客家方言、粤方言、闽方言。同时考虑到“闽南和闽北之间又各有自己的特点”，故仍将闽南方言和闽北方言两个次方言各立一章论述。1963年，潘茂鼎等《福建汉语方言分区略说》根据方言普查的材料，将福建省内的闽方言分为闽东、闽南、闽中、闽北、莆仙5个小区，进一步论证了将闽南、闽北两大方言合并为一个大方言的必要性。此后，汉语七大方言的划分方案被学术界普遍接受，《中国大百科全书》和多数教科书均用此说。

1987年，李荣在《中国语言地图集》中采用新的分区标准，从官话中分出晋语、徽语，并将广西境内一些归属不明的方言划为平话，使汉语方言增为10区，与原来的7区方案并行。新方案引发了学术界对方言分区问题的热烈讨论，迄今仍在不断深入。

2.2 汉语方言的共时分布

本章采用七大方言分区的方案描述汉语方言的分布和形成。七大方言分布如下：

2.2.1 官话方言

官话方言也叫北方话或北方方言。不过，这个“北方”远远大于地理概念的北方。长江通常被认为是中国的南北地理分界线，若以此为界，北方地区固然通行北方方言，而南方也有大片地区通行北方方言。忽略上游的通天河和金沙江，长江从宜宾开始，流经四川、重庆、湖北、湖南、江西、安徽、江苏、上海六省二市。其中，四川和重庆虽然地跨长江南北，但全境均属官话区。湖北大体上也属官话区，只有长江以南的咸宁、大冶、阳新、通山、通城、崇阳、蒲圻、嘉鱼和长江以北的监利属赣方言区。湖南、江西、上海均以长江为北部边界，辖境大体都在江南，基本上不属官话区。安徽、江苏长江以北地区除皖西怀宁、岳西、潜山、太湖4县和望江、宿松2县的部分地区属赣方言，以及苏北海门、启东二市和靖江、通州二市部分地区属吴方言外，其他均属官话区。安徽、江苏长江以南沿江的贵池、铜陵、芜湖、马鞍山、南京、镇江一带，以及皖南东部广德、郎溪、宁国、宣城、青阳（部分）、南陵（部分）等北方移民县市也属官话区。除此之外，长江以南还有不少官话区域：云南、贵州全境；广西北部柳州、桂林一带；湖南北部常德地区，南部郴州地区，西部怀化、芷江、新晃、凤凰、靖州（原靖县）、通道等市县；江西北部沿江的九江、瑞昌一带，南部赣州市区和信丰县城；福建南平市区。整个官话区共1500多个县市。官话区的面积大约占整个汉语区的四分之三，使用人口约占说汉语总人数的72%①，也近四分之三。其他六大方言集中在东南地区，可以统称为东南方言，总面积和总人口都占四分之一强。

2.2.2 吴方言

吴方言也叫吴语，分布在上海市、浙江省和苏南，以及苏北海门、启东、通州、靖江等市县的部分地区，赣东北玉山、广丰、上饶等市县，皖南宣城地区以及芜湖、南陵（部分）、青阳（部分）等县，闽北浦城，共135个市县。使用人口约占7.2%，仅次于官话。代表方言早期为苏州话，现为上海话和苏州话。

2.2.3 湘方言

湘方言也叫湘语，分布在湖南省中部、南部和广西东北部的全州、灌阳、资源、兴安等市县。共61个市县，使用人口约占3.2%。以长沙话为代表的北片湘语受西南官话影响较深，以邵阳话为代表的南片湘语则较多地

---

① 原文为73%。本节（即2.2节）七大方言的使用人口占比实际上是按《中国语言地图集》（1987）折算的。据《地图集》A2图的文字说明，官话区人口数66,223万，晋语区4570万，说汉语的人数97,726万。将官话区、晋语区人口的总和（本书晋语归入官话方言）除以说汉语的人数，约为72%。另外，下文2.2.7小节闽方言人口占比原文为5.7%，据《地图集》A2图的文字说明，闽语人口数5507万，将这个数除以说汉语的人口数，约为5.6%。——校者注

保持了原有特点。

2.2.4 赣方言

赣方言也叫赣语，分布在赣北、赣中以及毗连的湘东平江、浏阳、醴陵、攸县、茶陵、炎陵（原酃县）、临湘、岳阳、华容、洞口、绥宁、隆回等市县，鄂东南大冶、咸宁、嘉鱼、蒲圻、崇阳、通城、通山、阳新、监利等市县，皖西怀宁、岳西、潜山、太湖、望江、宿松、东至、石台、贵池等市县，闽西建宁、泰宁等地区。共101个市县，使用人口约占3.2%。代表方言为南昌话。

2.2.5 客家方言

客家方言也叫客家话，分布在7个省区：广东省东部和中部及其毗连的赣南、闽西和湘东南地区，台湾西北部的桃园、新竹、苗栗和南部屏东、高雄等市县，在湖南、广西、四川还有不少零散的分布。客家话分布的200多个市县中，只有41个是纯客家市县，使用人口约占3.6%。海外华人社区也有客家话分布。代表方言为梅州话。

2.2.6 粤方言

粤方言也叫粤语，分布在广东省珠江三角洲和茂名地区、广西壮族自治区东南部梧州、贺州、玉林、钦州地区，香港、澳门特别行政区。共90个市县和特别行政区，使用人口约占4.1%。粤方言在美洲、澳洲华人社区也有广泛分布。代表方言为广州话。

2.2.7 闽方言

闽方言也叫闽语，分布在福建省、海南省、台湾省、广东潮汕地区和雷州半岛，以及浙南苍南、平阳二县和广西平南、桂平等县部分地区。共107个市县，使用人口约占5.6%。闽方言在东南亚一带华人社区分布广泛。

从自然地理着眼，汉语方言大体依水系和平原分布，这是由汉民族的农耕特点决定的。官话分布在黄河流域、长江流域、华北平原、东北平原、长江中下游平原、关中平原、汾渭平原、四川盆地。吴方言分布在长江三角洲以太湖流域为中心的地区。湘方言和赣方言分布在长江中游的洞庭湖流域和鄱阳湖流域。粤方言分布在珠江流域以珠江三角洲为中心的地区。闽方言分布在东南丘陵与瓯江、闽江、九龙江分割交错地区。客家方言形成时适宜农耕的平原开发已尽，因此分布在南岭到武夷山南端的山地。

2.3 汉语方言的历史鸟瞰

2.3.1 史前汉语的多源融合

在中国漫长的封建大一统社会中，方言向来被视为俚俗之言，因此在文献中鲜有记载，这就造成了方言历史语料的贫乏，从而给方言史的研究造成了极大的困难。我们现在还不清楚汉语各方言形成、发展、演变的细节。不过，汉语是随着汉民族的发展而发展的，汉语方言是随着该地区汉族居民的历史演变而演变的。以汉民族的发展史和区域发展史为线索，参照文献中关于汉语方言的零星记载和考古数据，我们可以粗略地勾勒汉语方言形成和发展的历史轮廓。

汉民族形成之初就是一个多民族共同体，汉文化也有诸多源头。已发现的7000余处新石器时代文化遗址遍布全国，其中重要遗址不仅有黄河流域中游的仰韶文化–龙山文化，还有下游的大汶口文化–山东龙山文化，以及长江流域中游的大溪文化–湖北龙山文化、下游的河姆渡文化–良渚文化，等等。

汉民族的主源是发源于黄河流域的华夏族。华夏文明分布广阔，人口稠密，部族众多。这在世界古代文明中是独一无二的。距今5000年的龙山文化分布范围已达150万平方千米，而两河流域文明分布范围不超过20万平方千米，古埃及文明不到10万平方千米，古希腊文明、古罗马文明分布范围则更为狭小，印度河文明鼎盛时也不过130万平方千米。龙山文化分布区的人口十分稠密。6000年前陕西沣水一段长20千米的河岸旁就有氏族村落十几处，一个村落有几万平方米至十几万平方米的面积、四百到五百人口。5000年前河南洹水一段长7千米的区域内，村落更多达19个。据晋代皇甫谧《帝王世纪》提供的参考数字，当时人口已达13,553,923。商周两代在夏的基础上进一步融合了东西两翼的黄河下游和关中一带的部族，逐渐形成庞大的华夏共同体，春秋战国时期进一步向南融合了长江流域中游的楚族和下游的越族，到秦汉时期最终建立起封建大一统的国家体制，从此称为汉族。此时的分布面积已达到650万平方千米，人口近6000万。

华夏族是由夷羌苗黎诸部族融合而成的。据《国语》等书记载，华夏族祖先是同出于少典氏的炎帝与黄帝。炎黄等血缘性部落和部落联盟结成地缘性的部族，征服了蚩尤。后来，黄帝又战胜了炎帝，成为黄河流域大部落联盟的最高首领。从黄帝直到尧舜禹，最高首领并不世袭。舜和禹以及后来的夏商周诸王并非出自黄帝族，却都以黄帝为祖先。《孟子·离娄下》称："舜生于诸冯，迁于负夏，卒于鸣条，东夷之人也。"《史记·六国年表序》称"禹兴于西羌"，他是禅让制的最后一位大部落联盟首领。禹本来打算禅让给皋陶，皋陶早逝，其子伯益被推举即位，但禹的儿子启打跑了伯益，建立了夏朝，从此实行世袭制。《尚书序》称，商灭夏之前已经历了"自契至于成汤八迁"的长期发展和多次迁移，其祖先是渤海沿岸的东夷。《孟子·离娄下》称周文王"生于岐周，卒于毕郢，西夷之人也"。周与羌关系密切，古公亶父娶羌人姜女为妻，周武王娶的也是姜姓女子①。在以黄帝族为核心的华夏族不断融合其他部族的过程中，华夏族的"夏言"逐渐成为各部族的通用语，这就是汉语的前身。和华夏族、华夏文化一样，夏言同样也有多个源头。

原始社会是汉语发展的史前期。语言产生于氏族社会的部落中，恩格斯在《家庭、私有制和国家的起源》中指出，"部落和方言在本质上是一致的"，每一个部落都"有独特的、仅为这个部落所有的方言"。人口的繁衍导致部落不断分化，部落方言也随之分化。随着社会的发展，不同的部落又联合成部落联盟，而"只有基本方言相同的部落才结合成为一个大的整体"。相传黄帝时中原有"万国"，相应也就有上万种部落方言。不过，原始社会血缘性的部落方言还不是后来的地域方言，部族共同语才开始具有地域方言的性质，而部落方言与部族共同语的关系则是后来地域方

① 此句原文为"周太王与周武王娶的也都是姜姓女子"。——校者注

言与民族共同语关系的雏形。可见，语言的分化和融合从一开始就交织在方言之中。

2.3.2 上古汉语的共同语和方言

从奴隶社会到封建社会初期的秦汉时期，是汉语发展的上古期。这一时期，地缘性部族的兼并、联合取代血缘性氏族的分化而成为社会发展的主流。黄帝时的万国到夏朝已并为三千，西周则为八百诸侯，春秋战国进一步兼并，最后只剩下秦楚齐燕赵魏韩等几个强国。与此相适应，上古期汉语的发展也出现了互相渗透和融合的潮流。强国的方言逐渐取得优势，形成了若干方言区域。秦灭六国，建立中央集权的大一统封建帝国后，推行“书同文”政策，统一了文字，从而也就统一了书面语，这既推动了部族方言的融合和汉族共同语的形成，又为日后地域方言可以脱离书面语而独立发展提供了条件。

先秦文献中已有关于不同部族、不同地域存在语言差异的记载，例如：

> 中国、夷、蛮、戎、狄，皆有安居、和味、宜服、利用、备器。五方之民，言语不通，嗜欲不同。达其志，通其欲，东方曰寄，南方曰象，西方曰狄鞮，北方曰译。（《礼记·王制》）
>
> 我诸戎饮食衣服不与华同，贽币不通，言语不达，何恶之能为？（《左传·襄公十四年》）
>
> 今也南蛮鴃舌之人，非先王之道，子倍子之师而学之，亦异于曾子矣。（《孟子·滕文公上》）
>
> 此非君子之言，齐东野人之语也。（《孟子·万章上》）
>
> 秦伯师于河西，魏人在东。寿余曰：“请东人之能与夫二三有司言者，吾与之先。”（《左传·文公十三年》）
>
> 孟子谓戴不胜曰：“子欲子之王之善与？我明告子。有楚大夫于此，欲其子之齐语也，则使齐人傅诸？使楚人傅诸？”曰：“使齐人傅之。”曰：“一齐人傅之，众楚人咻之，虽日挞而求其齐也，不可得矣；引而置之庄岳之间数年，虽日挞而求其楚，亦不可得矣。”（《孟子·滕文公下》）

"五方"即中原华夏族以及毗邻的部族集团的居住地区。其中，东夷、西戎与华夏同处黄河流域，首先开始融合。黄河下游的东夷之地早先就是商的发源地，周初，姬姓各族被封为中原"诸夏之国"的诸侯，异姓功臣姜太公吕望则被封为东夷故地的齐国诸侯，从而使东夷进一步与黄河中游的华夏族融合。黄河上游、秦岭西北的西戎，春秋战国时被秦国征服，一部分向漠北迁移，大部分融入秦，进而随秦与华夏融合。长江流域以南广大地区为南蛮之地。其中，中游汉水流域的楚为荆蛮，下游太湖流域的吴越为蛮夷。

先秦文献中还有一些更为具体的关于各地语言差异的记载。例如：

> 郑人谓玉未理者璞，周人谓鼠未腊者朴。周人怀朴过郑贾曰："欲买朴乎？"郑贾曰："欲之。"出其朴，视之，乃鼠也。因谢不取。（《战国策·秦策》）

从以上例子来看，当时秦魏（晋）之间、齐楚之间，甚至同处中原腹地的周郑之间都存在方言差异。然而，我们还应看到另一方面：当时也存在带共同语性质的雅言，又称夏言，即黄河中游诸夏之国的语言。荀子是赵国人，操雅言，先后在东方的齐国、西方的秦国、南方的楚国生活过。鲁国人孔子也曾周游列国长达14年，很难设想他只用鲁语与别国人交谈。据《论语·述而》记载，即使在鲁国，孔子也并非只操鲁语，凡是教书、接待宾客、出席礼仪，都用雅言："子所雅言，诗书执礼，皆雅言也。"

"夏（雅）、楚、越"作为地理区域，分属不同的朝代，政区级别也不同，荀子却习惯于将它们相提并论：

> 居楚而楚，居越而越，居夏而夏，是非天性也，积靡使然也。（《荀子·儒效》）
>
> 越人安越，楚人安楚，君子安雅。（《荀子·荣辱》）

显然，荀子是把它们作为一组历史地理概念来使用的。"夏"即"诸夏"，代表北方黄河流域的部族和文化，"楚""越"分别代表南方长江流域中游和下游的部族和文化。战国时代，黄河流域的诸夏与东夷西戎进一步融合，语言也更趋一致，尽管存在秦、晋、齐等方言差异，但用雅言可以互相沟通。长江流域的习俗语言则与黄河流域有较大差别，因为南方是少数华夏先民与多数百越土著杂居。《史记》《汉书》《吴越春秋》都记载夏王少康封其庶子于越于会稽，以便主持禹陵的祭祠，因此，越王勾践是汉族祖先大禹的后代。《汉书·地理志》则进一步说："自交趾（今广东广西和越南北部）至会稽（今苏南、浙江）七八千里，百粤杂处，各有种姓，不得尽云少康之后也。"同一地域土著越人的习俗语言与汉族先民迥然不同，《史记·越王勾践世家》称："文身断发，披草莱而邑焉。"西汉刘向《说苑·善说》有一则关于土著越人语言的记载：

> 君独不闻夫鄂君子晳之泛舟于新波之中也？……榜枻越人拥楫而歌，歌辞曰："滥兮抃草滥予昌枑泽予昌州州𩜱州焉乎秦胥胥缦予乎昭澶秦踰渗惿随河湖。"鄂君子晳曰："吾不知越歌，子试为我楚说之。"于是乃召越译，乃楚说之，曰："今夕何夕兮，搴舟中流？今日何日兮，得与王子同舟？蒙羞被好兮，不訾诟耻。心几顽而不绝兮，知得王子。山有水兮木有枝，心说君兮君不知！"

越人歌词显然是语音转写，其与楚语差异之大，与上引秦与魏、齐与楚的差异绝不能同日而语。土著越人的语言是异族语言，不属于汉语方言。早期南迁汉族先民的方言与土著越人的语言双语并存，在互相接触的过程中逐渐取得优势，最终形成了作为南方汉语方言的楚语和越语。综上所述，夏言是当时的北方方言，楚语、越语则是南方方言。那时南北汉语的界限大体在秦岭淮河一线。这是先秦汉语方言地理的基本格局。

秦、汉、魏、晋时期的汉语方言地理大体沿袭了这种南北分野的局面。林语堂1927年在《前汉方音区域考》中根据扬雄《方言》的记录，分出西汉时期的13个方言区。[①]罗常培、周祖谟1958年在《汉魏晋南北朝韵

① 这篇文章1927年发表于《贡献》，1933年收入《语言学论丛》。林语堂文中说"我们可分书中地名二十六类为前汉方言十四种"并一一列出"前汉方言十四系"。这里为13个方言区，似乎有误，不知是不是把其中一种视为非汉语，保留原文不动。——校者注

部演变研究》中，根据扬雄《方言》以及何休《公羊传注》、郑玄《周礼注》《仪礼注》《礼记注》、高诱《淮南子注》等东汉文献，将汉代方言进一步归纳为7区：（1）秦晋、陇冀、梁益，（2）周郑韩、赵魏、宋卫，（3）齐鲁、东齐、青徐，（4）燕代、晋之北鄙、燕之北鄙，（5）陈楚江淮之间，（6）南楚，（7）吴越。汉代，北方诸夏方言进一步趋于混同。《方言》106次提到秦，其中秦晋并称82次。可见，《方言》时代的秦方言与晋（魏）方言已融合为秦晋方言。先秦文献中较为突出的齐方言地位则已下降，多与鲁、宋并列，单列仅14次。据《方言》记载，吴扬越与其西边的楚有不少通用的词语，与北边的东齐则少有通用词语。可见越与西边的楚相近，而与北边的夏相距较远。《方言》将楚分为三个区域，北区为荆楚，与诸夏的陈宋魏乃至齐国故地已经产生了一批通用词语。《方言》有时甚至已将"荆楚"视为"夏"，并直接用"夏"来称代。《三国志·魏书·卫觊传》记载，三国时"关中膏腴之地，顷遭荒乱，人民流入荆州者十余万家"。西晋郭璞注《方言》时常常将扬雄记作东齐、北燕、关西等方域的词改注为通语，其中尤以楚语变通语者为多。可见楚语北区此时已开始与夏言混同，这表明北方汉语在长江中游已开始向南扩展。秦灭巴蜀（今四川）后建立巴郡，与中原交通，北方汉语随之向长江上游一带扩展。

2.3.3 中古汉语方言格局的形成

晋隋唐宋是汉语发展的中古期。这一时期汉语的发展既有统一，也有分化。

（一）北方汉语的进一步融合和扩展

秦以后强有力的中央集权抑制了北方各方言的自由发展，而以京畿地区为中心的方言统一趋势则进一步加强。中国封建社会改朝换代、天灾人祸以及异族入侵连绵不断，京城在关中长安和中原汴洛间几度辗转，从而加速了北方汉语的融合。西周便已存在的以东都成周（今洛阳附近）方言为基础的共同语"雅言"，到西汉变成以京畿长安（今西安）的秦晋方言为基础的"通语"。东汉西晋建都洛阳，又变成以洛阳话为基础的"北方通语"。三国时，以洛阳、长安两京为中心的中原地区和关中地区发生了大规模的人口流动。《后汉书·董卓传》记载："迁天子西都……于是尽徙洛阳人数百万口于长安。""天子东归后，长安城空四十余日。强者四散，羸者相食。二三年间，关中无复人迹。"大规模的人口无定向流动使关中、中原一带的方言进一步混化。隋唐建都长安，北宋建都开封，均在关中、中原地区。古都洛阳唐代为东都，宋代为西京，长期保持着文化中心的地位，其语音被尊为"正音"。即使东晋、南宋偏安江南期间，人们仍以洛阳音为正宗。东晋名士普遍流行"洛生咏"便可见一斑：

张融字思光，吴郡吴人也……出为封溪令……广越嶂险，獠贼执融，将杀食之，融神色不动，方作洛生咏，贼异之而不害也。（《南齐书·张融传》）

桓公伏甲设馔，广延朝士，因此欲诛谢安、王坦之……王之恐状，转见于色，谢之宽容，愈表于貌。望阶趋席，方作洛生咏，讽"浩浩洪流"，桓惮其旷远，乃趣解兵。（刘孝标按，宋明帝《文章志》："（谢）安能作洛下书生咏，而少有鼻疾，语音浊，后名流多学其咏，弗能及，手掩鼻而吟焉。"）（《世说新语·雅量》）

南宋绍兴籍诗人陆游《老学庵笔记》称："中原惟洛阳得天地之中，语音最正。"唐宋盛行科举，并以作诗为重。因此，以中原之音为基础的《切韵》《广韵》《集韵》等韵书的正音对历代读书人产生了深远影响。除了"正音"，唐以后还出现了话本等以北方口语为基础的新的文学样式，并逐渐形成了共同语的词汇语法基础。这些都使北方汉语更趋统一，从而最终奠定了其汉民族共同语基础方言的地位。

另一方面，北方汉语随着大规模的北人南迁而不断向南扩展。中古时期南北汉语的界限已从淮河、秦岭一线向南推移到长江一线，并进一步向江南推移。东晋京城一度迁至江南建康（今南京），使长江下游南京、镇江地区的吴语日后被北方话所置换。南宋建都临安（今杭州），又给位于吴语腹地的杭州话打上了北方话的烙印。安史之乱后，北方移民大批涌入长江中游洞庭湖以北地区，《旧唐书·地理志》记载："自至德后，中原多故，襄邓（今豫南鄂北）百姓，两京（长安、洛阳）衣冠，尽投江湘，故荆南井邑，十倍其初，乃置荆南节度使。"随着北人南迁，这一带也被纳入北方话的范围。

中央王朝对南方的统治相对较弱，南方的社会动乱也少于北方，经济发展后来居上。魏晋南北朝时期，南方汉语和北方汉语的差异已十分明显，当时的学者颜之推、陆法言、陆德明等对此多有记述：

> 南方水土和柔，其音清举而切诣，失在浮浅，其辞多鄙俗。北方山川深厚，其音沉浊而𫓧钝，得其质直，其辞多古语。然冠冕君子，南方为优；闾里小人，北方为愈。易服而与之谈，南方士庶，数言可辩；隔垣而听其语，北方朝野，终日难分。（《颜氏家训·音辞篇》）
>
> 吕静《韵集》、夏侯该《韵略》、阳休之《韵略》、周思言《音韵》、李季节《音谱》、杜台卿《韵略》等，各有乖互。江东取韵，与河北复殊。因论南北是非，古今通塞，欲更捃选精切，除削疏缓。（《切韵序》）
>
> 方言差别，固自不同。河北江南，最为巨异，或失在浮清，或滞于沉浊。（《经典释文·序录》）

西晋八王之乱严重削弱了朝廷的政治、经济、军事力量，北方少数民族统治集团便乘虚而入，侵扰中原，迫使晋室南迁，形成南北对峙的分裂局面，史称“永嘉丧乱”。大批北方居民，包括平民和士族、望族也随之大规模移居南方，直到北魏孝文帝迁都洛阳，实行汉化政策之后，汉人才逐渐改变心态，停止南迁。这是中国历史上第一次大规模的移民运动。此后，中唐安史之乱、北宋靖康之难又分别引起了第二次和第三次北人南迁的大规模移民运动。三次移民运动都长达两百年左右，历经数代人，移民数量超过百万，移民方向都是由北向南。移民沿东、中、西三条路线南下。东路经江淮至江南、皖南，再至江西、福建、粤东、粤北；中路经湖北至湖南，再至两广；西路由陕西至四川，再至云贵。南迁人数之多、规模之大、持续时间之长，世界罕见。其结果是使中国人口地理发生了重大改变，北方人口在总人口中的比重从秦汉时期的80%以上下降到宋代的40%。北方汉语随长达千年的三次移民运动一波又一波地向南扩展，深刻影响了南方汉语方言的形成和发展，最终奠定了南方六大方言与北方方言并存的汉语方言地理格局。

（二）吴方言的形成和发展

吴语源自华夏。吴地先民有若干支源自北方华夏族，如前文所述，越王勾践是夏禹的后代。此外，据《太湖备考》记载，传说禹在太湖治水时有两位主要助手，一位叫“冥”，是舜的民政大臣、商的始祖契的儿子，一位叫“胥”，是舜的农业大臣、周的始祖弃（后稷）的儿子。冥以身殉职，“勤其官而水死”。胥后来被当地人尊奉为“水平王”，设庙奉祀：“水平王，后稷之子，佐禹治水，至会稽，诲人浚导，殁而祀之。”此事在汉代王符的《潜夫论》中便有记载：“盖胥者，舜臣名，佐禹治水有功，封于吴者也。”[①]到了周代，正式建立了吴国，其首领是周王室的嫡裔：

> 吴太伯、太伯弟仲雍，皆周太王之子，而王季历之兄也。季历贤，而有圣子昌，太王欲立季历以及昌，于是太伯、仲雍二人乃奔荆蛮，纹身断发，示不可用，以避季历。季历果立，是为王季，而昌为文王。太伯之奔荆蛮，自号句吴。荆蛮义之，从而归之千余家，立为吴太伯。（《史记・吴太伯世家》）

春秋时期，吴国起初臣服于楚国，后来逐渐强盛，曾破楚、亡越、与晋争霸，最后反被越国所灭，吴越遂合为一体。吴越两国诸侯本来都是华夏后裔，两国的土著居民则同为越族，习俗语言都无大的差异。吴国名相、楚人伍子胥深知此情，并借以制定攻伐战略：

> 夫齐之与吴也，习俗不同，言语不通，我得其地不能处，得其民不得使。夫吴之与越也，接土邻境，壤交通属，习俗同，言语通，我得其地能处之，得其民能使之。越于我亦然。（《吕氏春秋・知化》）

古吴语和古越语随吴越合一而合流，成为现代吴语的前身。古吴语的范围比今天大，包括今苏北、安徽和江西的部分地区。这可以根据某些史实来推断，例如，吴王夫差在苏北扬州一带筑邗沟以争霸中原，伍子胥弃楚奔

---

① 实为清代张紫琳《红兰逸乘》引《潜夫论》时提及此事：“《潜夫论・边议篇》云‘范蠡收债于故胥’，盖胥者舜臣名，佐禹治水有功，封于吴者也。”——校者注

吴之地在安徽昭关。文献中也有此类记载，例如：

卫侯会吴于郧（今江苏如皋北），公及卫侯、宋皇瑗盟，而卒辞吴盟。吴人藩卫侯之舍。……乃舍卫侯，卫侯归，效夷言。（《左传·哀公十二年》）

三国时期，东吴以京口（今镇江）、建业（今南京）为都城，江淮一带居民大批涌入江南，安徽、江西一带居民则向江东迁移，吴语北界遂开始由淮河向长江退缩，西界则向江浙东移。关于此次吴语边缘地区向中心区的移民运动，史籍也有记载：

而江、淮间十余万众，皆惊走吴。（《三国志·魏书·蒋济传》）

初，曹公恐江滨郡县为权所略，征令内移。民转自惊，自庐江、九江、蕲春、广陵（今扬州）户十余万皆东渡江，江西遂虚，合肥以南惟有皖城。（《三国志·吴书·吴主传》）

古吴语还包括闽越（今福建闽语地区）。闽越一带周时归越国统治，秦初属会稽郡。秦征服东瓯（今温州一带）、闽越后，析置闽中郡。汉时分封为东海国、闽越国，闽越后来仍属会稽管辖。以上史实均有文献记载：

闽越王无诸及越东海王摇者，其先皆越王勾践之后也。（《史记·东越列传》）

汉武帝世，闽越反，灭之，徙其民于江、淮间，虚其地。后有遁逃山谷者颇出，立为冶县，属会稽。（《宋书·州郡志》）

三国时期闽为东吴属地，吴人大批入闽，吴语对这一带语言的影响不言而喻。东吴时期，江东经济显著发展，大批土著山越居民降服，吴语与山越语言进一步接触。东吴辖地及于豫章（今江西）乃至荆州（今湖北、湖南），使吴语和楚语连成一片。《水浒传》中山东好汉宋江在江州（今九江）浔阳楼题反诗称“心在山东身在吴”，可见直到宋元时代江州仍被称为吴地。

从语言特点来看，江淮官话里至今留有吴语的底层，例如，“环”字今声母官话区一般为擦音[x]，苏北扬州、泰州、如皋、南通等地则为塞音[kʻ]，与吴语“环”字今声母为浊塞音[g]相对应。又如，官话区一般不用表示“支流”的“港”字作水名或聚落名，江淮官话区则有大量“港”字地名，也与吴语区相同。

吴语区靠近北方话，因而不断受到北方话的蚕食。永嘉丧乱后，北人纷纷南迁。长江两岸今江苏境内设侨郡23，侨县75，原青徐二州（今山东、江苏淮河以北）即占18郡60县。东晋定都建康，吴音与北音一时并重，后来北音占了上风，南京一带终被北方话替换。唐朝安史之乱，又有大批北人南迁入吴。顾况《送宣歙李衙推八郎使东都序》称：“天宝末，安禄山反，天子去蜀，多士奔吴为人海。”《李太白集》（宋刻本）卷二十六称：“天下衣冠世庶，避地东吴，永嘉南迁，未盛于此。”宋室南渡，大批北人三度入吴。《建炎以来系年要录》卷一百五十八称：“四方之民云集二浙，百倍常时。”南宋偏据临安，杭州吴语因此受到北方话的深刻影响，至今与别处吴语不同。

吴语最晚到三国魏晋时已完全形成，成为与北语相对峙的一大方言。晋以后流行以婉约细腻著称的吴歌，歌中女性以“侬”自称，“吴侬”即成为吴人、吴语的别称。

（三）湘方言的形成

扬雄《方言》已提及湘语，但那时湘语尚未从楚语中分离出来，而是附属于荆楚，称为南楚江湘或荆汝江湘。例如：

> 曾，訾，何也。湘潭之原荆之南鄙谓何为曾，或谓之訾，若中夏言何为也。（《方言》卷十）

由此可见，湘语的前身是楚语中的南楚。楚源自华夏集团祝融八姓之一的芈姓部族。南楚开发较晚，东汉时，中原汉人沿汉水经湖北南下至湖南，这一带得以开发，人口迅速增加。据《汉书·地理志》和《后汉书·郡国志》记载，从元始二年（2）至永和五年（140）的138年间，长沙郡（今湘北）人口从23万增至105万，零陵郡（今湘南桂北）人口从14万增至100万。三国时期该地区在东吴治理下得到进一步开发。永嘉丧乱后，秦雍（今陕西、山西）一带北人纷纷沿汉水南下荆州，继而进入洞庭湖流域，这一带人口和经济进一步增长。东晋、南朝将长沙、零陵等郡从荆州析出设立湘州。随着湘地的逐步开发，以及楚语北区逐渐融入北方话，湘语终于同楚语分道扬镳，自成一系。江西一带介于南楚和吴之间，是所谓“吴头楚尾”的过渡地带，汉时属豫章郡，与湘地开发大体同步，其人口同一时期也从35万增至166万。安史之乱后，长安、洛阳士族及鄂北、豫南一带百姓又大批涌入湖南、江西。古楚语和古吴语差异本来就不大，据《吴越春秋》记载，楚人伍子胥由安徽昭关奔吴，至江中遇渔夫，所唱吴歌与楚辞很接近：“日已夕兮，予心忧悲；月已驰兮，何不渡为？事寖急兮，当奈何？”三国时期，东吴辖区及于湘地，吴语和湘语更趋混同。

（四）客赣方言的形成

西晋永嘉丧乱后，中原并、司、豫州（今山西、河南）的汉人为躲避战乱，纷纷南迁，沿颍水至江淮、皖南和太湖地区，继而进入鄱阳湖流域的赣北、赣中地区。唐中叶安史之乱后又有大批豫南鄂北移民迁入这一带。唐末黄巢起义的战火则迫使已客居皖南、赣北、赣中的汉人再度向幸免于战火的闽西、赣南迁移。这两次南迁过后都有三四百年休养生息的和平安定时期，但这支移民始终未与当地汉人融为一体，却不乏与畲族通婚者。值得注意的是，这些移民的方言虽未与当地汉语方言融为一体，却对所到之处的方言产生了深刻影响。第一次南迁所到之处，江淮一带的方言受其影响，日后与江南吴语分道扬镳，成为江淮官话；赣北赣中一带的方言受其影响则拦腰切断其东西两翼吴语和湘语的联系，最终在这吴头楚尾之地逐渐形成了赣语。第二次南迁到达闽西，移民语言仍未融入当地方言，日后又流播到粤东，最终形成了客家方言。南宋末年，蒙古元人南下，客家人三度南迁，到达粤东、粤北，客家话随之扩散到那一带。“客家”之称曾经被认为是相对于有田地的“主户”而言，但北方农户同样也有主户和客户之分。“客家”也可以相对于少数民族“土家”而言。而具有民系和方言意味的“客家”称号则晚至清朝两广地区连年发生大规模的主客械斗后才被广泛使用。源自中原的客家人三次南迁长达千年，深刻地影响了所到之处的方言，有学者据此将今天的一些方言现象联系起来，作出了某种合理的推断。例如，客家方言，赣方言，苏北南通、泰州、如皋一带的江淮官话，以及晋南、关中一带的西北官话虽然地域并不相连，但都具有中古全浊声母今音一律为送气清音的特征：

	簿	舅	近	坐	重
客家话　（梅州）	꜀pʻu	꜀kʻiu	꜀kʻiun	꜀tsʻɔ	꜀tsʻuŋ
赣　语　（新干）	꜀pʻu	꜀tɕʻiu	꜀tɕʻin	꜀tsʻo	꜀tʂʻuŋ
江淮官话（如皋）	꜀pʻu	꜀tɕʻiu	꜀tɕʻin	꜀tsʻou	꜀tsʻoŋ
西北官话（闻喜）	꜁pʻu	꜁tɕʻiəu	꜁tɕʻiẽɪ	꜁pfʻʌŋ	꜁tsʻuə

这种现象可以从客家几度移民的角度加以推测：中古全浊声母清化后一律变成送气清音本是晋南、关中一代方言的早期特征，永嘉丧乱后的移民将其带到今天的江淮官话地区，后来又进入赣语地区，唐末的战乱迫使江西移民再度南迁，又将这一特征带到了客家地区。不过，这种推测并不具有唯一性，也有可能是上述方言各自平行演变而发生的偶合。

（五）粤方言的形成

粤语未见于上古文献。西周以前，岭南一带土著居民基本上是百越族。春秋战国时，楚人逐渐进入岭南。《左传·襄公十三年》记载："赫赫楚国，而君临之，抚有蛮夷，奄征南海，以属诸夏。"《后汉书·南蛮西南夷列传》记载："及楚子称霸，朝贡百越。"楚悼王还派吴起发兵平定百越，使楚文化近一步渗入岭南。同时，中原汉人的足迹也早就及于岭南，《墨子·节用》称"古者尧治天下，南抚交趾，北降幽都"。秦始皇二十六年（前221），派尉屠雎率50万大军分五路南征，家眷随军驻扎。其中有一支入岭南，攻番禺，置南海郡，北方汉语也就被带到了岭南。古粤语当由北方汉语和楚语、越语融合而成。唐朝张九龄开通大庾岭驿道，打通了岭南与中原的交通，大大方便了北人入粤，岭南人口因此剧增。唐宋之际常常将官宦文人贬往岭南，也在一定程度上推动了中原文化对岭南的教化。北宋靖康之难，大批北方汉人南迁入粤，广东人口激增，经济与文化有较大发展。唐宋移民的语言对粤语的形成影响很深，《朱子语类》卷一百三十八的一条语录反映了这种情形："却是广中人说得声音尚好，盖彼中地尚中正。自洛中脊来，只是太南边去，故有些热。"今天的粤语音系在各方言中仍是最接近《广韵》的。

（六）闽方言的形成

闽方言保留了上古轻唇归重唇、舌上归舌头的现象，其形成时代当早于客赣方言。早期进入闽地的汉人多来自吴越，因此闽语至今仍留有吴语的底层。屠雎统帅的五路南征大军有一支攻占闽越，并从会稽郡析置闽中郡，治所在东冶（今福州）。这是最早入闽的北方汉人。西晋永嘉丧乱后，青徐和司豫一带的北方汉人纷纷南下，大批北方士族涌入江东，其中一部分继续向南开发。唐杜佑《通典》卷一百八十二记载："闽越遐阻，僻在一隅……永嘉之后，帝室东迁，衣冠避难，多所萃止。"《闽书》也有此类记载："衣冠始入闽者八族，所谓林、黄、陈、郑、詹、丘、何、胡是也。"移民的方言与古闽语以及土著语言逐渐融合成闽方言。唐初，陈政、陈元光父子四代驻守闽南漳、泉二州，唐末王潮、王审知兄弟治理闽东福州等五州，他们都是河南光州人，自然给闽方言打上了中原音的烙印。唐朝科举兴盛，崇尚文教，《切韵》音系作为文读系统也进入了闽语。因此，闽语以音韵层次复杂著称。唐以后称闽人为"福佬"，标志着闽语及其民系的形成。

2.3.4 近代汉语方言的发展演变

元明清是汉语发展的近代时期。这一时期，全国一级、二级行政区已趋于稳定，区域文化也逐渐定型，南方人口反超北方，中古时期由北向南大规模的定向移民运动不再可行。这样的社会背景使七大方言的格局逐渐稳定下来，各方言在共同使用统一的文字和书面语的前提下各自独立发展，同时又互相接触、互相影响。

近代以来，北方汉语随着北方中央王朝统治民族和居民成分的剧烈变动而发生了较大的变化，东南六大方言则相对稳定，变化缓慢。北方汉语的结构变化突出表现在语音系统的简化和词汇系统的复音节化上。其地域变化则有两个特点，一是基础方言东移，二是继续向西南、西北、东北等地广人稀之处扩张。自元朝起，北京成为全国的政治中心。同时，随着新兴文学样式元曲的兴盛，北京也渐渐荟萃成为文化中心。北曲主要用北京话写作，周德清专门为元曲创作编写了《中原音韵》，称该书所依据的语言为"天下通语"。这表明北京音逐渐取代了中原正音长达千年的通语地位。明代推行移民和屯垦戍边的政策，《明史·食货志》记载，"太祖时徙民最多"，"于时，东自辽左，北抵宣大，西至甘肃，南尽滇蜀，极于交趾，中原则大河南北，在在兴屯矣”。清代除继续向西北、西南移民外，还向东北大批移民。历史上东北人口较少，清入关后筑“柳条边”严禁关内居民越界垦殖。19世纪初，黄河下游连年遭灾，大批破产农民铤而走险“闯关东”，清廷被迫开禁，于是形成移民狂潮。明清移民主体是官话区人，他们将官话扩展到青海、四川、广西、云贵、东北等地。东南地区唐宋时已经开发，人口密度超过中原，在此基础上形成的宋代行政区划也就比较稳定而得以长期延续。人口地理、行政地理和文化地理的稳定对方言地理影响深刻，因此，东南地区六大方言相对而言也就比较稳定。

参考文献

陈寅恪（1936）东晋南朝之吴语，《历史语言研究所集刊》第7本第1分。

丁邦新（1982/1998）汉语方言区分的条件，《清华学报》14.1, 2；《丁邦新语言学论文集》，商务印书馆。

葛剑雄、曹树基、吴松弟（1993）《简明中国移民史》，福建人民出版社。

侯精一主编（2002）《现代汉语方言概论》，上海教育出版社。

华学诚（2003）《周秦汉晋方言研究史》，复旦大学出版社。

李　荣（1985）汉语方言分区的几个问题，《方言》第2期。

李　荣（1989a）中国的语言和方言，《方言》第3期。

李　荣（1989b）汉语方言的分区，《方言》第4期。

李小凡（2005）汉语方言分区方法再认识，《方言》第4期。

林语堂（1933/1989）前汉方音区域考，《语言学论丛》，开明书局/上海书店。

刘君惠等（1992）《扬雄方言研究》，巴蜀书社。

罗常培（1933）《唐五代西北方音》，中央研究院历史语言研究所单刊甲种之十二。

潘茂鼎、李如龙、梁玉璋、张盛裕、陈章太（1963）福建汉语方言分区略说，《中国语文》第6期。

苏秉琦（1999）《中国文明起源新探》，生活·读书·新知三联书店。

谭其骧（1934）晋永嘉丧乱后之民族迁徙，《燕京学报》第十五期。

温端政（2000）晋语“分立”与汉语方言分区问题，《语文研究》第1期。
袁家骅等（1960/2001）《汉语方言概要》，文字改革出版社/语文出版社。
詹伯慧（2002）方言分区问题再认识，《方言》第4期。
张振兴（1997）重读《中国语言地图集》，《方言》第4期。
中国社会科学院、澳大利亚人文科学院（1987）《中国语言地图集》，香港朗文出版（远东）有限公司。
周振鹤、游汝杰（1985）湖南省方言区画及其历史背景，《方言》第4期。
周振鹤、游汝杰（1986）《方言与中国文化》，上海人民出版社。
朱德熙（1986）在中国语言和方言学术讨论会上的发言，《中国语文》第4期。

三、两广毗连地区汉语方言的归属

目前所见最早的汉语方言分区地图《中国语言区域分划图》[①]将汉语方言分为官话、吴语、闽语、粤语和客家话五类。该图将广西东南部玉林、梧州、贺州等毗连广东的地区标为粤语，并对岭南汉语方言作了如下描述：

> 广西：本省北部[②]通用官话，南部[③]通用广东话。当地少数民族和中部、西部的客家人则土语自成一调。平南正北有一块未经测绘的地方叫瑶山区，那里通用的土话极为难懂。极东南部[④]的城镇中虽然通用广东话，但当地土话却为他处所未闻。西部地区，北边用官话，南边用广东话，另外还有几种土语，其中以仲家语为主。这些土语都和暹罗的泰语、老语差不多。西南部纯用仲家语，但受过教育的汉人则用官话或广东话。

---

① 此图载1922年上海出版的英文版《中华归主——中国基督教事业统计（1901—1920）》第二章第二节。1987年中国社会科学院世界宗教研究所翻译重印此书，2007年修订再版，书名改为《1901—1920年中国基督教调查资料》。

② 大体包括今贺州、柳州、百色一线以北地区。

③ 不包括钦州地区。该区原属广东，1951—1955年划归广西，1955—1965年重归广东，1965年起再次划归广西。

④ 包括今玉林、梧州、贺州等紧邻广东西部的地区。

> 广东：本省以广东话为主，政界则通用官话。土著居民和各少数民族都有自己的语言。讲客家话的约有四百万人，汕头地区通用一种类似闽南话的土话，约三百万人。

这可能是从汉语方言分区的角度对两广毗连地区方言分布状况的最早描写。赵元任主持制定的《申报》地图《语言区域图》（1933）也将广东（东北部客家方言区除外）和广西南部标为粤方言区。[①]王力《中国音韵学》（1936）也有同样的描写："粤音系，包括广东之大部分，及广西之南部。""官话音系，包括……广西北部。"这种看法是对两广毗连地区方言认识的第一阶段。

李荣等主持绘制的《中国语言地图集》（1987）[②]将广西粤语划在贺县至凭祥一线以南，分为四片：广府片包括梧州市、苍梧县、贺县县城及其附近、平南县的丹竹镇和大安镇；邕浔片包括南宁、柳州等市，邕宁、崇左、宁明、横县、桂平、平南等县城及其附近；钦廉片包括原属广东的钦州、北海、合浦、浦北、灵山、防城等县市；勾漏片地处两广毗连地区，广西部分包括玉林、梧州[③]两个地区13个县，主要是广大农村，广东部分包括四会、广宁、德庆、罗定、郁南、封开、怀集、信宜、阳山、连县、连山11个县。《地图集》还从桂南原属粤语的部分地区分出桂南平话，[④]从桂北原属官话的部分地区分出桂北平话。这是对两广毗连地区方言认识的第二阶段。此后进入第三阶段，关于平话能否独立成区，以及桂南平话与勾漏片粤语的归属便成了学界热议的问题。

粤语勾漏片的提法始见于广西粤语分片，共分广府、邕浔、勾漏和钦廉四片，勾漏片主要分布在玉林、梧州两地区13个县的农村。（杨焕典等，1985）后来，广东粤语分片也采用此名，分为广府、四邑、高阳、勾

---

① 《申报》地图包括《中华民国新地图》和《中国分省新图》。1933 年初版的《语言区域图》上，广东只有粤方言和客家方言，1934 年第二版分出潮汕方言，1948 年第五版潮汕方言改归闽南方言。

② 本章提到"《中国语言地图集》"时皆指 1987 年的第一版，下文不再注出年份。

③ 当时的梧州地区包括后来分出去的贺州。

④ 1982 年，张均如首先提出平话是不同于粤方言的另一种汉语方言。

漏、吴化五片，勾漏片分布在四会、广宁、德庆、罗定、郁南、封开、怀集、信宜、阳山、连县、连山11个县，（熊正辉，1987）后来广西[1]进一步扩大到35个县市。（伍巍，2007）不过，也有一些粤方言分片方案中并无勾漏片或与其相应的方言区域。[2]

平话是当地固有的方言名称，[3]但20世纪80年代以前并未被学界视为独立的方言，而是将其归属于官话或粤方言。《中国语言地图集》将平话独立成方言区后，引发了种种不同意见，从而将两广毗连地区的方言研究推进到一个新阶段。一部分学者认为桂南平话和桂北平话归属不同，对于桂南平话，大都认为应归粤语（刘村汉，1995；梁金荣，1997；覃远雄，2000；伍巍，2001；谢建猷，2001；詹伯慧等，2003）；对于桂北平话，有人认为可以独立（刘村汉，1995），有人认为应与湘南土话合称湘桂土话（谢建猷，2001），有人认为应和湘粤土话一道留待进一步调查后再定归属（詹伯慧等，2003），有人认为除了融柳平话外应归湘语（韦树关，1999）。另一部分学者认为桂南平话和桂北平话归属一致，有人认为统归粤语（梁金荣，1997；项梦冰、曹晖，2005），也有人认为它们与湘南土话、粤北土话和勾漏片粤语统归平话（李连进，2007），还有人认为平话和湘南土话、粤北土话是一种方言，但不适合独立为一大方言，也不适合归入白话，宜作为独立的土语（王福堂，2001）。

对复杂事物的认识往往难以一步到位。第一阶段对两广毗连地区汉语方言的认识还比较粗疏，对区域内方言的差异性尚认识不足，因此不认为桂南存在独立于粤方言的另一种汉语方言。第二阶段对差异性的认识日益加深，于是认为桂南平话与粤语是不同的方言。第三阶段在已知其差异性的基础上重新认识其共同性，又认为桂南平话与粤语勾漏片是同一种

---

① 原文无“广西”二字，此二字系校者据伍巍（2007）所加。——校者注

② 《汉语方言概要》粤方言分为五系，广东有粤海、钦廉、高雷、四邑四系，广西有桂南系。《广东粤方言概要》增加了莞宝、香山两片，粤海片又称广府片，钦廉系则随行政辖区的变动而取消。《现代汉语方言概论》的广东粤语有广府、四邑、香山、莞宝、高阳五片，广西粤语有桂南片。余霭芹（1991）分粤语为南三角洲、北三角洲、四邑、两阳四片。以上几种粤方言分片方案中均无勾漏片。

③ 各地多有不同的名称，但都不排斥“平话”这个统称。

方言，看似走了回头路，实际上却反映了认识的深化。第一认识阶段的粤语尚未分片；第二认识阶段的粤语与平话不同，指的是接近广府片的白话[①]；第三认识阶段的粤语与平话乃至湘粤桂土语相同，指的是勾漏片粤语。那么，认为平话与广府片粤语不同和平话与勾漏片粤语相同二者并不矛盾。需要进一步研究的是平话与勾漏片方言的归属。本章拟从汉语方言分类的全局着眼，探讨两广毗连地区的方言类别和归属。

笔者曾提出汉语方言分区应从全局着眼，先用最少的音韵标准分出方言类别，再用最有效的鉴别标准划分地理界线。目前最具系统性和规律性的分类标准是中古全浊声母系统在今方言里的不同映射。（李小凡，2005）此条标准由赵元任（1928）作为“暂定的‘工作的假设’”最早应用于吴语。王力（1936）以此为首要特征将汉语方言分为五类：官话无浊声母，吴语有浊声母，闽语多数古浊声母平声字今读不吐气，粤语无浊声母，客家话古浊声母字无论平仄今皆读为吐气清音。由于单用此项特征难以区分官话和粤语，遂补充第二项特征：有无闭口韵。李方桂（Li 1937）也以中古全浊声母今读类型为标准进一步从官话中分出古全浊声母清化为送气音的赣语，并将其与客家话合为赣客家语；同时分出和吴语一样保存古全浊声母的湘语，并补充入声有无塞音韵尾的第二特征，使之与吴语相区分。至此，古全浊声母今读类型已经成功地分出了汉语七大方言，该标准也就由最初的工作假设上升为有效的分类标准（以下简称浊音标准）。随着方言调查研究的进一步深入，赵元任、王力、李方桂倡导的浊音标准也不断得到充实和完善，进一步发展成为科学的方言分类标准。

王力五大音系的划分统一采用浊音标准，但因难以区分官话和粤方言，便补充了第二特征。然而，为什么一定要区分官话和粤方言呢？恐怕是因为主观上先已有了一个五大音系的假设。虽然严格说来，客观的分类不应从先验的假设出发，但也不必讳言在科学分类之前已经有了经验性的分类猜想。关键在于，我们必须以严谨的科学态度，依照分类的基本原则

① 张均如（1982）提出广西平话是不同于粤方言的另一种方言的观点时认为：“白话”是粤方言的俗称，“粤方言”是指以广州话为中心的一个大方言，一般也叫广府话，本地人称之为白话。黄锡凌《粤音韵汇》（1941）：“香港所说的粤语和广州没有分别，西江上游自梧州以迄南宁也没有什么不同。”（原文注：在桂省粤语叫做白话）

对猜想加以检验和修正。我们也没有必要排斥多于一项的分类标准，但应尽可能寻求单一标准以避免兼类。实际上，随着方言调查研究的深入，单用浊音标准即可区分官话和粤方言，无需依赖第二标准。熊正辉（1987）指出粤语[①]全浊声母清化后今读阳平阳上的字送气，今读阳去阳入的字不送气，这与袁家骅等（1960）所说全浊声母清化后平声送气仄声不送气的官话属于不同类型。

王力说闽语多数古浊声母平声字今读不送气是一个特称判断，反映了少数字今读送气音的客观事实。李方桂对此则作了全称判断，大概是将少数字送气当作例外了。[②]李荣（1989）对此作了澄清：

> 李方桂 1937 说，古全浊声母今逢塞音、塞擦音，客家话赣语送气，闽语不送气。实际上是闽语多数字不送气，少数字送气；客家话是绝大多数字送气，极少数字不送气。一两个闽语方言某些古全浊声母字今读送气可以说是例外。这几个闽语方言这些字送气，那几个闽语方言那些字送气，对不起来，那也可以说是例外。要是某些古全浊声母字在全体闽语或者多数闽语里都送气，那就不是例外了。“各方言一致的例外”本身就是一种规律。

李方桂用浊音标准分出湘语，为了与吴语相区别，又补充塞音韵尾标准。实际上中古全浊声母在吴语和湘语中的映射并不相同，不必依赖第二标准便足以分出这两种方言。袁家骅等（1960：103）对吴语和湘语古全浊声母今读的差异作过如下描写：

> 我们一向认为湘语同吴语有一个共同特征：一套完整的浊塞音、塞擦音和擦音。走遍吴语区，这个特征几乎没有例外。可是湘语区内部就很不一致。……全浊声母在湘语区逐渐放弃了中心城市，但依然盘踞在广大的山乡和农村。……倘以浊声母的有无为标准，可以把湘语分成新老两派或两层。……长沙话古全浊声母变不送气清音，类似闽方言；双峰话古全浊声母基本保存，类似吴方言。

---

① 指粤方言主体部分广府、四邑、高阳三片，勾漏片都不送气，吴化片都送气。

② 《中国音韵学》有李方桂的序文，他应该知道王力对闽语古全浊声母今读的表述。

李荣（1987）[①]进一步表述为："湘语主要特点是：古全浊声母逢塞音、塞擦音时，不论今读清音还是浊音，也不论平仄，一律不送气。"该条例可以换一种说法：湘语古全浊声母在不同地区以不同速度逐渐清化为不送气音。这就与保存中古全浊声母系统的吴语泾渭分明了。近年来，湘方言的调查研究日趋全面和深入，已将湘语古全浊声母的读音类型修正为"以浊音清化来替代保留浊音"（鲍厚星，2006）。陈晖（2008）对此作了详细描述：

> 湘方言中，古全浊声母仍保留浊音的点主要分三种情况：一是无论舒入基本上都保留浊音，这种情况主要分布在湘南的永州片。……二是古全浊舒声字保留浊音，入声字全部或绝大部分清化，主要分布在湘中一带的娄邵片。……三是古全浊平声字保留浊音，仄声字浊音清化，这种情况主要分布在湘西一带的辰溆片。……人们一直认为，北部湘语古全浊声母清化后读不送气音，"不送气"是浊音清化了的那些湘语点与闽语的一致特征，通过对古全浊声母已清化的湘语点的全面考察，我们发现，这个一致特征中也有很多的不一致：湘语绝大多数方言中，古全浊声母清化后送气与否与古调类有很大关系，舒声字一般读不送气音，入声部分或绝大部分字读送气音。……古全浊声母入声字清化后部分或绝大部分读送气音，这是湘语语音的一个重要特点。

湘方言浊音研究进一步完善了浊音标准，提高了用它来给汉语方言分类的区分度。用浊音标准对汉语方言进行整体分类可以得到以下结果：

1. 保留全浊声母系统——吴方言。

2. 全浊声母在不同地区以不同速度逐渐清化，塞音、塞擦音清化后逢舒声一般读不送气音，逢入声部分或绝大部分读送气音——湘方言。

3. 全浊声母清化，塞音、塞擦音读送气音——客赣方言。[②]

---

① 参考文献未列李荣（1987），这里的引文见于李荣、熊正辉、张振兴《中国语言地图集》（1987）B11 图（颜森、鲍厚星编辑）文字说明。——校者注

② 依据浊音标准，赣方言和客家话是同一类方言，分为两大方言主要根据族群认同标准。

4. 全浊声母清化，塞音、塞擦音多数读不送气音，少数“一致的例外”读送气音——闽方言。

5. 全浊声母清化，塞音、塞擦音逢平声读送气音，逢去声和入声读不送气音；若逢上声，保持阳上调的读送气音，归入阳去调的读不送气音——粤方言。

6. 全浊声母清化，塞音、塞擦音逢平声读送气音，逢上去入三声读不送气音——官话。

汉语方言分区从早期以王力为代表的五区方案开始就采用浊音标准，李方桂进一步分出湘语和赣客家语用的也是浊音标准。用浊音标准作出的汉语方言分类经过大半个世纪的检验，已为学界和公众所接受。《中国语言地图集》新分出三类方言采用了不同标准，近30年来却争议不断。由此可见，分类标准的普遍性和一致性决定了分类结果的可靠性。

值得深思的是，李方桂（Li 1937）虽然倡导浊音标准并据此分出了湘语和赣客家语，却唯独对粤语不用浊音标准而代之以保存完整的塞音及鼻音韵尾的标准，并将其作为粤语的第一特征。《中国语言地图集》在对闽语坚持浊音标准的同时，对粤语却回避浊音标准，而将其用作粤语内部分片的标准。《现代汉语方言概论》的九大方言大都采用浊音标准，甚至连徽语也以“古全浊声母清化，塞类声母不分平仄以读送气音为主”为划区标准和第一特征，[①]只有晋语和粤语不用浊音标准。晋语按浊音标准应属官话，要使其独立只能用其他标准。粤语本来可以用浊音标准，弃而不用的原因，一是对官话和粤方言古全浊声母今读类型的区别性认识不足，二是浊音标准在粤方言里不如辅音韵尾突出，三是粤方言分片要用浊音标准。以上三点值得商榷。

粤方言和官话全浊声母清化后的读音都受声调制约，平声都读送气音，去入二声都读不送气音，差异只在于上声。从共时看，今阳上与阳平同为送气音。从历时看，古全浊上白读送气，文读不送气。全浊上字数虽少，但一个音类有两种读音类型却反映了不同的音变和历史层次。浊上与

---

① 《中国语言地图集》分出徽语并非根据浊音标准，因为“就古全浊声母今读塞音、塞擦音时送气与否说，徽语内部并不一致……可见徽语并不是古全浊音今大都读送气清音的”。

浊平同变送气清音是粤方言独特的创新，足以和官话的浊上与浊去浊入同变不送气清音相提并论。部分全浊上字读作阳去并随之读不送气音，可能是外方言影响所致，也可能是自身音变中断所致。文白两调分别与声母送气与否相匹配，也可以和官话相区别。

完整保存鼻音和塞音韵尾的确是粤方言的突出特点，但通观全局则缺乏作为分类标准所需要的区分度，因此不能用作汉语方言的分类标准，只能作为判断某方言是不是粤语的鉴别标准。浊音标准作为分类标准，不可能也没必要在每一类方言中都是最突出的特征。闽语的古舌上音读作舌头音也是非常突出的音韵特征，同样只能用作鉴别闽语的标准而不能用作汉语方言的整体分类标准。

浊音标准既然被用于粤语次方言的划分，当然就不能再用于汉语方言的整体分类，否则有违分类原理。但是，给连续性的整体事物划类应该自上而下逐级进行，上一级的分类标准不能再用于下一级分类。《中国语言地图集》用入声标准从官话中分出晋语，而在官话内部又用入声标准划分次方言，显然违反了上述原则，晋语纷争的症结就在于此。粤语将浊音标准从用于一级方言分类降为二级方言分类，看似避免了重复使用同一标准的矛盾，实际上仍然未脱窠臼，因为浊音标准能否作为方言分类的标准是从全局着眼的，并非单由粤方言决定；同理，要取消既有的分类标准，也不能单由某一个方言来决定。何况，取消旧标准而没有新的标准取而代之，未免轻率。既然浊音标准完全适用于粤方言，而且不会因为粤方言弃用就被取消，那么，粤语内部分片采用浊音标准实际上也是在不同层级上使用同一个分类标准。

《中国语言地图集》用浊音标准分出三类粤语次方言：勾漏片一般都不送气，吴化片一般都送气，广府、邕浔、四邑、高阳四片一般今读阳平、阳上的字送气，今读阳去、阳入的字不送气。其中，吴化片的浊音特征与客赣方言相同，只分布在吴川、化州、湛江三县市，而这三县市同时又被列入高阳片，可见这一带不止一种方言。勾漏片的古全浊声母清化后一般读不送气音既不同于有一致的例外的闽方言，也不同于舒声与入声有别的湘方言，而是一种新的独特类型，从汉语方言分类的全局着眼，应该视为与粤语同级的一类方言而不是粤语的次方言。

进一步看，桂南平话与勾漏片方言中古全浊声母今读类型相同，地域上也相连接，没有理由认为它们不是同一类方言。其实，《中国语言地图集》就已明确指出，平话的共同点是“古全浊音声母今读清塞音、塞擦音时一般不送气，与粤语勾漏片相同”。之所以没有将后者一并处理成平话，或许是因为勾漏片有一部分地处广东，历来被视为粤方言，桂南从梧州到南宁也存在很接近广府片的白话，而平话则是初次分立，《中国语言地图集》B14图只是“画出通常说的平话分布的范围，留待以后核实”。

除了浊音特征之外，平话和勾漏片还有其他一系列音类分合方面的共同特征，例如，船禅不分，果摄一等非见系韵母基本上合并，入声阴阳调各依韵腹元音进一步分化，等等。二者的差异虽然也不少，但多属音值层面，例如，船禅母桂南平话读擦音，勾漏片多读不送气塞擦音。

平话和勾漏片还有一个共同特点，它们都分布在较为偏僻的农村。例如，南宁白话属粤语邕浔片，只在城区通行，周围则被平话包围。梧州白话属粤语广府片，也只在城区通行，周围被勾漏片方言包围。桂南的这两个中心城市实际上双双成了粤方言岛，北京大学方言调查队2003年和2008年先后赴南宁和梧州调查方言，对此印象很深。南宁市区白话接近广州话，郊区环绕的平话则相去甚远。梧州白话除了少一个阳去调外，几乎与广州话相同，而周边苍梧、岑溪、藤县等广大地区则是有内爆音、边擦音的勾漏片方言。方言岛通常是由于强势外方言的深入而形成的，粤方言“进入广西南部的时间大致是在清朝中叶海禁大开之后，随着粤籍商人、移民从广州一带溯西江、浔江、郁江、左江、右江到达广西南部的”（梁敏、张均如，1999：26），乾隆《梧州府志》记载：“梧州音柔而直，稍异粤东，城郭街市多粤东人，亦多东语。”粤西的勾漏片方言也处于远离珠江三角洲的偏远地区，区域内没有中心城市，也就没有形成梧州、南宁式的粤方言岛。

桂南平话、勾漏片方言与广府片粤语韵母上有不少共同点，包括保存完整的鼻音和塞音韵尾这一突出特点。以广州为中心的广府片粤语对外围其他粤语以及毗连地区其他方言的影响还有加深的趋势，使它们进一步向广府片趋同。根据语言扩散的一般规律，广府片粤语向西部弱势方言区的辐射力度会随着空间距离的递增而递减，因此，勾漏片方言与广府片粤语的共同点就多于桂南平话，梧州白话就比南宁白话更接近广州话。尽管两广毗连地区方言受到粤语的深刻影响，只要浊音标准还保持和粤语的类型区别，就不宜归入粤方言。因此，我们赞同将勾漏片方言和桂南平话统一为古全浊声母清化为不送气音的一大方言，其名称不妨就叫平话。

桂北平话不与广东毗连，不属本书讨论范围。这里顺带指出，桂北平话总体上也具备古全浊声母今读不送气清音的特征，也分布在广大农村，但在地理上与桂南平话并不相连，中间被大片西南官话切断。但可以设想早先两片平话曾经连成一片，后来，北部遭到西南官话的入侵，南部遭到粤方言的入侵。两路入侵走的都是占领中心城市的路线，在桂北形成柳州官话、桂林官话，在桂南形成梧州白话、南宁白话。

参考文献

鲍厚星（2006）《湘方言概要》，湖南师范大学出版社。

陈　晖（2008）古全浊声母在湘方言中的今读音情况，《方言》第2期。

高华年主编（2004）《广东省志·方言志》，广东人民出版社。

侯精一主编（2002）《现代汉语方言概论》，上海教育出版社。

黄锡凌（1941）《粤音韵汇——广州标准音之研究》，（香港）中华书局。

李连进（2007）平话的分布、内部分区及系属问题，《方言》第1期。

李　荣（1989）汉语方言的分区，《方言》第4期。

李小凡（2005）汉语方言分区方法再认识，《方言》第4期。

刘村汉（1995）桂南平话——粤方言的一个分支，第五届国际粤方言研讨会论文。

梁金荣（1997）《桂北平话语音研究》，暨南大学博士论文。

梁　敏、张均如（1999）广西平话概论，《方言》第1期。

覃远雄（2000）《桂南平话研究》，暨南大学博士论文。

覃远雄（2007）平话和土话，《方言》第2期。

王福堂（2001）平话、湘南土话和粤北土话的归属，《方言》第2期。

王福堂（2005）《汉语方言语音的演变和层次》（修订本），语文出版社。

王 力（1936）《中国音韵学》，商务印书馆。
伍 巍（2001）论桂南平话的粤语系属，《方言》第2期。
伍 巍（2007）粤语，《方言》第2期。
伍 巍、詹伯慧（2008）广东省的汉语方言，《方言》第2期。
韦树关（1999）桂北平话质疑，《广西民族学院学报（哲学社会科学版）》第4期。
项梦冰、曹 晖（2005）《汉语方言地理学——入门与实践》，中国文史出版社。
谢建猷（2001）《广西平话研究》，中国社会科学院研究生院博士论文。
熊正辉（1987）广东方言的分区，《方言》第3期。
杨焕典、梁振仕、李谱英、刘村汉（1985）广西的汉语方言（稿），《方言》第3期。
杨焕典主编（1998）《广西通志·汉语方言志》，广西人民出版社。
余霭芹（1991）粤语方言分区问题初探，《方言》第3期。
袁家骅等（1960）《汉语方言概要》，文字改革出版社。
詹伯慧（1988）广东粤语分区刍议，《学术研究》第3期。
詹伯慧主编（2002）《广东粤方言概要》，暨南大学出版社。
詹伯慧、崔淑慧、刘新中、杨 蔚（2003）关于广西"平话"的归属问题，《语文研究》第3期。
张均如（1982）广西中南部地区壮语中的老借词源于汉语古"平话"考，《语言研究》第1期。
赵元任（1928）《现代吴语的研究》，清华学校研究院丛书第四种。
中国社会科学院、澳大利亚人文科学院（1987）《中国语言地图集》，香港朗文出版（远东）有限公司。
Li, Fang-Kuei (李方桂) (1937) Languages and dialects, *The Chinese Year Book*, The Commercial Press, LTD.

四、平话的归属和汉语方言分类

4.1 引言

平话是当地居民对所操方言的自称，20世纪80年代以前尚未引起学术界的关注。《中国语言地图集》（1987，本章简称《地图集》）首次将平话划为独立的大方言，由此引发了学界的热烈讨论，对其归属提出了种种不同意见。一部分学者认为桂南平话和桂北平话归属不同，对于桂南平话，大都认为应归粤语（刘村汉，1995；梁金荣，1997；覃远雄，2000；伍巍，2001；谢建猷，2001；詹伯慧，2002b；詹伯慧等，2003）；对于桂北平话，有人认为可以独立（刘村汉，1995），有人认为应与湘南土话合称湘桂土话（谢建猷，2001），有人认为应和湘粤土话一道留待进一步调查后再定归属（詹伯慧等，2003），有人认为除了融柳平话外应归湘语（韦树关，1999）。另一部分学者认为桂南平话和桂北平话归属一致，有人认为统归粤语（梁金荣，1997），有人认为它们与湘南土话、粤北土话和勾漏片粤语统归平话（李连进，2005、2007），也有人认为平话和湘南土话、粤北土话是一种方言，但不适合独立为一大方言，也不适合归入白话，宜作为独立的土语（王福堂，2001）。

《地图集》指出平话的主要共同点是古全浊声母今读塞音、

塞擦音时一般不送气，而学界对平话能否独立为一大方言的疑虑和犹豫也在于此。

4.1.1 丁邦新的疑虑

中古全浊声母今读不送气清音能否区分平话与其他各大方言（特别是闽语和湘语）？丁邦新（1996）对此存在疑虑："平话何以成为跟湘语、粤语相当的一个方言区，实在语焉不详。图说里只说平话古全浊音今读塞音、塞擦音时一般不送气，这个说明太简略了，古全浊音在闽语今读塞音塞擦音时一般也不送气，新湘语的一部分也是如此，对于这样大的一个分区问题应该多说一点理由才是，因为究竟平话是否应该分立为一大方言，并无定论。"他的疑虑着眼于汉语方言的整体分类。

4.1.2 侯精一的犹豫

平话和毗邻的勾漏片粤语都存在中古全浊声母今读不送气清音的现象，二者应否分属两大方言？侯精一（2002：1）对此颇为犹豫："《地图集》平话独立成区，我们考虑到对平话的研究还不够充分，平话的主要共同点——古全浊声母今读塞音、塞擦音时一般不送气的现象在粤语的一些地区也存在。所以，《概论》没有列出平话区。……当然，这样安排并不表示参与《概论》编写的各位先生对汉语方言分区所持的看法。"其中"粤语的一些地区"主要指勾漏片。他的犹豫着眼于平话跟勾漏粤语的区域纠缠。

本章拟就以上疑虑和犹豫谈一点看法，进而针对《地图集》出版20多年来关于汉语方言分类的争议提出新的整体分类方案。

4.2 平话的中古全浊声母今读类型有别于汉语各大方言

李小凡（2005）曾提出汉语方言分区包括划类和鉴别两个步骤，划类是第一步，应采用尽可能少的音韵标准。多年来的实践表明，中古全浊声母今读类型是汉语方言分类最重要的标准（以下简称浊音标准）。"随着方言调查研究的进一步深入，赵元任、王力、李方桂倡导的浊音标准也不断得到充实和完善，进一步发展成为科学的方言分类标准。”（李小凡，2011）

4.2.1 浊音标准的完善及其分类价值

浊音标准最初由赵元任（1928）提出并成功地用来将吴语与其他方言分开。

王力（1936：563–566）将浊音标准作为第一标准全面应用于区分官、吴、闽、粤、客五大方音。除粤音外，其他四大音系在浊音标准上均有不同表现，只需此条标准即可分清类别。但当时认为粤音的浊音表现与官话相同，故需补充第二条标准：有无韵尾-m、-p、-t、-k。后来认识到，官话全浊塞音、塞擦音今读是平声送气、仄声不送气，粤方言则是平上送气、去入不送气（熊正辉，1987）。这就表明，区分粤音实际上并不需要补充第二标准。

王力（1936：565）称闽音“多数古浊母平声字今读不吐气”，李方桂（Li 1937/1973）则不提“多数”，大概是将少数字今读送气视为例外了。李荣（1989）进一步申说：“李方桂1937说，古全浊声母今逢塞音、塞擦音，客家话赣语送气，闽语不送气。实际上是闽语多数字不送气，少数字送气；客家话是绝大多数字送气，极少数字不送气。一两个闽语方言某些古全浊声母字今读送气可以说是例外。这几个闽语方言这些字送气，那几个闽语方言那些字送气，对不起来，那也可以说是例外。要是某些古全浊声母字在全体闽语或者多数闽语里都送气，那就不是例外了。‘各方言一致的例外’本身就是一种规律。”这就进一步确认了闽音的中古全浊声母今读也是一种独特的类型。

李方桂（Li 1937/1973）运用浊音标准首次分出湘语和赣客家语，但当时认为湘语和吴语一样保留了全浊声母，故需补充有无塞音韵尾的第二标准。后来对湘语浊音的认识不断深化，袁家骅等（1960：103）指出：“长沙话古全浊声母变不送气清音，类似闽方言；双峰话古全浊声母基本保存，类似吴方言。”李荣（1989）[①]概括为：“湘语主要特点是：古全浊声母逢塞音、塞擦音时，不论今读清音还是浊音，也不论平仄，一律不送气。”这就揭示出湘语的中古全浊声母已经发生了不同程度清化的事实。鲍厚星（2006：48）进一步提出“以浊音清化来替代保留浊音”。陈晖（2008）具体指出了湘语浊音清化的种种情形：“湘方言中，古全浊声母仍保留浊音的点主要分三种情况：一是无论舒入基本上都保留浊音，这种情况主要分布在湘南的永州片。……二是古全浊舒声字保留浊音，入声字全部或绝大部分清化，主要分布在湘中一带的娄邵片。……三是古全浊平声字保留浊音，仄声字浊音清化，这种情况主要分布在湘西一带的辰溆片。……人们一直认为，北部湘语古全浊声母清化后读不送气音，‘不送气’是浊音清化了的那些湘语点与闽语的一致特征，通过对古全浊声母已清化的湘语点的全面考察，我们发现，这个一致特征中也有很多的不一致：湘语绝大多数方言中，古全浊声母清化后送气与否与古调类有很大关系，舒声字一般读不送气音，入声部分或绝大部分字读送气音。”由此可见，湘语的浊音今读类型既不同于吴语，也不同于闽语。

综上所述，只需一条浊音标准便足以区分汉语各类方言。

4.2.2 平话的浊音今读自成一类

综上所述，根据浊音标准，中古全浊塞音、塞擦音声母在现代汉语各方言里有以下几种类型，并分别与某类方言相对应：

（1）保留中古全浊声母系统——吴方言。

（2）舒声仍为浊音，部分字清化为不送气音；入声清化为送气音，部分字仍为浊音——湘方言。

（3）平声清化为送气音，仄声清化为不送气音——官话。

（4）平声清化为送气音，去声、入声清化为不送气音；若逢上声，今读阳上的清化为送气音，今读阳去的清化为不送气音——粤方言。

（5）清化为送气音——客赣方言。

---

① 疑为“李荣等（1987）”之误。关于李荣等（1987），见本书 42 页脚注①。——校者注

（6）多数清化为不送气音，少数字读送气音构成“一致的例外”——闽方言。

显而易见，以上各种类型中缺少清化为不送气音的类型，而平话恰恰就是这种类型。从汉语方言整体分类的角度来看，平话完全可以作为一类独立的方言，它跟湘语和闽语的区别也是分明的。如表4.1所示：

表4.1 中古全浊声母今读类型

今读类型	吴方言	客赣方言	平话	官话	粤方言	闽方言	湘方言
浊音	+						舒声多 入声少
清音送气		+		平声[1]	平声 上声	少数一致的例外	入声多
清音不送气			+	仄声[2]	去声 入声	多数	舒声少

4.3 勾漏粤语和平话是同一种方言

粤方言勾漏片分布在两广毗连的西江流域一带。其实，广东省的粤方言分区本来并无勾漏片，“西江流域地区的白话习惯上归入粤海片（广府片）”（詹伯慧，2002a）。勾漏片最初是广西方言分区时提出来的，以玉林、梧州地区的勾漏山脉命名，包括这两个地区13个县的农村。（杨焕典等，1985）《地图集》采纳了这一名称，并将与广西毗邻的广东西江地区11个县一并归入勾漏片（熊正辉，1987），使其分布区域扩大到24个县，后来又进一步扩大到41个[3]县市（伍巍，2007）。

勾漏片粤语在浊音标准上不同于广府片等大多数粤语，却与平话相同，其他音韵特征与平话有同有异。侯兴泉（2010）全面比较了勾漏粤语和桂南平话的音韵特征，列举出其他19项相同特征和18项相异特征。

① 原文此处为“仄声”。——校者注

② 原文此处为“平声”。——校者注

③ 据伍巍（2007），勾漏片主要分布于广东和广西的41县市，但文中又指出广东为11县市，广西为35县市，则加起来当是46县市。——校者注

4.3.1 桂南平话和勾漏粤语的相同特征

（1）从邪不分和船禅不分。

（2）知组声母的分合基本一致，澄母多并入知母，读不送气清塞擦音。

（3）大部分桂南平话的疑母三等细音和日母字跟大部分勾漏粤语基本上都读鼻音ȵ。

（4）溪母开口字多读k^h声母；晓母开口字桂南平话和大多数勾漏粤语多读h声母。

（5）非敷奉母字部分保留“古无轻唇音”现象，但桂南平话的字数远少于勾漏粤语。

（6）果摄开口一等非见系韵母基本上合并，见系则多有区别。果摄一三等有别，开合口不混。

（7）假摄二等开合口有别，假开二与假开三有别。

（8）遇摄合口三等鱼韵庄组与非庄组的韵母有别。

（9）大部分桂南平话跟大部分勾漏粤语蟹摄分合一致：咍韵和泰韵一致，开三与开四一致，并与开二有别，合口一二三等有别，合三与合四则无别。

（10）止摄合口三等支、脂韵见系和非见系韵母有别。止合三唇音字韵母与非唇音字有别，与止开三唇音字无别。止合三见系字韵母有跟蟹合三四见系字合流的趋势。

（11）效摄开口三四等合并，流摄开口一三等合并，流摄和效摄有别。

（12）咸摄保留唇音韵尾-m、-p。咸摄开口一二等非见系字韵母基本上一致。

（13）深摄开口三等韵母保留唇音韵尾-m、-p。咸深两摄读音不混。

（14）山摄分合基本一致：合口一二等有别，二等重韵无别。合口三等元/月韵唇音字韵母为an/at，非唇音字为yn/yt或v(ʋ)in/v(ʋ)it，基本上已跟合口三等仙/薛韵、合口四等先/屑韵合并。

（15）臻摄开合口一三等合流，不区分臻开三等重韵。臻山两摄开口一三等读音有别。

（16）宕摄开口一等与开口三等庄组字韵母合流，合口一等和三等合流。江开二与宕开一合流。

（17）通摄合口一三等及其重韵都合流。

（18）梗摄二等重韵无别，三四等合流。

（19）有阳上调。入声调先按阴阳分化，再依元音（或声母）条件进一步分化，有3～4个入声调。

4.3.2 桂南平话和勾漏粤语的相异特征

（1）部分勾漏粤语的群母在流深臻三等韵前腭化为不送气塞擦音，这种现象桂南平话少见。

（2）桂南平话微母字读零声母或擦音声母的较多，勾漏粤语微母大都读同明母。

（3）大多数桂南平话从邪母主要读塞擦音，勾漏粤语则既有读塞擦音的，也有读擦音（含边擦音、齿间擦音及唇齿擦音）的。

（4）桂南平话船禅母读音跟部分勾漏粤语不同：半数勾漏粤语船禅母为不送气塞擦音，桂南平话跟另一半勾漏粤语则为擦音。

（5）勾漏粤语多有“古无舌上音”现象，桂南平话则罕见。

（6）精、知、庄、章四组塞擦音声母的分合桂南平话和勾漏粤语有所不同：桂南平话和一部分勾漏粤语的精知庄章组声母已合流，另一部分勾漏粤语则是知庄章三组合并，有别于精组。

（7）疑母洪音桂南平话和勾漏粤语今读不尽相同：勾漏粤语仍读鼻音ŋ；桂南平话只有开口一等读鼻音ŋ，二等除融水和横县读ŋ以及扶绥读零声母外，其他已腭化为鼻音ȵ或半元音j。

（8）宾阳、横县等少数桂南平话见溪母部分字像大多数勾漏粤语一样腭化为塞擦音，但大多数桂南平话跟少数勾漏粤语一样仍读作舌根音；桂南平话溪母合口字多数为擦音声母h，少数为零声母，勾漏粤语多读擦音声母f。

（9）桂南平话晓母合口多读零声母或半元音，跟大部分勾漏粤语不同。匣母开口大部分读h声母，跟部分勾漏粤语相同，另外一部分勾漏粤语匣母开口字已读零声母。

（10）大多数勾漏粤语以及南宁平话的云以母为零声母或半元音，大多数桂南平话以及勾漏粤语的南街话和大业话云以母的常用字多为h声母。

（11）大多数勾漏粤语假摄开口三等非零声母字有i介音，桂南平话一般没有介音。

（12）勾漏粤语遇摄合口三等非组字韵母一般与合口一等合流，桂南平话只见于南宁和融水等少数方言。遇摄合口三等勾漏粤语主要读y（非组除外），桂南平话多读作复合声母。

（13）勾漏粤语蟹开一泰韵部分字读同蟹开二，多数字与蟹开二有别，桂南平话蟹开一二则有合并趋势。

（14）勾漏粤语止摄开口三等主要读i，桂南平话多读复合元音。

（15）勾漏粤语效摄开口一二三等基本不混，大多数桂南平话效开一二基本上合流。

（16）大多数勾漏粤语以及宾阳、横县、融水平话咸摄一等见系韵母读音跟非见系韵母以及咸摄开口二等见系韵母的读音不同，大多数桂南平话则已合并。桂南平话咸摄开口三等与四等合流，勾漏粤语主要只是见系韵母合流，咸摄开口四等见系与非见系字韵母多有不同。大多数桂南平话咸合三较多地保留唇音韵尾（主要是-m），勾漏粤语只有部分字保留唇音韵尾-m，多数字变为舌尖音韵尾n/t。

（17）大多数勾漏粤语以及宾阳、横县、融水平话山开一见系与非见系以及山开二见系字韵母不同：见系韵腹多为圆唇元音，非见系韵母一般读an。大多数桂南平话山开一韵母都读an/at。桂南平话山开三四基本上已合流，勾漏粤语一般只是见系韵母合流。

（18）大多数勾漏粤语江摄庄组与非庄组韵母有别，大多数桂南平话则无别。

4.3.3 桂南平话和勾漏粤语的分立并无依据

侯兴泉（2010）通过以上比较得出的结论是："从音韵特征的数量上来看，一致性特征跟差异性特征差不多，似乎难分伯仲。但是细心观察我们就会发现勾漏片粤语跟桂南平话之间的一致性音韵特点大多具有普遍性和规律性，并且多是音类层次上的分合；而差异性音韵特征多不具有普遍性，且多是音值层面的差异。在几项比较重要的音韵特征如古全浊声母的今读、阳声韵的分合以及声调的分化表现上，勾漏片粤语跟桂南平话都显示了众多的一致性。因此，我们认为勾漏片粤语和桂南平话应是同一种方言。”这一结论有相当坚实的事实依据，颇为可信。事实上，《地图集》之前学界也从未将这一区域的方言分作两类。基督教会的《中国语言区域分划图》、赵元任《申报》的《语言区域图》、王力的《中国音韵学》都视西江流域的两广毗连地区为同一种方言。（李小凡，2011）那么，将桂南平话和勾漏片粤语分立为两类不同方言究竟有何依据呢？

平话和勾漏粤语最早是广西汉语方言分区时划分出来的。杨焕典、刘村汉等（1985）①深知“桂南平话与邕浔、勾漏、广府三片粤语同处广西东南部，有些突出特点彼此共有。例如，来自古全浊音的塞音和塞擦音，桂南平话同勾漏粤语不论平仄，都读不送气清音。勾漏粤语古心母字今读[θ]或[ɬ]，邕浔粤语也然。……这几种方言间千丝万缕的联系，正是划分的困难所在”。他们划分桂南平话所依据的标准是“粤语跟桂南平话上下入声的分类标准不一样，……‘次浊归上阳入’完全是由桂南平话本身的系统所决定的与众不同的特点。用这个特点作标准跟其他方言画界，是毫无挂碍的”。所举例子是亭子平话，但刘村汉后来编制《地图集》B14图时对亭子平话声调的描写则大相径庭：“亭子平话声调八个，平上去入各依古声母的清浊分成两类。横县平话和邕宁县马村平话阴入和阳入还分高低两类。这一点和广西某些粤语方言相似。”显然，《地图集》并未依据“次浊归上阳入”来区分桂南平话和勾漏片粤语，也未提出新的替代标准，而是从汉语方言整体分类的角度用浊音标准分出平话，并“画出通常说的平话分布的范围，留待以后核实”。由此便产生了桂南平话与勾漏粤语的纠缠。也许由于当时“平话的研究刚刚起步”，这个问题就被暂时搁置了。

我们赞同《地图集》采用浊音标准将平话划分为独立的大方言。然

---

① 杨焕典等人1985年的这篇文章作者有四位，其中包括刘村汉。由于本段后文将刘村汉后来的观点与他1985年这篇文章的观点作对比，所以原文此处不是“杨焕典等”而是“杨焕典、刘村汉等”。这里保留原文不动。——校者注

而，根据浊音标准，桂南平话"与粤语勾漏片相同"，二者的关系必须理清。尽管《地图集》将它们分别归属平话和粤语两大方言，终因未给出分立的依据，遂使它们藕断丝连、虽分犹合。这就是侯精一后来对此问题颇显犹豫的根源所在。值得注意的是，此后一直未有人提出区分桂南平话和勾漏粤语的标准，认为二者同一的观点反而逐渐成为共识，连刘村汉后来也"发表了《桂南平话——粤方言的一个分支》的文章，认为桂南平话应该归入粤方言了"。[①]（詹伯慧，2002b）

既然桂南平话和勾漏片粤语是同一种方言，二者难以分立，那就需要重新考虑它们的共同归属。

4.4 现代汉语方言的整体分类

4.4.1 平话是独立的大方言

近年来，粤语学界倾向于根据桂南平话与勾漏片粤语的中古全浊塞音、塞擦音声母今读不送气清音等共同特征将桂南平话归入粤语，桂北平话则因不具备-m、-p韵尾和3个以上入声调等粤语特征而另行归属。这种思路的内在逻辑是：勾漏片方言是粤语，桂南平话和勾漏粤语具有同一性，因此也是粤语。不过，按照同样的逻辑也可以得出相反的结论：桂南平话是平话，勾漏粤语和桂南平话具有同一性，因此也是平话。

产生以上悖论的原因在于二者各自立足于自身方言来认同对方。在考虑桂南平话和勾漏片粤语的共同归属时，无论立足于粤语还是立足于平话都偏离了全局，只有从汉语方言整体分类的全局着眼，才能突破以上局限。

浊音标准是汉语方言整体分类最有效的标准。根据这一标准，桂南平话和勾漏方言古全浊塞音、塞擦音今读都是不送气清音，是不同于粤语的另一类方言。该方言与其北部的桂北平话、湘南土话、粤北土话地域

---

① 《第五届国际粤方言研讨会论文集》（暨南大学出版社，1997）并未收录此文，此处根据詹伯慧（2002b）的以下说法："其实当年参加纂写《广西的汉语方言》（杨焕典等，1985）为平话的'升格'准备条件的刘村汉，几年前就发表了《桂南平话——粤方言的一个分支》的文章（刘村汉，1995），认为桂南平话应该归入粤方言了。"

相邻。该区域早期曾经有过内部一致的共同发展，明清以来则先后有官、粤、客籍移民迁入，他们或具有优越的政治、经济地位，或拥有优势人口，因此发生了“方言入侵”[①]。西南官话从明代开始随军籍移民侵入湘南、桂北；客家话从清初开始随客家移民侵入粤北、粤西；粤方言“在清朝中叶海禁大开之后，随着粤籍商人、移民从广州一带溯西江、浔江、郁江、左江、右江到达广西南部”（梁敏、张均如，1999）和粤西。方言入侵的结果是在这一地区形成了若干西南官话、客家话和白话方言片或方言点，而“入侵”力度不足的地区则形成方言特征模糊不清的“土话”。考虑到土话和桂北平话大都仍具备中古全浊声母清化为不送气音的特征，虽因方言入侵而呈不连续分布，浊音特征也有不同程度的磨损，但目前仍可以视为同一类方言。这个方言不妨就叫平话。

用浊音标准划分出来的平话，与官、吴、湘、粤、闽、客赣各大方言的分类标准相同，当属同一层级。平话的使用人口达数百万，分布地域大体相连，曾有过长期共同发展的人文历史（李连进，2000；王福堂，2001；麦耘，2010），虽然其政治、经济、文化上的内部一致性已经削弱，但目前还不能归入其他方言，将其视为独立的方言较为合理。鉴于此，《地图集》首次划分出来的平话在汉语方言分区中的独立地位应予确认，其分布区域还应扩展到两广毗连地区的勾漏方言。这样一来，粤方言的分布区域虽有所减缩，但内部一致性却大大增强，广东省的方言种类不减反增，勾漏方言和桂南平话的纠缠也得以消解。这对于粤方言和平话的研究，对于广东和广西的方言研究，乃至汉语方言的整体研究，都是有利的。

4.4.2 现代汉语共分九大方言

《地图集》首次划分出来的晋语引起了学界的热烈争论，钱曾怡主编《汉语官话方言研究》（2010）认为：“将晋语纳入官话方言的范围较好。”这代表了多数学者的看法，我们赞同这种观点。晋语之争的焦点在于它是官话的同级方言还是下级方言。方言的层级应该取决于据以划分

---

① “方言入侵”的概念请参看鲁国尧（2002）。

的标准，用同一标准分出来的各类方言当属同一层级，这是分类的基本原则。官话和吴、湘、闽、粤、客赣、平话是用浊音标准统一划分的，它们是同级方言。晋语则是“根据有入声这条标准”“跟周围的官话方言分开”的（李荣，1989）。而入声标准是《地图集》划分官话次方言的唯一标准，用这一标准分出来的各类方言当属同一层级，应该都是官话的下级方言。江淮官话也有入声，历来被视为官话的下级方言而毫无争议，可见，官话的下级方言可以有入声。晋语也应一视同仁。

《地图集》将晋语从官话中分出是为了“配合官话方言的分区”，因为1956年已经“发现古入声字演变为今调类，在官话方言里有下文所说七种方式”（李荣，1989）。根据入声标准，晋语和江淮官话在这7种类型中属同一类型，但显然不能划为同一个次方言，或许正是为了解决这一问题，便“依照从下江官话中分出赣语，从上江官话中分出湘语的先例，把晋语从1948《语言区域图》的北方官话中分出来，同时提出官话里分出‘晋语’之后，其余的官话可以根据表三《古入声字的今调类》，分成七区”（李荣，1989）。然而，这一仿照形同而实异。从官话中分出湘语、赣语，用的都是统一的浊音标准，其层级当然与官话相同。晋语的分立则另取入声标准，因此不能与官话并列于同一层级。

《地图集》将徽语再次划为独立的方言，反映了徽语的确难以归入任何一类方言的实情。我们赞同这一划分，但应指出，它不是按汉语方言整体分类的统一标准划分出来的，而是一种兼具几大方言特征的混合型方言。1934年的《中国分省新图》首次将皖方言划为独立的方言，后来几经反复，但若不分立，归属哪个方言则有种种不同意见。拿浊音标准来衡量，徽语内部并不一致，而又兼具周边各方言的某些音韵特征。徽语分立的关键在于具有混合性质的方言能否成为独立的方言。随着近年来对方言接触的研究日益深入，学界已逐渐认可方言过渡区的客观存在。假如过渡区足够大，又曾有过较长时间和较深程度共同发展的历史，将其视为独立的方言比勉强归入某一类方言更为可取。由此看来，徽语的独立已经水到渠成。

赣语最初从官话中分出后是与客家话合为一个大方言的，这完全符合浊音标准。1948年版的《中国分省新图》首次将二者分为两个独立的大方言，后来被广泛接受，但并未给出据以分立的语言标准。《地图集》则举出了几项特征：赣语和客家话古全浊声母今读有微小的差别，“辫笨赠叛”等字客家话不送气赣语送气；二者常用口语词有不少差别；赣语没有客家话次浊平、次浊上和全浊上都有跟清平同调的声调特点。但是，这些音韵特征充其量只能作为赣语和客家话是“同系异派”（罗常培，1940/1958：2）的两种次方言的依据。笔者赞同赣语和客家话是两个独立的大方言，但需指出它们也不是根据汉语方言整体分类的统一标准分立的。语言不仅是交际工具，也是一种文化现象。方言具有承载和标识地域文化的功能，是民系认同最有效的鉴别标准。客赣分立的决定性因素实际上是客家民系的认同需要。在语言和方言分类问题上，语言学标准总是服从于文化认同①。

综上所述，现代汉语方言可以分为以下9种：官话、吴方言、湘方言、闽方言、粤方言、赣方言、客家话、平话、徽州话。

参考文献

鲍厚星（2006）《湘方言概要》，湖南师范大学出版社。

陈　晖（2008）古全浊声母在湘方言中的今读音情况，《方言》第2期。

丁邦新（1996）书评：中国语言地图集，《国际中国语言学评论》第1期。

丁邦新（1998）汉语方言接触的几个类型，《语言学论丛》第20辑，商务印书馆。

侯精一主编（2002）《现代汉语方言概论》，上海教育出版社。

侯兴泉（2010）《勾漏片粤语与平话语音比较研究》，北京大学博士论文。

李连进（2000）平话的历史，《民族语文》第6期。

① 本章曾作为单篇论文发表（具体见书末附录），当时匿名评审专家担心“把勾漏粤语划归平话，恐怕在文化认同方面又会产生新的问题”。实际上，平话和勾漏粤语除了浊音特征外，还有一个共同点——都分布在乡村，而与区域内的中心城市有着不同的文化认同。例如桂林、柳州官话与周边平话，南宁白话与周边平话都存在认同差异。梧州城里说白话的人不大认同周边说“勾漏粤语”的人，却认同相距甚远的广州话。可见，勾漏粤语与广府粤语在文化认同上不能跟客家话同日而语。

李连进（2005）勾漏片的方言归属，《民族语文》第1期。
李连进（2007）平话的分布、内部分区及系属问题，《方言》第1期。
李　荣（1989）汉语方言的分区，《方言》第4期。
李小凡（2005）汉语方言分区方法再认识，《方言》第4期。
李小凡（2011）两广毗连地区汉语方言的归属，《语文研究》第1期。
梁金荣（1997）《桂北平话语音研究》，暨南大学博士论文。
梁　敏、张均如（1999）广西平话概论，《方言》第1期。
刘村汉（1995）桂南平话——粤方言的一个分支，第五届国际粤方言研讨会论文。
鲁国尧（2002）“颜之推谜题”及其半解（上），《中国语文》第6期。
罗常培（1940/1958）《临川音系》，商务印书馆/科学出版社。
麦　耘（2010）粤语的形成、发展与粤语和平话的关系，《研究之乐——庆祝王士元先生七十五寿辰学术论文集》，上海教育出版社。
钱曾怡主编（2010）《汉语官话方言研究》，齐鲁书社。
覃远雄（2000）《桂南平话研究》，暨南大学博士论文。
覃远雄（2007）平话和土话，《方言》第2期。
王福堂（2001）平话、湘南土话和粤北土话的归属，《方言》第2期。
王　力（1936）《中国音韵学》，商务印书馆。
伍　巍（2001）论桂南平话的粤语系属，《方言》第2期。
伍　巍（2007）粤语，《方言》第2期。
伍　巍、詹伯慧（2008）广东省的汉语方言，《方言》第2期。
韦树关（1999）桂北平话质疑，《广西民族学院学报（哲学社会科学版）》第4期。
谢建猷（2001）《广西平话研究》，中国社会科学院研究生院博士论文。
熊正辉（1987）广东方言的分区，《方言》第3期。
杨焕典、梁振仕、李谱英、刘村汉（1985）广西的汉语方言（稿），《方言》第3期。
余霭芹（1991）粤语方言分区问题初探，《方言》第3期。
袁家骅等（1960）《汉语方言概要》，文字改革出版社。
詹伯慧（1988）广东粤语分区刍议，《学术研究》第3期。

詹伯慧主编（2002a）《广东粤方言概要》，暨南大学出版社。
詹伯慧（2002b）略论广西“平话”，《纪念王力先生百年诞辰学术论文集》，商务印书馆。
詹伯慧、崔淑慧、刘新中、杨　蔚（2003）关于广西“平话”的归属问题，《语文研究》第3期。
张均如（1982）广西中南部地区壮语中的老借词源于汉语古“平话”考，《语言研究》第1期。
赵元任（1928）《现代吴语的研究》，清华学校研究院丛书第四种。
中国社会科学院、澳大利亚人文科学院（1987）《中国语言地图集》，香港朗文出版（远东）有限公司。
Li, Fang-Kuei (李方桂) (1937) Languages and dialects, *The Chinese Year Book*, The Commercial Press, LTD; Languages and dialects of China, *Journal of Chinese Linguistics*, 1973, Vol.1, No.1.

下编

历史层次

一、历史层次的含义

1.1 “层次”的普通词义和语言学意义

“层次”是一个相当晚出的汉语词，据我们对《四库全书》《四部丛刊》《全唐诗》《全宋诗》《全宋词》《元曲选》的检索，最早的用例出于晚明。例如：

魏濬《易义古象通》卷一：“坤能为从，不能为主。……虽分先后，原无层次。”

徐宏祖《徐霞客游记》卷一下：“云雾中仰见两崖，重岩夹立，层叠而上，莫辨层次。”

方以智《通雅》卷九：“退之用陛陛，亦犹比比，言众多而层次也。”

陆楫《古今说海》卷二十：“其寺层次高，上如塔之状。”

清代用例渐多，主要用来指文章条理。例如：

《钦定四库全书总目》卷四十三：“限于篇幅，其层次排列未免间断。”

张英《书经衷论》卷四：“初观之，词语重复，头绪繁多，细味之，极有层次。”

陈启源《毛诗稽古编》卷十三："诗人语意，本有层次。"

范家相《诗瀋》卷十二："三章层次分明。"

姜炳璋《诗序补义》卷二十一："是诗苦于层次难明。"

胡渭《大学翼真》卷七："一句却有三个层次。"

但是，直到20世纪上半叶，《辞源》《辞海》等辞书尚未收"层次"条目。《国语辞典》始收"层次"，释为"谓事物之次序"。《现代汉语词典》试用本（1973）立两个义项：①（说话、作文）内容的次序；②相属的各级机构。修订第三版（1996）增加了义项③：同一事物由于大小、高低等不同而形成的区别。《现代汉语规范词典》（李行健，2004）有类似义项：同一事物因大小、高低等的不同而形成的差异。由此可见，"层次"的词义发展轨迹是由初始义"事物的次序"引申出"事物内部的差异"。

"层次"一词虽然晚出，却倍受语言学界青睐。起初用于句法分析。国内广泛使用的"层次分析法"来自布龙菲尔德结构主义语言学，但英文术语immediate-constituent analysis对译成汉语是"直接成分分析法"。"层次分析法"并非对译，甚至连意译也算不上，实际上是另起了一个中文名称。国内较早采用直接成分分析法的著作并未使用"层次分析法"这个术语[①]，吕叔湘（1979）在定义"直接成分分析法"和"句子成分分析法"时才提到"结构层次""层次分析"和"层次分析法"：

拿一个现成的片断来分析，总是先一分为二，然后一层一层分下去，分到全部都是单个语素为止。这种分析法叫做直接成分分析法（非正式的名称叫做"二分法"，其实也不一定是二分，比如遇到并列的三项，那就只能三分了）。……分析结构层次，对于词语的理解有帮助。……美国的布龙菲尔德学派兴起，又换了个方向，讲语法着重讲层次分析。……层次分析法的理论也曾经渗入我国语言学界，但是目前通行的语法教材受它的影响还是微小。

① 请参看丁声树等《现代汉语语法讲话》(1961)、吕叔湘《汉语语法分析问题》(1979)、朱德熙《语法讲义》（1982）。

显然，此时尚未将“层次分析法”当作术语，而是作为一种通俗易懂、不言自明的普通词语来使用的。20世纪80年代，“层次分析法”才正式成为“直接成分分析法”的等义术语。《汉语语法修辞词典》（张涤华、胡裕树、张斌、林祥楣，1988：44）收“层次分析”条目，《语法学词典》（王维贤，1992：33）收“层次分析法”条目，[①]《中国语言学大辞典》（陈海洋，1991：370）始将“层次分析法”作为主条目，[②]可见，层次分析法是句法学的一个后起的替换术语，因使用广泛，最终取代了“直接成分分析法”。究其原因，一是因其自身语义显豁、通俗易懂，二是因其更能显示与“句子成分分析法”的差异。

除了句法分析之外，“层次”还用来对译其他西方语言学术语。检视几部通行的术语词典，“层次”所对译的英文术语有：level、stratification（stratum）。[③]下面是《现代语言学词典》（沈家煊译，2000）的相关条目：

> level（**3**）［**结构**］**层次**：指一个语言学层级内不同的结构层次，例如，可以说语法有句子、小句、短语、词、语素等不同层次（或级）。这一观念是法位学的重要特征。在节律音系学中，节律树展示结构的不同层次（“韵律层次”）。
>
> stratificational（strat-um,-al）**层次［语法］（层次，层次的）**：美国语言学家西德尼·M.兰姆（生于1929）创立的一种语言学理论，最初的阐述见《层次语法纲要》（1962）。这种理论构建的语言模型是几个相关联的结构层面（或“层次”）组成的一个系统。……

1.2 “层次”的共时含义和历时含义

上文的“层次”无论作为普通词语还是语言学术语，都是就事物的共时状况而言的。20世纪70年代末，“层次”也开始用于语言的历时分析。

---

① 释义都是“见‘直接成分分析法’”。

② “直接成分分析法”则降为参见条目，释为：“也叫‘IC分析法’。即层次分析法。”

③ 请参看《英汉语言学词汇》（刘涌泉、赵世开，1979）、《语言与语言学词典》（黄长著等译，1981）、《现代语言学词典》（沈家煊译，2000）。

张盛裕（1979：241）“潮阳方言的文白异读”所用的“词汇层次”“音韵层次”已经有了历时含义：

> 白话音和文言音都是传统的名目，两者之间是词汇层次的差别，不全是“说话音”和“读书音”的差别。有的字文言音在口语里也常用，有的字白话音也用在比较文的词语里，词语色彩、使用范围有时不太明确。因此，要区分文白读，必须分清异读的音韵层次，逐字作具体分析。

罗杰瑞（1979）“Chronological strata in the Min dialects”的中文题名为《闽语词汇的时代层次》，历时义显而易见。值得注意的是，“时代层次”译自strata（stratum的复数形式），而作为西方语言学术语，《现代语言学词典》所收的该词条尚无历时义。

此后，其他学者也纷纷将“层次”或“层”用作历史语言学术语，例如：时间层次（梅祖麟，1980：427）、文读层/白话层（杨秀芳，1982：5）、主体语言层（杨秀芳，1982：7）、历史层次（郑张尚芳，1983：108）、文白异读的层次（张琨，1984：417）、音韵层次（王洪君，1987：24）、语料的层次（朱德熙，1987：321）、促变舒声的层次（黎新第，1987：60）、时代层次（朱德熙，1990/1991：322）[①]、语言层次（余霭芹，1988：33；何大安，1990：845）、历时层次（张敏，1990：4）、叠置的层次（徐通锵，1991：385）、演变层次（徐通锵，1991：389）、方言层（丁邦新，1992：30）、渗透层次（陈忠敏，1997：77）、读音层次（陈忠敏，2002：73/2003a：11/2003b：43）、语音层次/词汇层次/语法层次（王福堂，1999：1）、滞古层次（郑张尚芳，2002：97），等等。

综上所述，“层次”作为语言学术语，有共时和历时两种含义，历时义是后起的，起初需要加限定语才能与共时义相区别，近年来，随着使用频率上升，不加限定语的“层次”反倒常常被理解为历时义了。

上述词义兴替反映了近年来基于汉语方言的历史层次分析理论的兴起和发展。毋庸置疑，这是一个十分重要的新领域，而“历史层次”则是其核心术语。不过，目前学界对该术语的含义尚存歧见。人类总是通过自身

① 朱德熙1991年的文章是其1990年文章的中文版。——校者注

的实践和既有的知识背景去认识未知世界的，在开拓新领域时既可以创造新的术语，也常常会利用习用的术语而赋以新义。滥觞时期，固然不必为了推敲术语而止步不前，但当新体系逐渐成型，将要长足发展时就有必要斟酌一番了。

“层次”作为语言学术语，是从其普通词义“事物内部的差异”引申而来的。语言内部的差异既有共时的，也有历时的，后起的历时义便很自然地采用了已经习用的共时义术语。这与晚起的“社会方言”借广泛使用的“方言”作词根如出一辙。共时和历时是语言分析的两种不同角度，使用同一个术语有时难免有纠缠。例如，一位研究者就曾为此颇费周折：“层次分析就是结构主义语言学的巨大贡献之一。层次分析是在语音研究的基础上提出并逐步扩展开来的，但中国的语言（主要指汉语）的语音层次分析却是很晚的事。（我们这儿的语音层次是指时代或地域层次，与一般的理解有别。）”（殷树林，2005b：97）可见，“层次”这个术语有必要作以下区分和界定：

1. 结构层次：用于句法结构的共时分析。此义早起，可继续简称为“层次”，必要时则用全称。除了句法结构外，音节结构、词义结构等也都有各自的结构层次。

2. 分析层次：为语言的共时分析而建立的便于独立研究的某一方面的结构系统，如语音层次、语法层次、语义层次，等等。此义译自英语level或stratum，又译作“层面”，今后宜用“层面”，而将“层次”留作他用。

3. 历史层次：用于历时分析。此义至少已有上文所提到的种种不同名称，其含义也不尽相同，目前亟需统一。作为后起义，此义宜加限定语，称为“历史层次”，指的是在不同历史时期因种种不同原因而形成，并共存于当前共时系统中的具有潜在系统性的对当语言形式。历史层次的形成虽然包括地域的因素，但根据历史语言学的基本原理，共时的地域差异是语言历时变化的投影，源于地域因素的层次必有其特定的形成时间，因而本质上也是一种历史层次。历史层次分析就是对各种对当语言形式的来源、性质加以鉴别、提纯和归整。

我们将从以上界定出发，着重探讨历史层次问题。

二、历史层次的争议问题

目前学界对历史层次的外延和内涵都有不同认识，本章拟对这些争议问题展开讨论并提出我们的意见。

2.1 语言层次和音韵层次

历史层次的概念起初是从语音、词汇、语法等不同层面分别提出的，例如：

词汇层面：

罗杰瑞（1979/1994：45–47）：汉语方言里有不少同源双形词……这些同源双形词说明，北京话除了土生土长的词汇以外，又在上面添了一层或几层的外来成分。……闽语由三个主要的词汇层次组成，而这三个层次各自能跟历史阶段、重大事变配合。

梅祖麟（1980：427）：四声别义是上古汉语构词的一种方式，以往认为其中有一型是把名词变成动词，如“恶入声，名词/恶去声，动词”，另有一型是把动词变成名词，如“度入声，动词/度去声，名词”。这里想说明这两种词性转化一先一后，动词变成名词在先，是承继共同汉藏语的构词法，名词变成动词在后，是类比作用的产物。

语音层面：

杨秀芳（1982：4–7）：文读系统是一个移借的系统，与它相对的白话系统则为原来的本地系统。……我们必须把这种分别由语言应用的层次提升到比较研究的层次，我们要把握的是“文读层”“白话层”，而不只是“文读音”和“白话音”。……可以根据语言应用上的“文读音”“白话音”的分别，归纳出其中主体语言层的系统。

郑张尚芳（1983：108）：温州歌韵这种复杂情况的形成，有条件音变，有各历史层次读音的积累，有外来影响，还有词汇语法分化的影响等原因，其中前二种是主要的。

张琨（1984：417）：因为文白异读有种种不同的层次，所以同一个词汇在不同的方言中可能有种种不同的读法。在根据语音作历史比较的研究中，一定要知道各个方言中不同层次的对比关系。张琨（1988：66）：参考切韵，我们知道有些字虽是同源，但是因为经过不同的路径演变下来，所以它们的读音不同，属于不同的音韵层次。在没有着手比较构拟之先，一定要把每个方言之中的音韵层次看清楚。草率勉强从事比较构拟，不会得到正确的结果。

语法层面：

朱德熙（1987：326）：进行语法研究的时候，必须区别语料中的不同层次以保证研究对象内部的均匀和一致。这就像化学家研究水的性质时，必须先把混在水里的杂质分离出来一样。作为化学家，不能把溶液跟纯水混为一谈；作为语法学家，也不能无视口语、书面语、方言、文言和新兴句式的区别。

余霭芹（1988：30）：闽语的台湾话兼有反复问句的两种类型：“VP不VP”及“副词+VP”。我们怀疑，台湾话的这两种问句可能来自不同的语言层次，反复问可能属受北方官话影响较深的层次（可称为标准话层次），而“副词+VP”型问句可能属台湾土话层次。……余霭芹（1988：33）粤语方言里可能式的否定有三种，反映了两个不同的语言层次：土语层次和受普通话影响的标准话层次。余霭芹（1988：37）：相信在每个方言里，标准语层次（即受普通话影响的语言层次）免不了越来越扩张，将来甚至有喧宾夺主之势。所以，方言的研究，包括语法在内，实在是目前迫切的任务，而在语言研究中分辨语言层次又是越来越重要的工作。

众多学者从语言不同层面的研究实践中不约而同地引申出“层次”的历时义，表明各个层面都有进行历史层次分析的必要。不过，迄今为止，历史层次研究主要集中在语音层面，这与汉语方言的共时研究在很长一段时间里主要也集中于语音层面的情形颇为相似。有的学者实际上仅仅在语音层面上使用历史层次的概念，以致这个概念几乎成了音韵层面的专用语。不过，也有一些学者以更为广阔的视野来看待历史层次，主张将此概念广泛运用于语言分析的各个层面：

> 王福堂（2003：1）：在汉语方言中，下列现象可能和层次有关：同一个字有不同的语音形式，如北京话陌韵字“伯” ⊆po ᶜpai ꜀pai 不同的韵母和声调；相同的意义有不同词语，如“鼎”、“镬”、“锅”等；相同的语法功能有不同句式，如疑问句中的“VP不VP?”和“可VP?”式；等等。以上各例分别属于语音层次、词汇层次和语法层次。
>
> 王洪君（2006a：64）：按照历史语言学公认的定义，层次是指在一个共时语言系统中成系统地共存着的不同语言（或方言）来源的成分。层次有词汇层次、语法层次、音韵层次之分。

理论源于实践又反过来指导实践。理论的抽象概括程度越高，对实践的指导作用就越大。历史层次的概念来自语言研究的各个层面，又具有本质上的一致性，用一个共同的术语来概括更有利于汉语语言层次学的构建和发展。

综上所述，“历史层次”的外延应该包括语言系统的语音、语法、词汇各个层面，而音韵层次、语法层次、词汇层次则是其下位概念。下位概念必须具备上位概念所规定的本质属性，而在表现形式、分析程序等方面则不必相同。

2.2 移借层次和演变层次

积淀在共时平面上的历史层次是语言在时空中的投影。语言的运动是永恒的，当前所看到的语言现象都是语言运动的某种阶段性结果。历史层次分析就是要探究投射在同一平面上的各种语言形式的由来和性质。如果说语言的共时系统是各种语言形式殊途同归的结果，那么，对共时系统进行历史层次分析就是要根据这种阶段性结果来探求各种对当语言形式的不同来源。由于语言不可复现，其早期变化就不能直接观察，但可以利用经鉴别提纯后的书面文献作间接观察，还可以借助语言学理论，根据语言变化的不同方式、不同类型和不同性质来推求其变化途径。

当代语言学理论已经揭示，语言系统的变化有两种基本模式，一是语言系统内部的演变，二是不同语言系统之间的移借。这两种变化的性质和方式都不相同，它们是否都是历史层次分析的对象，目前学界意见不一。一种观点认为历史层次既包括由语言接触造成的移借层次，也包括语言系统自身演变的层次，另一种观点则认为历史层次分析只针对移借层次。前一种观点如：

> 朱德熙（1987：325）：所谓区别语料的层次，当然不仅仅指方言的区别，除此之外还有别的层次，例如口语与书面语的区别，文言与现代语的区别等等。
>
> 徐通锵（1991：389）：我们面前就有两种不同类型的层次：一种是“竞争”性的，表现为系统中的文白异读和它们与其他方言的关系；一种是“演化”性的，表现为语言成分自古至今的继承性变化。
>
> 王福堂（2003：8）：因本方言演变而构成的音类叠置，和因借入异方言而构成的音类叠置，形式上是一样的。这样看来，如果说因异方言音类进入而构成的音类叠置叫做层次，那么因为方言自身演变而构成的音类叠置同样也可以叫做层次。由于后者两个语音形式反映的是同源音类的历时差异，可以把它叫做同源层次，和异源层次相对。
>
> 杨秀芳（2003：175）：层次异读有可能由外来的语言层叠积造成，也有可能是历史音变中因为有语音残余而造成新旧语音的叠积。
>
> 潘悟云（2004：61）：除了语言接触会造成历史层次以外，词汇扩散也会造成历史层次。

后一种观点如：

> 罗杰瑞（1979/1994：45）：构成同源异层的主要因素大概是文言或标准语对方言的影响；有史以来，各种方言继续不断地从标准语吸收词汇。华南的情况更复杂，原因是有好几波南迁的移民各自带来特色不同的汉语。
>
> 陈忠敏（2003a：13）：我们要强调的是：层次关系不同于音变关系。……层次分析的关键是要区别到底是音变关系还是层次关系。
>
> 王洪君（2006a：64）：本文所说的"层次"，专指在一个汉语方言共时音系中共存的不同方言来源的音韵层次。

显而易见，上述分歧主要表现在音韵层面，下面就针对音韵层次来讨论。

历史层次的本质是共时语言系统的同一层面内若干对当语言形式成系统地并存共现。这些对当形式功能或意义相同，因而具有冗余性。这种冗余性并不符合语言系统的经济原则，从发生学来看，对当形式并非源自同一个共时系统。就音韵层面而言，对当形式的并存是指早期音系中音韵地位相同的一类字（字类）在晚期音系中突破早先的音类制约而分归不同的音类，有的字还分属两个音类，形成异读。例如，《广韵》音系里具备"梗开二帮组陌韵"音韵地位的字类包括"百柏伯迫拍魄白帛陌"等字，该字类的字在明代《合并字学集韵》音系中分置于蟹摄（百柏伯拍白）和拙摄（百柏伯迫拍魄白帛陌），其中部分字（百柏伯拍白）兼属两个韵类。对比早晚两个音系，早期音系的字类在晚期音系中无条件地分置，改变了早先的字类格局。这种不受音类条件制约的子类变化在汉语方言中相当普遍，其原因很值得深究。

移借是一个语言系统向另一个语言系统借入语言成分，这有两种不同的情况。一是借入离散的语言成分，主要是本系统所缺少的成分。此类移借填补语言系统的空格，并不造成对当形式的并存。汉语的外来词大都属于这种情况，它们在词义内容上填补汉语词汇系统的空缺，在语音形式上则采用汉语的音韵结构。例如，佛教借词：菩萨、和尚、袈裟；英语借词：沙发、比基尼、DVD；法语借词：沙龙、蒙太奇；蒙古语借词：可汗[①]、戈壁；满语借词：萨其马、格格。这些借词相对于汉语丰富的词汇系统来说数量有限，并不构成独立的系统。二是借入具有系统价值的结构要素，如音类、构词手段、句式，等等。此类移借往往不是填补空格，而是要取代原有的语言形式，这就会打破系统的平衡，自然会受到系统的抵制，从而形成借入成分与原有成分这两种对当形式暂时叠置并存、互相竞争的局面。等到竞争的一方完全取胜，字类叠置的局面才会消除。例如，吴语和南方官话的见系开口二等字类（梗摄除外）今读往往分属舌根音声母和舌面音声母两个声类，表现为文白异读。文读舌面音声母是从权威方言移借的，白读舌根音声母目前虽已趋衰亡，但只要还有白读音存在，字类叠置的局面就继续存在。

演变也有两种不同的情况。条件式演变是同步变化，扩散式演变则是离散的非同步变化。在语言各层面的演变中，词汇、语法层面以扩散式演变为常，语音层面则两种演变方式同样常见。条件式音变具有强制性和同步性，其结果无非是原有音类的合并或被新的音类所取代，这只会使音类的数目或音值发生变化，并不发生字类的分置。由此可见，条件式音变的确不造成历史层次的并存。例如，《广韵》见系三四等字类的声母一般都腭化成舌面音声母，并不发生字类分置，也无文白异读。然而，扩散式音变则不像条件式音变那样整齐划一，而是参差不齐地各自变化，在整类字最终变完之前，未变的字仍归原先的音类，已变的字则转属新的音类。于是，同一个字类便分置于不同的音类。例如，近几十年来，不少方言精组三四等字从原来的舌尖音声母逐渐改读舌面音声母。又如，苏州话咸摄开口一等谈韵与山摄开口一等寒韵两个韵类今已合流为ᴇ韵，咸摄开口一等覃韵则尚未全部合流，有些字另读ø韵：惭（谈）＝残（寒）≠蚕（覃）；但该字类中有一部分字已率先合流：担（谈）＝单（寒）＝耽（覃）、敢（谈）＝赶（寒）＝感（覃）。那么，在苏州音系中，覃韵字类也分置于ᴇ、ø二韵，需待字类中所有的字逐一变完之后，分置局面才会消除。然

① “可汗”一词很早就出现于汉文文献，不过元朝时对译蒙古文文献时若用“可汗”（或“合罕”等音近形式），也有可能是直接音译自蒙古语，因为与蒙古语的词音近。这里保留原文不动。——校者注

而，扩散式音变可以持续相当长的时间，在此过程中可能受其他因素干扰而终止音变。若发生这种情况，字类分置局面将始终存在。

字类分置是早期字类系统因扩散式音变而发生的分化，字类叠置是不同字类系统因移借而发生的叠合。二者都表现为早期音类条件相同的同一类字晚期分属不同音类，本质上是一致的。综上所述，判别历史层次的基本标准是有无对当语言形式成系统的并存，至于这种并存是移借造成的叠置还是演变造成的分置，则只是历史层次的不同类型。因此，移借和演变所造成的字类叠置和分置都是历史层次，都需要进行历史层次分析。

至于这两种历史层次的名称，目前使用较广的是“异源层次”和“同源层次”。不过，学界对“同源”有不同的理解，有的学者将“同源音类”视为不同音系的同一历史音类（徐通锵，1991：350）。若将“同源层次”“异源层次”改为“自源层次”“外源层次”[关于“自源层次”“外源层次”，参见王洪君（2006a：65）]，似可避免上述分歧，并使这对概念的内涵更加显豁。但是，“源”仍有不确定性：它既可以指初始的源头，也可以指某个阶段性变化的起点，而对“源”的认定则往往因人而异。例如，罗杰瑞认定闽语源于汉以前的上古时期，其历史层次就包括好几个由不同时代的移民所操标准语的“外源层次”。李如龙、邓享璋则认为闽语并非源于上古，其历史层次都是“自源层次”。[①]

相对而言，还是音变方式较易把握。若将共时语言系统视为某个阶段性变化的结果，由此出发，可以根据音理分析和异读分析来确定阶段性变化的性质，继而推断其历史层次是移借型还是演变型，进而探求该阶段性演变的历程。因此，可以依据语言变化方式将这两种历史层次分别命名为“移借层次”和“演变层次”。

① 李如龙、邓享璋（2006：155）：中晚唐定型的闽语进入闽地偏安一角，保留了前代人从中原不同地方带来的全浊音并杂有已经清化了的送气和不送气清音，这应是很容易理解的。闽北地区所反映的这种既有部分全浊声母的读法，也有送气和不送气的清声母并存的局面，可能就是从北宋时期一直沿袭下来的，是自身演变的多种语音层次叠置的结果。

2.3 微观层次和宏观层次

历史层次分析目前有两种不同的模式。一种是从并存的对当形式入手，依据文献所保存的历史信息确定它们与早期语言系统的对应关系，进而判断其变化性质，分析其变化过程，最终确定各历史层次的性质和时间先后。另一种是将并存的对当形式分别与移民史或语言史大背景相匹配，从而确定各历史层次的年代。前者可称为微观层次，后者可称为宏观层次。

宏观层次分析以罗杰瑞《闽语词汇的时代层次》（1979/1994：45–46）为例：

> 构成同源异层的主要因素大概是文言或标准语对方言的影响；有史以来，各种方言继续不断地从标准语吸收词汇。华南的情况更复杂，原因是有好几波南迁的移民各自带来特色不同的汉语。汉族最早深入华南是秦汉时代，……第二波大移民要算永嘉之乱后北方士族的大批渡江南迁。……唐代另有一种新标准语兴起。这种新标准语是以长安方言为基础，至少是受长安方言影响而形成的，到了中唐，它已经是唯我独尊。……闽语的三个词汇层次可以跟三个历史阶段配合，而每个阶段都有它独特的音韵特征。

这种宏观层次分析有一定道理，但却相当粗糙，罗杰瑞自己承认“上面这种看法不免是把真相简单化了”。平田昌司（1988：23）认为这种宏观层次分析带有一定的主观色彩：

> 因为闽语若干语音特点与上古汉语拟音系统一致，使人相信闽语保留上古以来的几个层次，有些学者把自己认定最古老的一层当为上古音阶段，把其余层次分配给史书记载的几次大规模汉人入闽。其实所谓“最古层”不一定最古，有些异常现象也能根据《切韵》音系说明它的来历。

张光宇（1989：96）对此也有如下批评：

> 罗杰瑞还是大体设定了汉、南朝与晚唐三个时代层次，并尝试以

> 三个词汇-音韵层次搭配其上。只要稍微检验一下他所陈述的历史故事与音韵-词汇层次之间的关系，就可以看出那种搭配是松脱的。他的注意力深为“时代”所吸引，对地域来源的说法不免显得即兴而仓促，模棱两可地说那些层次“来自不同时代的标准语”，但也“可能来自不同区域的方言”。

邓晓华、王士元（2003：8）认为历史层次“不能简单地归为北方汉语的南移。……必须跟古代文化区域之间的交互作用联系起来考虑”。他们对闽客两方言100个核心词中同源和异源的词分别作了细致的比较，进而追寻异源核心词分别与周边哪些非汉语同源，然后将同源核心词反映的层次差异“分配”给移民史上几波南迁汉人的语言，而将异源核心词反映的层次差异“分配”给与民族史相关的少数民族语言。这显然比罗杰瑞考虑得更全面，但仍属“分配”式的、“松脱”的宏观层次分析。

由此可见，宏观层次分析实际上并非纯粹的语言分析，其中包含了基于某种知识背景的猜想。这种猜想并非空穴来风，但是缺乏实证。也有人以某种语言史作为宏观层次分析的知识背景，例如，郑张尚芳（2002：107）认为汉语音系“从殷至今可以分为十期”，并以此来匹配历史层次，这种音韵史体系在未经验证和公认前尚属假说，未必比移民史更可靠。

微观层次一方面立足于共时语言系统中的对当形式，另一方面依据确凿的文献例证，并不依赖知识背景。王洪君（1987）对山西闻喜方言音韵层次的分析和陈忠敏（2003a）对吴语鱼韵字历史层次的分析就是微观层次分析的个案。王洪君（2006a、b）、戴黎刚（2007）还分别提出了微观层次分析的具体程序。

微观层次分析和宏观层次分析的共同点在于都必须从并存于共时语言系统中的对当语言形式出发，而对文献所保存的语言史信息则取不同态度。微观层次分析看重这种历史信息，甚至认为若缺少确凿的文献证据，历史层次分析就难以进行。所幸汉语历史文献繁富，其中不乏有价值的系统性历史信息。就音韵层面而言，历代韵文、韵书、对音材料就是弥足珍贵的文献例证。宏观层次分析则依赖口语资料而忽视文献，尤其是韵书、韵图等反映音类系统的文献。因此，宏观层次分析只有一个作为阶段性变化结果的共时观察点，微观层次分析则除了这个共时观察点之外还有一个作为阶段性变化起点的历时观察点。从认识论的角度来看，观察事物的视角越多就越有利于克服认识的片面性和局限性。

宏观层次分析难以将共时语言系统中并存的对当形式与历史语言系统一一对应，只能将其笼统地匹配给历史时代。微观层次分析虽然也希望确定历史层次的年代，却并不刻意追求确切的历史年代，而是着重于确定历史层次的性质和来源，并据此判断各层次的时间早晚。

微观层次分析从内部一致的方言系统开始，就语音层面而言，通常从单点音系入手，分析其与早期音系的字类对应关系。在对邻近音系分别进行微观层次分析的基础上，也可以作区域性的历史层次分析。单点方言的微观层次分析并不依赖周边方言，也不必排斥周边方言，同一区域的单点方言可以互相比较、互相参照，假如对当形式一致，甚至可以将区域方言视同单点方言来进行微观层次分析。宏观层次分析则往往从区域方言甚至大方言入手，而不考虑不同方言点的对当形式是否一致。

综上所述，两种历史层次分析在方法和目标上不尽相同，但微观层次分析和宏观层次分析并非截然对立，历史层次必须从微观分析入手，宏观层次则可以用作微观层次分析的参照，有时也可以作为工作假设。

三、历史层次理论的学术渊源

学术创新都有其理论渊源，汉语方言历史层次分析的理论渊源主要来自两个方面，一是描写语言学为处理和解释汉语方言异常丰富的异读和条件不明的特殊音变现象而进行的理论思考，二是历史语言学为重建原始汉语而对历史比较法加以补充和修正的努力尝试。

3.1 描写语言学对异读现象和例外音变的思考

关于文白异读和例外音变的思考，始于汉语方言学建立之初。

> 林语堂（1923/1933：243–244）：应注重俗话而略于字音——若要求古音古字，最怕的是只在反切势力范围内的字音寻求。字音已受过反切及韵书的影响，不能于考古上有大贡献。最应当注意的是各处的“白话”，愈白而愈好，愈俗而愈妙。因为甚么？一来因为语言的实在生活是寄存于俗语中，二来是因为古音古字的痕迹也是寄存于俗语中，若我们有点儿蔑视土话土腔的成见，我们便不配研究方音。

高本汉（1915–1926/1994：540）①：常常有一个方言对于古某字音有两种或几种读音：有时候古同音字中这几个字读甲那几个字读乙，有时候在同字上有甲乙两种读法。这种不同的读法最多的是文言白话的不同，但也常有在同一体当中有两种读法的，那就只好拿方言的混合（因迁移等等原因）来解释了。为印刷上的方便，我只能把几读中的一读排入正表，其余的就放在注里（有时候把文言音有时候把白话音放在注里——看把哪一方面提出来说是最省篇幅）。

赵元任（1916/2002：677–678）：在很多方言里有两种发音的标准，一种是为了读书，另一种是为了说话。在北平话里“百”要读pe^3但是说pai^3，在上海话里“加”读kiɑ而说kɑ。我在这儿要说明在广东话里几乎没有这一类的差别。其次然而却更困难的是同源决非十分简单。在某个方言里属于同一类的声、韵或调的字在另一些方言里却属于不同的类，反之亦然。……这样的事需要有分析能力和耐心去做，正如我已经说过的，很多事情早已有人做过了。赵元任（1928/1956：16）：在中国好些方言当中有的字读书或“joai文”时是一种念法，说话时又是一种念法。现在简单用小“文，白”字样注它。什末音有文白两读是一个地方一个样子。

罗常培（1930/1999：59–60）：各系方言的读书音跟说话音往往都有些不同，但是很少像厦门音系相差那么远的。厦门的字音跟话音几乎各成一个系统，所以本地人发音时特别要声明“孔子白”怎么读，“解说”怎么读。这一点要算是厦门话（至少也可以说是福佬语系）的特质之一。若就我所问过的材料归纳它们演变的条例，可以得出同声异韵、同韵异声跟声韵俱异3个例来。

此后，张世禄《民国浦江县志稿·方言》（1935–1942）进一步将读书音和讲话音分为两个系统，先描写读书音，“再讲述其与讲话音之异

① 原文出版年份写作“1926”年。高本汉《中国音韵学研究》一书原文为法文，分四卷，于1915–1926年陆续出版，这里引的观点见于第四卷“方言字汇”，是最晚出版的。中译本将四卷合成一本，这里将年份改为“1915–1926”，以与中译本对应。——校者注

同”，并指出：“读书音与讲话音之差异，实为吾国东南语言之特征”。[①]

王力（1936/1956）：吴语有一个很大的特点，就是文言音与白话音的差异。同是一个字，在白话里念此音，在文言里则读彼音。（618页）北京音也有文言白话的差异，但比较少见。大致看来，北京只有古入声字可以有文言白话两音（例如“李白”的“白”读[po]，“白菜”的“白”念[pai]），又往往只在韵母上有分别。吴语则不限于入声，也不限于韵母。长江下游非吴语区域也有这种现象。（622页注八）文言白话的分法，只是为便利起见。其实二者的界限有时分不清。（622页注九）厦门音中，文言与白话的分别，比苏州音更为显著。（635页）广州的文言音与白话音的分别，大都在声调；其在声母或韵母上分别者甚少。（652页）客家话也往往有文言音与白话音的分别，在这一点与闽音吴音相近似；但韵尾不容易受下字声母的同化，却又与粤音北方音相近了。（664页）王力（1948/1991：470–471）：（越南语）同意义的两个字，其中往往有一个是汉越语，用于文言，另一个是泰语或高棉语或来历不明的字，用于白话。

李荣（1957：23）指出：“有些方言，读书认字都用文言音，白话音和文字已经失去联系，就是识字的人也不能把他口里说的字都写下来。”他后来又进一步指出：“方言内部的文白异读，大概是方言互借的结果。”（李荣，1965a/1982：115）在注意文白异读现象的同时，他还从语流音变、类推、避讳、字形误导、误解反切、方言借字、错认本字等方面来解释语音演变的例外（李荣，1965a/1982），又用例外音变和方言字音来历不同来解释方言语音对应关系的例外（李荣，1965b）。

赵元任（1959/1980：121–122）：还有一种一字几读的情形是分了读书音跟说话音的不同，就是《国音常用字汇》里所谓叫“读音”跟“语音”，有时候儿也叫“文言音”、“白话音”。这一类的分

① 《民国浦江县志稿》写成以后只是稿本，2020年才有影印本出版。这里并非参考稿本。该书的方言部分又见于《浦江方志》第六期《史志中记载的浦江方言专辑》（浦江县地方志编纂室，2021），这里的引述与该专辑相符，直接引文见于第63页。——校者注

别，往往在某一处方言里头跟着某一套的音的变化，都是一律照规则变的。……这一类的分别，在太湖区域——就是吴语这一带，江苏的比较多一点儿，因为它离开北方近一点儿，受北方的影响，它的读书音、文言音近乎北方，说话音还是近乎南方。在浙江往往就不分了，只有近乎所谓叫白话音那一种。这些文白的不同出现在哪些音上，各处各处不同的。比方广州话也有很多字以元音短长合开来分文、白。在北京区域里多半分文白的字就是古收-k尾的入声字的异读了。……多数的方言如果有读音、语音两读的，总是语音近乎古音，读音离古音远一点儿。

袁家骅等（1960：6）：汉语和它的方言的发展史的突出特点就是书面语言的统一，书面语言和口语的脱节，方言处于半独立状态而同时从属于书面语言。这种状态跟汉族人民的经济政治文化生活是分不开的。方言口语和书面语言距离很远。各方言平行发展而同时不断地接受书面语言的影响，文言和白话在有些方言里（如闽南方言）几乎形成了双重系统。直到五四运动才出现了新局面，文白逐渐接近起来，方言开始重新向汉民族共同语集中。袁家骅等（1960：254）：每一个方言都有文白读音的分歧，但是在这方面没有一个方言赶得上闽南话的。闽南话读书音和白话音几乎各自形成了一个语音系统。为什么会有这样严重的读书音和白话音的分歧呢？主要的原因是由于闽南话在语音上与民族共同语有着很大的距离，加上闽南的方言文学不很发达（比不上吴方言和粤方言），闽南人说的是闽南方言，看的写的却是全民共同的文学语言，这样，读书时模仿“官话”发音以迁就书面语言，但是，方音是自成系统的，只要是用方言念书，尽管竭力模仿“官话”发音，仍然不能不服从方言本身的发音习惯，结果就产生了一方面仍以方音为基础，一方面又受“官话”影响而经过一定程度“改造”的读书音。长期以来，这套读书音跟白话音形成了双轨并存的现象，白话音代表闽南话自身长期发展形成的方言独特面貌，读书音却表现出“向民族共同语靠拢”的趋势，因此比较接近于“官话”的系统。由于文学语言对方言的影响不断加强，目前闽南话已经有不少读书音与白话音交错的现象，有的原来只能用以念书的音现在也用到口语里来了，这也就相对地减少了文白之间的分歧。但是，就日常交际来说，至少目前话音仍占主导地位。我们研究闽南话，都非从话音入手不可；如果只从读书音出发，看不到那些在文字上难以表达的口语，那就无从认识闽南话的全貌了。

何大安（1981）：“一个方言的层次也许不止文白两层。”[①]

杨秀芳（1982：3）在深入研究了闽南话的文白系统后指出：所谓“文读系统”，是一种优势方言进入另一方言之后所造成的。在本质上，它是一种移借的系统。原来的白话系统与借入的文读系统差距越大，二者的异读便愈多。因文白之间有差距，移借入文读系统时，便产生音韵上的调整，使借入的文读音能纳入本地人原来的系统之中。而文读系统借入之后，在日后的演变上，文白应该有相同的步调，因此若干世代以后，这一个文读系统便与原来的优势语言渐有不同，或者另有兴起别一种优势语言，于是便可能再借入第二套文读音。

张琨（1984）指出：文读是外来的，白读是本地的。文读比较晚，白读比较早。文读和白读没有直接的历史关系，并非一个是从另一个演变出来的。

徐通锵（1991）系统地提出了由于方言间的接触和借用，在一个共时系统内部，不同来源的白读和文读成分可以叠置并存，进而提炼出叠置式音变的理论模型。并进一步指出，文白层次的叠置具有普遍性、多重性、复杂性，而文读层和白读层竞争的实质是争夺词语的使用范围。

丁邦新（1992）将文白异读区分为零星的“方言影响”和“具有成系统的音韵特征”的“方言层”，并指出“方言层的时间可以推索”。

关于文白异读的单位，王洪君（1992：125–126）指出：文白异读从表面上看是语素形式的交替，实际上只是语素形式的某个结构位置上的语音交替。……声、韵、调是汉语语素形式的直接组成成分，下面统称为“音

① 这句话似乎不见于何大安（1981）。何大安《语言史研究中的层次问题》（《汉学研究》第18卷特刊，2000）有这句话：“经过最近十多年的密集的研究，大家逐渐理解到：一个方言的层次也许不止文白两层（何大安1981）”。这里括注“何大安（1981）”，大概是指该文研究可以说明“一个方言的层次也许不止文白两层”，而不是指该文中出现这句话。——校者注

类”。文白之异只是语素形式中某个音类之异，而不是整个语素形式之异。

王福堂（1999：30）也作了同样的论述：汉语方言从异方言借入的，从现象上看，的确是一个个的词语，和英语中的情况相似。但二者实际上是不同的。借词应该是完整的词语，有完整的音节。但进入汉语方言音系的其实并不是异方言音节中的声韵调整体，而只是其中的某音类。

3.2 历史语言学重建原始汉语的尝试

关于汉语古音重建的思考则是另一条理论思路，其目标是通过历史层次分析来弥补历史比较法的局限性，进而实现汉语的古音重建。这一思路最初也是从文白异读的研究中产生的，虽然晚起，但对历史层次分析理论的形成和发展却发挥了重要推动作用。罗杰瑞用历史比较法构拟的原始闽语被平田昌司（1988）批评为未能离析因方言接触而移借进闽语的吴语层次或闽北方言中保留的吴语底层。于是，重建古音时怎样离析外来层次便成了以古音重建为旨趣的历史语言学家竭力思考的问题。

王洪君较早将历史层次分析与古音重建相联系，认为“闻喜音系中叠置着三个时间层次：与北京音系相近的新文读层、与西安音系相近的旧文读层以及闻喜本地土音白读层”（王洪君，1987：24）。“根据历史文献和今闻喜共时音系中残存的白读形式，我们可以比较有把握地推断，宋时我国西北地区和山西南部的方音同属一个系统。……闻喜白读音与西夏·汉对音文献为重建这一已基本消亡的音系在宋时的语音状况及其地区分布提供了宝贵的证据。”（王洪君，1987：32–33）“‘析层’是从古音重建的角度看‘层次’。……析层就是试图重建两音系的原貌并确定它们各自的方言归属。”（王洪君，2006a：66）

潘悟云对通过历史层次分析改进历史比较法，进而重建原始语也有深入的思考，他认为：“南方方言大都有多个来源，内部的层次复杂，如果不把历史层次分清楚，就会把不同来源的不同音类放在一起进行比较，构拟所得就不是我们所需要的方言母语。”（潘悟云，2004：61）“至今为止，历史比较法还是重建古代语言的主要方法。但是历史比较法只能在同一个历史层次内进行，如果一种语言存在两种以上的历史层次，就要先把历史层次分清楚，以后再进行历史比较。西方的历史比较语言学是遵守这条原则的，他们在英语与其他日耳曼语之间进行历史比较的时候，自然是先把英语中的法语、拉丁语、希腊语的借词剔除掉，剩下英语自身再与德语、丹麦语等进行历史比较。但是，汉语的情况就没有那么简单。所以，历史层次分析法，就是要在共时平面内找到一种区分各种历史层次的方法，从这个意义上来说，历史层次分析就是在作历史比较以前的材料预处理。”（潘悟云，2005：105）

何大安（2000：267）则将历史层次分析提升为“语言层次学”，他认为：“要重建原始闽语，首先需厘清方言层次；而要厘清方言层次，又需就各项语言现象，探明其渊源、推移与先后。”

以上两种不同的渊源在研究旨趣和学术追求上不尽相同，正如罗仁地（2006：28）所言：“描写某种语言的学者不一定构拟原始形式，他们的研究目的在于了解哪种形式可以变成另外的哪一种形式，换句话说，就是了解某种形式可能是从哪些形式演变过来的。”我们关注的是通过历史层次分析来解释汉语方言里对当语言形式并存的原因，理清从某一个历史起点开始的阶段性变化的途径和过程。我们相信历史层次分析在这方面有着强大的解释力和广泛的应用空间，至于借助历史层次分析能否最终构拟出汉语的初始源头，我们既有期待，亦抱怀疑。

四、文白异读和文白层次的纠缠

历史层次分析的对象是并存于共时系统各层面上的对当语言形式。语音层面的对当形式主要是字音的异读。词汇、语法层面的对当形式主要是同义常用词、同义语法形式的并用和杂糅。对当形式在使用上有明显的风格差异，本地人不难分辨，但其系统性则需通过分析归纳才能把握，这是一个由表及里的探求过程。表和里不应混为一谈，因此，作为出发点的显性对当语言形式与作为分析结果的隐性层次系统不宜采用同样的名称。

对语音层面的历史层次分析而言，这种区分尤为必要。因为目前的音韵层次分析通常以文白异读为出发点，同时又将文读层和白读层作为层次分析的结果，二者都用文读和白读来称呼容易引起概念的混淆。实际上已经导致了一种似是而非的做法，就是对文白异读和文白层次不加区分，甚至本末倒置，拿作为分析结果的文白层次来判别作为出发点的文白异读。杨秀芳（1993：824、827、838）较早对语用的文白和语言层的文白加以区分：“应用上文读音与白话音的分别”不同于“历史语言学者从语言层的观点来探索这类异读”。作为历史层次分析出发点的文白异读是共时的语用变体，无需依靠作为分析结果的文白层次来证明自己的身份，却“可以根据语用上的文白分别，归纳出文白主体语言层的系统”。“在大多数情况下，语用的文白和语言层的文白，步调还算相当一致”，但并非总是一致。文白异读并不一定都是方言移借的产物，它可以产生于“方言的差异”，也可以产生于“古今语之异”。

“文读层”“白读层”不仅易与“文读音”“白读音”相混，而且当历史层次多于两层时也不敷使用，有人因此将文读层再分为新旧两层。例如，刘津（2001：42）对山西乡宁方言的文白异读就是这样处理的：“为了便于区分，我们把青少年口音中出现的这种新层次的文读音称为‘新文读音’，把中老年口音中的文读音称为‘旧文读音’。这种新文读音与原有的白读音、旧文读音、非异读音叠置在一起，使共时的语音系统呈现出相当复杂的状态。”这种处理看似可行，却带来了新的问题。该方言“有些字是三种读音共存”，但“不少例字已经是文白两音并存”，而两音并存又有不同情况：“①当例字有白读音时，新文读音往往与旧文读音展开竞争，最后排挤掉旧文读音，与白读音构成文白异读，……②当例字没有白读音时，新文读音或是与旧文读音构成文白异读，……或取代旧文读音，完成竞争，使例字只有一个文读”（刘津，2001：43）。照此逻辑，当新文读音与旧文读音构成文白异读时，旧文读音就变成白读音了。而该文对文白读音性质的定义是：“白读一般代表本方言的土语，文读则是以本方言的音系所许可的范围接受某一权威方言音系中的音类成分。”（刘津，2001：36）这样就产生了逻辑悖论。

殷树林（2005a：62）觉察到上述矛盾后对乡宁方言的文白异读加以重新解释：“‘麦’有3个读音：新文读音 ꜀mai，旧文读音 ꜀mei，白读音 ꜀mia。其中新文读音显然是受普通话强烈影响而产生的。这个新文读音产生以季，它有可能使旧文读音取代白读音（如‘或、现、白’那样）从而形成新的文白异读。这样，꜀mei相对于 ꜀mia来说是外来的，而相对于新的文白异读中的 ꜀mai来说则是自己的（在3个读音并存时，꜀mai和 ꜀mei都是外来的）。由此可以看出，所谓自己的实际上就是指一方言中相对于文读的外来音而言产生较早的音，尽管从来源上说它可能也是外来的。”这就是说历史层次的性质并非一成不变，从而突破了历史层次要么是本方言固有要么是从外方言移借的成见。该文虽已指出早期借入的旧文读层晚期变成了“本方言自己的”，但又认为“自己的”层次与晚期借入的新文读层仍构成文白异读，而“文白异读是因他方言作用而引起的”，即白读音是固有的，文读音是外来的，于是出现了下列矛盾：꜀mei=旧文读（外来层次）=自己的=白读（固有层次）。

五、历史层次分析框架

我们不拟采用文读层和白读层的二级框架，而尝试用主层、借层、变层的分析框架。主层是并存于共时系统的对当语言形式中主要的一种。由于汉语“相当一部分的方言可看作是连续变化的”（潘悟云，2004：67），因此，主层往往是语言系统内部演变的结果；但主层并非一成不变，经过长期竞争最终成为胜利者的移借层次也可能成为主层。作为前一个阶段性变化的结果，主层在下一个阶段性变化中既可能继续维持原有地位，也可能降为变层，甚至完全消逝。就其性质而言，主层可以是语言系统内部演变的结果，也可以是从外系统移借而来的，还可以是外系统进入本系统后整合而成的“混血儿”。变层是语言系统内部扩散式演变过程中的创新层次或演变中断后遗留的滞变层次。借层是从权威方言或邻近方言等外部语言系统移借的层次。主层只有一个，借层和变层则不限。底层也可以纳入历史层次的框架，但它不一定表现为对当语言形式的并存。

分析出主层、借层、变层等不同性质的历史层次之后，可以进一步判断各层次的相对时间先后。主层无论是演变层次还是移借层次，都是共时语言系统中最稳固、最强大的主体层。主层若为演变层次，是因为经过了长期的历史积淀而趋于稳固；若为移借层次，则是因为在竞争中战胜了对手而变得强大。以主层为坐标，不难判断其他层次的相对时间先后：变层和借层既可以晚于主层，也可以早于主层。创新的演变层次晚于主层，而早期演变中断后遗留的滞变层次则早于主层。借层可以是主层形成之后借入的，也可以是主层形成之前借入的。至于各历史层次的具体形成年代，则必须凭借确凿的历史文献，这往往可遇而不可求，若无系统性的文献证据，宁可先存而不论。

我们旨在用历史层次分析法解释共时系统的对当语言形式并存现象，并不以古音重建为目标，主层、借层、变层的框架显然优于文读层和白读层的二级框架。然而用古语重建的眼光来看，则必须判定所有层次的性质，或为本方言固有，或为外方言移借，二者必居其一，在彻底剔除移借成分之后才能进行构拟。然而，如前所述，微观历史层次分析针对有确凿起点的语言发展阶段，那么，能否离析出初始的、绝对纯洁的方言层次就成了一个需要进一步思考和论证的问题。

汉语是世界上母语人口最多、方言分歧最大的语言，蕴藏着语言研究的丰富资源，应该对语言学理论做出独特的贡献。20世纪80年代以来，汉语语言学取得了丰硕的成果，但理论创新还不够。随着汉语在全世界的推广，汉语语言学也应该在国际语言学界占有相应的地位。汉语方言历史层次的普遍性和复杂性极为罕见，各种不同历史层次的积淀、借入、兴替、遗存使汉语有着不同于印欧语的发展模式，而现有理论还不足以解释汉语方言的历史层次现象，时代呼唤汉语语言学家从母语的深厚土壤中挖掘事实、提炼理论，努力创建基于汉语的语言层次学。

参考文献①

陈忠敏（1997）文白异读与方音渗透层次，《语文论丛》第5期。

陈忠敏（2002）方言间的层次对应——以吴闽语虞韵读音为例，丁邦新、张双庆编《闽语研究及其与周边方言的关系》，香港中文大学出版社。

陈忠敏（2003a）吴语及邻近方言鱼韵的读音层次，《语言学论丛》第27辑，商务印书馆。

陈忠敏（2003b）重论文白异读与语音层次，《语言研究》第3期。

---

① 这是下编第一章至第五章的参考文献。——校者注

戴黎刚（2007）历史层次分析法——理论、方法及其存在的问题，《当代语言学》第1期。
邓晓华、王士元（2003）古闽、客方言的来源以及历史层次问题，《古汉语研究》第2期。
丁邦新（1992）汉语方言史和方言区域史的研究，《中国境内语言暨语言学（一）汉语方言》。
丁邦新（1997）重建汉语中古音系的一些想法，《中国语文》编辑部编《庆祝中国社会科学院语言研究所建所45周年学术论文集》，商务印书馆。
丁邦新（1998）汉语方言接触的几个类型，《语言学论丛》第20辑，商务印书馆。
丁邦新（2006）从历史层次论吴闽关系，《方言》第1期。
何大安（1981）澄迈方言的文白异读，《历史语言研究所集刊》第52本第1分。
何大安（1990）方言接触与语言层次——以达县长沙话三类去声为例，《历史语言研究所集刊》第61本第4分。
何大安（2000）语言史研究中的层次问题，《汉学研究》第18卷特刊。
黎新第（1987）官话方言促变舒声的层次和相互关系试析，《语言研究》第1期。
李　荣（1957）方言里的文白异读，《中国语文》第4期。
李　荣（1965a）语音演变规律的例外，《中国语文》第2期；又载于李荣《音韵存稿》，商务印书馆，1982。
李　荣（1965b）方言语音对应关系的例外，《中国语文》第6期。
李如龙、邓享璋（2006）中古全浊声母字闽方言今读的历史层次，《暨南学报（哲学社会科学版）》第3期。
李行健主编（2004）《现代汉语规范词典》，外语教学与研究出版社、语文出版社。
林语堂（1923/1933）研究方言应有的几个语言学观察点，《歌谣》增刊/《语言学论丛》，开明书店。
刘　津（2001）乡宁方言的文白异读，《语文研究》第1期。

罗常培（1930/1999）《厦门音系》，中央研究院历史语言研究所单刊甲种之四/《罗常培文集》第一卷，山东教育出版社。
罗仁地（2006）历史语言学和语言类型学，《北京大学学报（哲学社会科学版）》第2期。
吕叔湘（1979）《汉语语法分析问题》，商务印书馆。
梅祖麟（1980）四声别义中的时间层次，《中国语文》第6期。
梅祖麟（1995）方言本字研究的两种方法，《吴语和闽语的比较研究》，上海教育出版社。
梅祖麟（2001）现代吴语和“支脂鱼虞，共为不韵”，《中国语文》第1期。
梅祖麟、杨秀芳（1995）几个闽语语法成分的时间层次，《历史语言研究所集刊》第66本第1分。
潘悟云（1995）温、处方言和闽语，《吴语和闽语的比较研究》，上海教育出版社。
潘悟云（1995）“囡”所反映的吴语历史层次，《语言研究》第1期。
潘悟云（2002）吴语中麻韵与鱼韵的历史层次，丁邦新、张双庆编《闽语研究及其与周边方言的关系》，香港中文大学出版社。
潘悟云（2004）汉语方言的历史层次及其类型，石锋、沈钟伟编《乐在其中——王士元教授七十华诞庆祝文集》，南开大学出版社。
潘悟云（2005）汉语方言学与音韵学研究方向的前瞻，《暨南学报（哲学社会科学版）》第5期。
潘悟云、陈忠敏（1995）释侬，*Journal of Chinese Linguistics*, Vol.23, No.2。
平田昌司（1988）闽北方言“第九调”的性质，《方言》第1期。
王福堂（1994）闽北方言弱化声母和“第九调”之我见，《中国语文》第6期。
王福堂（1999）《汉语方言语音的演变和层次》，语文出版社。
王福堂（2003）汉语方言语音中的层次，《语言学论丛》第27辑，商务印书馆。
王洪君（1987）山西闻喜方言的白读层与宋西北方音，《中国语文》第1期。

王洪君（1992）文白异读与叠置式音变——山西闻喜方言文白异读初探，《语言学论丛》第17辑，商务印书馆。
王洪君（2006a）层次与演变阶段——苏州话文白异读析层拟测三例，《语言暨语言学》第7卷第1期。
王洪君（2006b）文白异读、音韵层次与历史语言学，《北京大学学报（哲学社会科学版）》第2期。
王　力（1936/1956）《中国音韵学》/《汉语音韵学》，商务印书馆/中华书局。
王　力（1948）汉越语研究，《岭南学报》第9卷第1期；《王力文集》第十八卷，山东教育出版社，1991。
徐通锵（1991）《历史语言学》，商务印书馆。
杨秀芳（1982）《闽南语文白异读系统的研究》，台湾大学中国文学研究所博士论文。
杨秀芳（1993）论文白异读，《王叔岷先生八十寿庆论文集》，大安出版社。
杨秀芳（2003）从方言比较论吴闽同源词“摭”，《语言暨语言学》第4卷第1期。
殷树林（2005a）论文白异读的性质，《阜阳师范学院学报（社会科学版）》第4期。
殷树林（2005b）也论文白异读与语音层次，《福建师范大学学报（哲学社会科学版）》第4期。
余霭芹（1988）汉语方言语法的比较研究，《历史语言研究所集刊》第59本第1分。
余霭芹（1991）方言比较语法的层次问题：闽南话一例，*Journal of Chinese Linguistics*, Vol.19, No.2。
袁家骅等（1960）《汉语方言概要》，文字改革出版社。
张光宇（1989）闽方言音韵层次的时代与地域，《清华学报》新19卷第1期。
张光宇（2006）论汉语方言的层次分析，《语言学论丛》第33辑，商务印书馆。
张　琨（1984）论比较闽方言，《历史语言研究所集刊》第55本第3分。

张　琨（1988）读建州八音，《历史语言研究所集刊》第59本第1分。
张　琨（1989）再论比较闽方言，《历史语言研究所集刊》第60本第4分。
张　敏（1990）《汉语方言反复问句的类型学研究：共时分布及其历时蕴含》，北京大学博士论文。
张盛裕（1979）潮阳方言的文白异读，《方言》第4期。
赵元任（1916/2002）中国语言的问题，《中国留美学生月报》/《赵元任语言学论文集》，商务印书馆。
赵元任（1928/1956）《现代吴语的研究》，清华学校研究院/科学出版社。
赵元任（1959/1980）《语言问题》，台湾大学文学院/商务印书馆。
郑张尚芳（1983）温州方言歌韵读音的分化和历史层次，《语言研究》第2期。
郑张尚芳（2002）汉语方言异常音读的分层及滞古层次分析，载何大安主编《南北是非：汉语方言的差异与变化》，"中研院"语言学研究所筹备处。
朱德熙（1987）现代汉语语法研究的对象是什么？，《中国语文》第5期。
朱德熙（1991）"V-neg-VO"与"VO-neg-V"两种反复问句在汉语方言里的分布，《中国语文》第5期。
Norman, Jerry (罗杰瑞) (1979) Chronological strata in the Min dialects,《方言》第4期；中文译文《闽语词汇的时代层次》，梅祖麟译，《大陆杂志》1994年第88卷第2期。
Karlgren, Bernhard (高本汉) (1915—1926) *Etudes sur la Phonologie Chinese*; 中译本《中国音韵学研究》，赵元任、罗常培、李方桂合译，商务印书馆，1994。
Zhu, Dexi (朱德熙) (1990) A preliminary survey of the dialectal distribution of the interrogative sentence patterns V-neg-VO and VO-neg-V in Chinese, *Journal of Chinese Linguistics*, Vol. 18, No.2.

六、苏州话的文白异读及其历史层次分析

文白异读是因语用场合不同而产生的成系统的一字两读现象，用于读书等比较文雅的场合的读音是文读音，日常口语中的读音是白读音。同一个字在书面语词中往往念成文读音，而在口语词中则念白读音。苏州话的声母和韵母都有文白异读，声调虽然也有异读，却没有语用分工，因此不是文白异读。

苏州话的文白异读曾有多位学者作过描写和研究（廖序东，1958：114–118；袁家骅等，1960/2001：68–69；张家茂、石汝杰，1987：14–15[①]；叶祥苓，1988：69–77；汪平，1996：35–37）。丁邦新（2002，2003：23–36[②]）在此基础上进一步作了历史层次分析。王洪君（2006）对其中三项文白异读作了不同于丁邦新的历史层次分析。我们从丁邦新的分析出发进行比较和讨论，并采用主层、变层、借层的分析框架进行历史层次分析。

6.1 中古照三字声母

苏州话中古照三组字的声母在陆基编写的《注音符号 苏州同音常用字汇》中有两种读音。丁邦新认为文读是卷舌音声母，白

---

① 又见于苏州市地方志编纂委员会办公室（1995：322–323）。

② 丁邦新 2002 年的文章是其 2003 年专著的第二章第五节，这里的页码是该节的起止页码。——校者注

读是舌尖音声母，例如：章tʂã/tsɑ̃。其他学者此前均未列此项文白异读。这是因为，20世纪下半叶，卷舌声母已从苏州口语中消失，只在评弹曲艺中人为地保留。这与京剧演员必须将口语为舌面音声母的精组细音字唱作舌尖音声母的情形如出一辙。我们不能就此认为北京音系的舌尖前音声母可以跟齐齿韵、撮口韵相拼。语言分析应以日常口语为对象，人为的语言样品则应该剔除，历史层次分析也一样。

不过，丁邦新所依据的语料代表一百年前的苏州话。赵元任（1928/1956：31）对同一时代的苏州话也有同样的描写："苏州（旧派）把知照的三等字读如国语的舌尖后音"，并加以说明："'j'系字（张、穿、船）老年人大都能跟'tz'（ts）系字辨。讲究唱曲的也辨得很清。年轻人只有少数能辨。"（赵元任，1928/1956：81）[①]因此，分析一百年前的苏州话时的确不能剔除此项。

叶祥苓（1988）未将此项列为文白异读，却另列为新旧派异读。汉语方言区分文白异读和新旧派异读是必要的。文白异读是不同的语用变体，新旧派异读则不表现为语用的差异，而是反映语言系统内部正在进行的扩散式演变。不过，苏州方言的此项扩散式音变20世纪下半叶已告完成，旧派读音今天已不复存在，当代学者将其从共时音系中剔除是恰当的。

需要讨论的是，叶祥苓（1988：78）认为："只要是苏州评弹演员，几乎没有一个不是旧派。这跟他们的职业有关。……评弹演员学艺，习惯上不用'脚本'，全凭老艺人口授。'口授'的过程，也是正音的过程。"王洪君（2006：74）则将这种情况视为"一种特殊的文白异读……与汉语方言一般的文白异读不同，该项文白异读其实是同一地点不同言语社团的社会方言差异；对于某一特定的言语社团来说，并不存在一字两读的文白层次"。指出这种特殊性很有必要，但与其处理为"特殊的文白异读"，不如视为被人为保留在人数有限的职业社团内的旧派读音。叶祥苓（1988：78）还认为"有的是四十岁左右的中年人，却能区分[s ʂ]，属旧派。属旧派的几位发音合作人中，有教师、干部、工人"。这一点令人怀疑，这些人如果是评弹票友，就会刻意模仿日常生活中并不说的卷舌声

---

① 赵元任此书中"读如国语的舌尖后音"指的是读如书中的"j"系声母，书中"tz"后无"（ts）"，这是引用者另加的，用于说明音值。——校者注

母，其性质便无异于评弹演员。

各家分析比较：

丁邦新：一百年前文读卷舌声母保留早期读音，白读舌尖声母是晚期方言移借。

王洪君：文读卷舌声母是高层方言保留早期读音，白读舌尖声母是低层方言自然演变。

叶祥苓：旧派读卷舌声母，新派读舌尖声母，评弹演员都是旧派。

笔者：一百年前，白读舌尖音声母已是苏州音系照三字类的声母主层，文读卷舌音声母是滞变层。今天主层依旧，滞变层已从口语中消失，但还人为地保留在评弹中。

6.2 中古蟹摄一二等字韵母

苏州话中古蟹摄一二等字有两种读音，丁邦新认为文读是ᴇ，白读是ɑ，例如：戴tᴇ꜄ /tɑ꜄ ，斋 ꜀tsᴇ/꜀tsɑ。袁家骅和张家茂、石汝杰未列此项文白异读，可能是因为异读字例较少。丁邦新和王洪君的分歧主要在于对字类的划分不同。丁的字类包括一二等韵全部字；王则从中析出一等咍韵，另立一个字类。王的分析较合理。字类应从今音异读出发，根据早期音类条件确定。字类并不等同于音类，它反映的是“字音音类分合关系”（王洪君，2006：64）。字类的音类条件可以是某个声类或韵类，也可以是声类和韵类的组合。

我们认为，王洪君析出的两个字类各自还可以按“见系”的声类条件再析为两类，否则会与见系开口二等字的文白异读相混。王洪君（2006：75–76）列举的蟹摄一二等字读音表中，皆、佳二韵开口二等见系字（皆阶介界藉尬疥届戒揩楷，佳街解懈涯崖鞋矮蟹）均列为只读ɑ，不读ᴇ，这并不错，但其中不少字另有文读韵母iɑ（皆阶介界疥届戒，佳解懈涯崖），表明它们并非与ᴇ而是与iɑ形成对当关系。可见，蟹摄一二等见系字和非见系字应属不同字类。

各家分析比较：

丁邦新：中古蟹摄一二等字韵母文读ᴇ保留早期读音，白读ɑ是13世纪以后的变化。

王洪君：中古蟹摄一二等字（咍韵除外）韵母文读ᴇ是北方方言一二等韵彻底合流的后期移借，白读ɑ则保留早期一等重韵代与泰的对立，以及一等韵咍与二等韵皆、佳的对立。咍韵无文白异读，ᴇ是早期固有读法，后发生扩散式音变：ᴇ→ɑ，但该音变只扩散到个别字便中断了。

笔者：白读韵母ɑ是苏州音系中古蟹摄一二等（咍韵除外）非见系字类今韵母的主层，文读韵母ᴇ是该字类的借层，同时又是咍韵非见系字类今韵母的主层，ɑ是咍韵非见系字类今韵母的新变层。

6.3 中古止摄合口三等字韵母

苏州话中古止摄合口三等字韵母有四种读音，丁邦新认为在ᴇ/ɥ/uᴇ/y四种读音中，uᴇ/y和ᴇ/ɥ分别构成文白异读，例如：龟 ꜀kuᴇ/꜀tɕy，水 ꜂sᴇ/ ꜂sɥ。[①]“龟”是见系字，此类异读字较多，所有学者都将其分析为文白异读。“水”是知系字，此类异读字较少，不少学者并不视为文白异读。叶祥苓（1988：77）虽列“水”类文白异读，但认为其“规律很难用一句话归纳出来”。其实端系也有ᴇ/ɥ韵母异读（嘴 ꜂tsᴇ/ ꜂tsɥ，穗 zᴇ꜉ /zɥ꜉ ），但因字数极少，只有汪平（1996：36）分析为文白异读。他还将“泪lᴇ꜉ /li꜉ ”也分析为文白异读，并将以上三种情况一并归纳为“止摄合口白读是[ɥ]，[y]或[i]，文读是[ᴇ]”。

丁邦新将uᴇ/y和ᴇ/ʮ两对异读分别作了不同的历史层次分析，王洪君则统一进行分析。他们对ᴇ/ʮ异读的分析大体一致，分歧在于uᴇ/y异读。由于uᴇ/y异读同时伴有声母异读：文读舌根音、白读舌面音，丁邦新从声母入手进行分析，由于吴语止合三见系无异读的字声母都是舌根音，便将其确定为本方言的早期读音，舌面音声母则是晚期从外方言移借的；与此相应，与舌根音声母相配的文读韵母uᴇ就是早期读音，与舌面音声母相配的

① 据王洪君（2006：81），苏州话经历了“tʂy ＞ tʂʮ”的音变，“现代年轻人进一步并入舌尖前的tsɥ”。也就是说，苏州话韵母 ɥ 早期为 ʮ。丁邦新文中分析的是早期苏州话，写作 ʮ，对应于今音 ɥ。

韵母y则是晚期移借的。王洪君认为止合三韵类的分合关系并不受声母制约，只是音值因声母的差异而有所不同，而这些音值差异都是自然音变的结果；因此，uᴇ/y和ᴇ/ɥ两对文白读韵母的历史层次完全一致，只是演变阶段有所不同。王洪君的字类划分更为合理，不过，止合三见系字声母韵母都有文白异读，而端知系字只是韵母有异读，应划为两个字类。

各家分析比较：

丁邦新：中古止摄合口三等见系字韵母文读uᴇ保留早期读音，白读y是晚期方言移借。中古止摄合口三等知系字韵母文读ᴇ是晚期方言移借，白读ɥ保留早期读音。

王洪君：中古止摄合口三等字韵母文读uᴇ/ᴇ是止蟹合口混一的北方方言的晚期移借，白读y/ɥ是保留本地止合入虞的早期读音。

笔者：文读韵母uᴇ是中古止摄合口三等见系字类今韵母的主层，白读韵母y是滞变层。文读韵母ᴇ是中古止摄合口三等端知系字类今韵母的主层，白读韵母ɥ是滞变层。

6.4 中古果摄开口一等字韵母

苏州话中古果摄开口一等字韵母有əu/ɒ/i三种读音，但因字例较少，各家均未视为文白异读。该项异读的例字如：多拖əu文/ɒ白，驼搓哥əu，他哪那ɒ，大ɒ文/əu白，左əu文[①]/i白。王福堂（2005：49–50）对此作了如下分析："əu文、əu白、əu属于同一层次。它在'多拖'中相对于口语音ɒ、在'左'字中相对于口语音i而成为读书音，在'大'字中因为新读书音ɒ的推挤而成为口语音，在'驼搓哥'中则没有新读书音的推挤和旧口语音的支撑而独自存在，虽然性质上属于读书音。i则在前一章中已经提到，是'左'字因特殊演变而成的口语音。"以上情况说明苏州话的文白异读也存在相对性。如前分析，这种相对性使历史层次的性质变得不确定，按我们的框架则分析为：文读韵母əu是苏州音系果开一字类今韵母的主层，白读韵母ɒ是滞变层，新文读韵母ɒ是借层，白读音i是孤例，不构成历史层次。

---

① 原文此处漏写"左"的文读音"əu文"。——校者注

6.5 其他文白异读

丁邦新对其他6项文白异读的历史层次分析以及我们的相应分析如下。

（1）丁邦新：中古日母字声母文读z[①]是17世纪后从北方官话借来的，白读ȵ保留早期读音。

笔者：文读声母[②]z是苏州音系中古日母字类今声母的主层，白读声母ȵ是滞变层。

（2）丁邦新：中古微母字声母文读v是13世纪左右从北方官话借来的，白读m保留早期读音。

笔者：文读声母v是苏州音系中古微母字类今声母的主层，白读声母m是滞变层。

（3）丁邦新：中古见系开口二等字声母文读舌面音是16世纪后从北方官话借来的，白读舌根音保留早期读音。

笔者：文读舌面音声母是苏州音系中古见系开口二等字类今声母的主层，白读舌根音声母是滞变层。

（4）丁邦新：中古梗摄二等阳声韵字韵母文读ən是13世纪后从北方官话借来的，白读ã保留早期读音。

笔者：文读韵母ən是苏州音系中古梗摄二等阳声韵字类今韵母的主层，白读韵母ã是滞变层。

（5）丁邦新：中古梗摄二等入声字韵母文读əʔ是13世纪后从北方官话借来的，白读ɑʔ保留早期读音。

笔者：文读韵母əʔ是苏州音系中古梗摄二等入声字类今韵母的主层，白读韵母ɑʔ是滞变层。

（6）丁邦新：中古部分明疑母字韵母文读元音是晚期文言音，白读成音节鼻音保留早期读音。

---

① 丁邦新先生文中是针对百年前苏州话的日母字作分析，说“文言读 ʐ- 及 əɹ 是后来从北方话传过来的”，“是 17 世纪以后才传进来的”。前文 6.1 已经提到，20 世纪下半叶，卷舌声母已从苏州口语中消失，也就是说，ʐ变成了 z。大概由于这里是针对苏州话今音作分析，因此未按丁先生原文写卷舌音。——校者注

② 原文此处误为“韵母”。——校者注

笔者：文读韵母为元音是苏州音系中古明疑母字类今韵母的主层，白读韵母为成音节鼻音是滞变层。

参考文献

丁邦新（2002）《苏州同音常用字汇》之文白异读，《中国语文》第5期。

丁邦新（2003）《一百年前的苏州话》，上海教育出版社。

廖序东（1958）《苏州语音》，江苏人民出版社。

苏州市地方志编纂委员会办公室（1995）《苏州市志》（第一册），江苏人民出版社。

汪　平（1996）《苏州方言语音研究》，华中理工大学出版社。

王福堂（2005）《汉语方言语音的演变和层次》（修订本），语文出版社。

王洪君（2006）层次与演变阶段——苏州话文白异读析层拟测三例，《语言暨语言学》第7卷第1期。

叶祥苓（1988）《苏州方言志》，江苏教育出版社。

袁家骅等（1960/2001）《汉语方言概要》，文字改革出版社/语文出版社。

张家茂、石汝杰（1987）《苏州市方言志》，苏州市地方志编纂委员会办公室。

赵元任（1928/1956）《现代吴语的研究》，清华学校研究院/科学出版社。

七、杭州话的文白异读及其相关的历史层次分析问题

7.1 引言

根据《中国语言地图集》（1987）B9吴语图，现代吴语大体分布于东经117.9°—122.2°、北纬27.5°—32.3°区间。杭州城地处东经120°、北纬30°，正好位于吴语区中心。杭州是江南历史文化名城，向来与苏州并称“苏杭”，但杭州话不仅没有成为吴语的代表方言，而且算不上典型的吴语，甚至连能否算作吴语都有争议。20世纪初，西方来华传教士对杭州话的方言归属就心存困惑：“杭州话是浙江省会的方言。其历史可追溯到元朝，那时杭州曾是南宋首都，但当地人讲的那种清楚的官话（在发音和其他方面）好像与杭州附近流行的吴语很相近。这种方言只在杭州城内通用，差不多100万人。”（中华续行委办会调查特委会，1922/2007：55）

赵元任（1928）依据杭州话同一发音部位有3套塞音和塞擦音声母的特征将其归入吴语。《中国语言地图集》（1987）也将杭州话单列为吴语太湖片杭州小片，其人口120万，范围是城区及近郊区。

杭州话的官话色彩源自北方汉语。北方话对吴语的影响是

长期的、普遍的，并不限于一时一地，但杭州话所受影响之深远甚于其他吴语。不过，杭州话各语言层面所受的影响程度各异，其“语法结构属道地的吴语系统，但是词汇系统则是官话性质的”（游汝杰，2000：65）。至于语音系统，杭州话具备同部位塞音、塞擦音声母三分的吴语基本特征，但也有一些特征不同于其他吴语，其中最值得注意的是文白异读。

赵元任（1928：xiv）最早指出：“虽然许多字[①]在其他吴方言里都有文白异读，杭州话无论说话还是读书却只有文读。因此，用杭州话来读一段文言跟用绍兴话来读同一段文言，读出来的语音相差无几。相反地，杭州的口语却跟四周围的吴语有很大的差别。”钱乃荣（1992b：2）后来发现，杭州话“已有一些常用词可能主要是受周围地区方言的影响而逐渐恢复了白读音”。徐越（2007：13）最近指出：杭州“新派受周边吴语的影响，微母‘味蚊闻吻问忘望网’、日母‘肉热’、假开三麻韵‘借写谢野夜爷’以及‘挨矮破蟹’等字都产生了第二种读音，成为新的白读音，且恰好与周边吴语的白读音一致，从而构成了杭州方言新一轮的文白异读”。王福堂（2009：4）进一步分析：“杭州方言微母字‘忘’vaŋ⁼ 文/maŋ⁼ 白，日母字‘肉’zoʔ₌ 文/ȵioʔ₌ 白，其中的口语音就是借入的。杭州方言原本使用读书音，极少口语音。……杭州方言借入的这种口语音不是来自官话方言，而是来自周围的吴方言。”

杭州话文白异读的消长变化及其相关的历史层次分析问题耐人寻味，我们试加探讨。

7.2 新老两派文白异读的异同

杭州话文白异读存在新老差异，老派“字音没有白读，只有文读一类”（游汝杰，2000：65），新派“已有一些常用词可能主要是受周围地

---

① 此段文字出自《现代吴语的研究》英文提要，译文参照 Jerry Norman/ 梅祖麟（1997/2004：297）。此处原文是“a large number of words”，梅祖麟译作“大量语词”，这里改译为“许多字”。

区方言的影响而逐渐恢复了白读音”（钱乃荣，1992b：2）。本节利用赵元任（1928）、鲍士杰（1998a）、王福堂（2009）、钱乃荣（1992b）、徐越（2010）5种文献的文白异读字音观察新老派文白异读的异同。赵元任所记20世纪30年代以前的杭州话尚无新派老派之分[①]，是以上语料中最早的一种。鲍士杰所记杭州话“内部有新派和老派的差别，……五十多岁的人中偶尔也能见到老派”，他的发音人66岁，属于老派。王福堂记的是20世纪四五十年代在杭州生活时用过的“数量极少”的白读音，其年代与鲍士杰的老派语料相当。钱乃荣记的是20世纪八九十年代的新派音系。徐越则是当今新派的读音。以上5种文献大体可以反映百年来杭州话文白异读的面貌，发音人概况如下表所示：

表 7.1　杭州话文献的发音人概况

语料		发音人	生年	时年
老派	赵元任（1928）	陈逸然	1902	25
	鲍士杰（1998a）	郑祺生	1932	66
	王福堂（2009）	王福堂	1934	75
新派	钱乃荣（1992b）[②]	8 名青年	1959 – 1970	15 – 32
	徐越（2010）[③]	60 名青年 79 名中年	1968 后 1944 – 1968	36 以下 36 – 60

---

① 赵元任当年调查的 33 处吴方言中，只标明上海和苏州两处有新派和旧派之分。

② 钱乃荣（1992b）的后记中提到发音人情况，青年发音人中 15 岁至 18 岁的有 6 名，调查时间为 1985 年；另有一名 28 岁，一名 32 岁，调查时间为 1991 年。文中提供了发音人的年龄，未提供出生年份，按调查时间和年龄推算，上述 8 个发音人中，出生年份最早的是年龄为 32 岁的发音人，1959 年；最晚的是年龄为 15 岁的发音人，1970 年。这里“发音人”一栏为“8 名青年”，是把 28 岁和 32 岁的两个发音人计算在内的，“时年”一栏原文为“15–18”，应是“15–32”；“生年”一栏原文为“1959–1973”，应是“1959–1970”。——校者注

③ 这里“生年”一栏原文为“1974 后”“1950–1974”。据徐越（2010：169），调查时间为 2004 年，文中提供了发音人的年龄，未提供出生年份，按调查时间和年龄推算，36 岁以下的发音人出生年份是 1968 年后，36–60 岁的发音人出生年份是 1944–1968 年。此次调查的发音人还有 61 名 60 岁以上的老年人，这些人白读音的读音比例比 60 岁以下的人低，另外徐越文中也提到“老派只有个别字有文白异读”，可能因为徐越文章讨论的是新派读音，所以这里只引新派语料，表格中也没有写出这些发音人的信息。——校者注

赵元任（1928）的吴语声母表（第一表）列出6种文白异读声母。其中3种全浊声母仅见于丹阳一地[①]，另外3种次浊声母则遍及吴语各地。①疑母“合口u韵的字（国音作wu的），好些地方文言作wu，白话作ng，例如吴字文言读wu，白话云‘吴先生’读ng”。②“微母大致白话读m（明母读法），文言读v（奉母读法）。”③“日母大致白话读gn（泥母齐齿跟娘母读法），文言读摩擦或破裂摩擦音（澄床禅母读法）。但文言上声不变去声，跟澄床禅母不同，所以归它在次浊。日母支脂之韵元音大多数地方读成元音或〔弯头h〕。”舒声韵表（第二表）、入声韵表（第三表）分别列出吴语的文读韵、白读韵和不分文白三类韵母，其中文读韵例字58个，白读韵例字62个，有37字有文白两读，因此文白异读韵母例字共83个。[②]文读韵例字和相配的白读韵例字读音相同时，在韵母表中若相邻排列（包括中间隔着少数其他字但读音也相同的情况），常常合并为一格标音，若不相邻则一般两处都标音，杭州话不管相邻与否都有只在文读格内标音而在白读格内注明“=文”的情况。下面的表格摘录韵母表中吴语[③]文白读韵母例字的杭州音[④]（附加符号从略），并按声母表推定其声母。同时摘录文读音与杭州音最相似的嘉兴、湖州、绍兴、常州四处[⑤]的文白异读字音。入声字上述

① 中古并、定、群3个声母今文读为清音，白读为浊音。

② 此处原为“文读韵57种，白读韵62种。文白读韵母例字78个（61字有文白两读，17字只有一读）”。这里的57、62实际上分别是赵元任的韵母表中右下角加“文”的例字的数量和右下角加“白”的例字的数量。赵的韵母表中文读韵例字“瓦”右下角漏加“文”字，因此文读韵例字实为58个。——校者注

③ 此处原有“78个”。原文本意是摘录赵元任书中韵母表所有文白异读韵母的例字，但实际只摘录了78个例字，有5个只有一读的例字这里未摘录：“呒$_{白}$”“无$_{文}$”“仍$_{文}$”“孝$_{文}$”“厄$_{文}$”。表格中摘录的“五”有文读音，而赵的韵母表只有“五$_{白}$”没有“五$_{文}$”。赵的声母表有“五”字，但也是“五$_{白}$”，另有“吴$_{文}$”（与“五”同为模韵疑母字），五个方言均有ɦu音，与这里表格中摘录的“五”的文读音相似。——校者注

④ 杭州当时称杭县，赵元任记的是杭县城内音。

⑤ 赵元任（1928/1956：xiv，83）：“用杭州话来读一段文言跟用绍兴话来读同一段文言，读出来的语音相差无几。”“杭州人说话颇有点像常州人读国语白话文。”鲍士杰（1998a：61）：“杭州市区的话不分文白读，只有近似湖州、嘉兴文读的一种读法。”

方言今韵母的喉塞尾文中（第三表）省去不标，这里都标出。[①] “–”表示未收此音，“=”表示白读音、文读音相同。有的字只有一读但韵母与其他字的韵母文白相配，表中将文白相配的例字放在同一格，一共有17对，每对例字中间用“/”隔开，“/”前面是文读韵例字，后面是白读韵例字。杭州话有文白两读的例字，文读下加双横线，白读下加单横线。

表 7.2 《现代吴语的研究》杭州等方言韵母文白异读例字

例字	杭州	嘉兴		湖州		绍兴		常州	
	文	文	白	文	白	文	白	文	白
亩	m^{o}u	–	m	–	–	–	–	–	–
五	ʔu	ɦu	ŋ	ɦʉ	ŋ	ɦu	ŋ	ɦu	ŋ
鱼	jyɥ	–	ŋ	–	ŋ	–	ŋ	ɦy	=
舍	sɥəi	sɤə	sɔ	sø	sʊ	se	so	sɑ	=
瓦	ɦuɑ	=	ŋɔ	=	ŋʊ	ŋuo	ŋo	ŋuɔ	ŋɔ
下 / 哑	ɦiɑ/ʔiɑ	–	ɔ[②]	–	ʔʊ	ɦio	ʔo	ɦiɑ	ʔɔ
家	tɕiɑ	tɕiɑ	kɑ	tɕiᴀ	kɑ	tɕio	ko	tɕiɑ	kɔ
戒 / 街	tɕiᴇ/=	–	kɑ	–	kɑ	tɕia	ka	tɕiɑ	kɑ
谐 / 鞋	jiᴇ/=	–	ɦɑ	–	ɦɑ	ɦia	ɦa	ɦiɑ	ɦɑ
败	bᴇ	–	bɑ	–	bɑ	=	ba	=	bɑ
豺	dzᴇ	–	zɑ	–	zɑ	dze	za	=	zɑ
泰	tʻᴇ	–	tʻɑ	–	tʻɑ	=	tʻa	=	tʻɑ
交	tɕiɒ	tɕiɔ	kɔ	tɕiɔ	kɔ	tɕiɑɒ	kɑɒ	tɕiɑɤ	kɑɤ
陷 / 晏	ɦĩ/ʔĩ	ɦie	ʔᴇ^{ε}	ɦɪ	ʔe	ɦɪ	ʔæ̃$_{E}$	ɦĩ	ʔæ̃
间	tɕĩ	tɕie	kᴇ^{ε}	tɕɪ	ke	tɕɪ	kæ̃$_{E}$	tɕĩ	kæ̃
讲 / 江	tɕiᴀŋ/=	tɕiã	kã	tɕiõ	kɔ̃	tɕiɒŋ	kɒŋ	tɕiɑŋ	kɑŋ

① 这句话是校者补的。据赵元任（1928/1956：68）：“入声字单读时除嘉兴入声长读法跟温州入声的全部外，其余的都略带一点喉部的关闭作用〔‘耳朵’〕。因为差不多处处全有一点，所以第三表中一律省去。”这里引用时都标出喉塞尾，看似与赵元任原表不符，因此补一句说明。——校者注

② “哑”是影母，赵元任《现代吴语的研究》声母表影母嘉兴点未提供今音，其他点为 [ʔ]，原文除杭州外皆标为 [ŋ]，有误，这里按赵的声母表作相应改动。——校者注

（续表）

例字	杭州	嘉兴		湖州		绍兴		常州	
	文	文	白	文	白	文	白	文	白
尝	dzᴀŋ	zã	zɑ̃	zɔ̃	=	dzaŋ	dzɒŋ	zɑŋ	=
更 / 硬	kən/ŋən	–	ŋã	kən	ŋã	kʻəŋ	ŋaŋ	kəŋ	ŋɑŋ
行 / 杏	jɪn/ɦɪn	ɦɪŋ	ɦã	ɦien	ɦã	ɦɪŋ	ɦaŋ	ɦiŋ	ɦɑŋ
争	tsən	–	tsã	tsən	tsã	tsəŋ	tsaŋ	tsəŋ	tsɑŋ
孟	moŋ	–	mã	mən	mã	–	maŋ	moŋ	mɑŋ
朋	boŋ	–	bã	bən	bã	–	baŋ	bəŋ	bɑŋ
大	dɑ	–	dᵊu	–	dəu	–	do	–	dʌɯ
怪	kuᴇ	kuᴇ	kuɑ	kue	kuɑ	=	kua	=	kuɑ
怀	ɦuᴇ	ɦuᴇ	ɦuɑ	ɦue	ɦuɑ	=	ɦua	=	ɦuɑ
鬼	kuəi	kue	tɕy	kuɯɨ	tɕi$_z$	kue	tɕy$_j$	kuæe	=
为 / 喂	ɦuəi/–	ɦue	ʔy	ɦuɯɨ	ʔi$_z$	ɦue	ʔy$_j$	ɦuæe	ʔuæe
横	ɦən	–	–	–	ɦuã	–	ɦuʌŋ	ɦuəŋ	ɦuɑŋ
耳	l	–	ȵi	ʔəl	n	l	ȵɨ	ʔə$_r$	ȵi
二	l	–	ȵi	–	n	–	ȵɨ	–	ȵi
去	tɕʻi	–	–	–	–	–	tɕʻi$_j$	–	tɕʻi
也	ʔi	ɦie	ɦiɑ	ɦie	ɦiᴀ	ɦie	ɦia	ɦiɑ	=
谢	dʑi	dʑie	dʑiɑ	dʑie	dʑiᴀ	ʑie	ʑia	=	ziɑ
绕	zɔ	zɑɤ	ȵiɔ	–	ȵiɔ	zɑɒ	ȵiɑɒ	zɑɤ	ȵiɑɤ
染	zõ	–	–	–	–	zẽ	=	zɔ̃	ȵĩ
忍 / 认	zən/=	zən,ŋ	ȵɪŋ	zən	ȵien	zəŋ	ȵɪŋ	zəŋ	ȵiŋ
旺	ɦuᴀŋ	–	ɦiã	–	–	–	–	–	ɦiɑŋ
让	zᴀŋ	–	–	–	ȵiã	zaŋ	ȵiaŋ	zɑŋ	ȵiɑŋ
戎 / 绒①	dzoŋ/ȵioŋ	zoŋ	ȵioŋ	zoŋ	ȵioŋ	zʊŋ	ȵiʊŋ	zoŋ	ȵioŋ

① “绒”字声母鲍士杰（1998a）、钱乃荣（1992b）都记为鼻音，其他吴语也都是鼻音。但按《现代吴语的研究》，杭州日母无论文白均不读鼻音，则应推定为 [z-]。该书日母白读的例字是“让”，杭州音 z(= 文)，不过在“条件”栏中注明“多数字”，可见少数字有可能例外。今按例外将“绒”字声母推定为鼻音 [ȵ-]。

（续表）

例字	杭州	嘉兴		湖州		绍兴		常州	
	文	文	白	文	白	文	白	文	白
虑 / 滤	ly$_{ʮ}$/=	ly	=	li	=	ly$_{ɥ}$	=	ly	=
须 / 徐	ɕy$_{ʮ}$/dʑy$_{ʮ}$	ɕy	ʑy	ɕi	dʑi	ɕy$_{ɥ}$	dʑy$_{ɥ}$	sy	zy
蕊	zʮəi/zʮ	zʮe	–	z^{ø}ʏ	–	ze	ɲy$_{ɥ}$	zʮæe	ɲy
吹	tsʻʮəi	tsʻʮe	tsʻɿ	tsʻ^{ø}ʏ	tsʻɿ	tsʻe	tsʻɿ	tsʻʮæe	tsʻʮ
水	sʮəi	sʮe	sɿ	s^{ø}ʏ	sɿ	se	sɿ	sʮæe	sʮ
软	zõ	–	–	–	ɲɪ	–	ɲyɵ̃ø̃	zɔ̃	ɲiɔ̃
润 / 闰	zʮən/=	–	–	zən	ɲiən	zen	ɲʏ̃	zʮəŋ	=
觉	tɕiaʔ	tɕioʔ	koʔ	tɕiʊʔ	kʊʔ	tɕyøʔ	koʔ	tɕiɑʔ	kɔʔ
学	jiaʔ	ɦioʔ	ɦoʔ	ɦiʊʔ	ɦʊʔ	jyøʔ	ɦoʔ	ɦiɑʔ	ɦɔʔ
尺	tsʻəʔ	–	tsʻᴀʔ	–	tsʻɑʔ	tsʻəʔ	=	tsʻəʔ	=
石	zəʔ	–	zᴀʔ	–	zɑʔ	zəʔ	=	zəʔ	=
麦	məʔ	=	mᴀʔ	–	mɑʔ	–	mᴀʔ	=	mɔʔ
白	bəʔ	bəʔ	bᴀʔ	bəʔ	bɑʔ	=	bᴀʔ	bəʔ	bɔʔ
额 / 格	ŋəʔ/kəʔ	ŋəʔ	kᴀʔ	ŋəʔ	kɑʔ	ŋᴀʔ	kᴀʔ	ŋəʔ	kɑʔ
策	tsʻəʔ	tsʻəʔ	tsʻᴀʔ	tsʻəʔ	tsʻɑʔ	=	tsʻᴀʔ	tsʻəʔ	tsʻɑʔ
压 / 瞎	ʔiaʔ/ɕiaʔ	–	hᴀʔ	ʔiᴀʔ	hɑʔ	ʔiaʔ	hæʔ	ʔiɑʔ	hɑʔ
狭 / 匣	ʑiaʔ/=	–	ɦᴀʔ	ɦiᴀʔ	ɦɑʔ	ɦiaʔ	ɦæʔ	ɦiɑʔ	ɦɑʔ
夹 / 掐	tɕiaʔ/tɕʻiaʔ	–	kʻᴀʔ	tɕiᴀʔ	kʻɑʔ	tɕiaʔ	kʻæʔ	tɕiɑʔ	kʻɑʔ
甲	tɕiaʔ	–	kᴀʔ	tɕiᴀʔ	kɑʔ	tɕiaʔ	kᴀʔ	tɕiɑʔ	kɑʔ
肉	zɔʔ	zoʔ	ɲioʔ	z^{o}uʔ	ɲi^{o}uʔ	zoʔ	ɲyøʔ	zɔʔ	ɲiɔʔ
热	zəʔ	zəʔ	ɲiᴇʔ	zəʔ	ɲieʔ	zeʔ	ɲieʔ	zəʔ	ɲiɪʔ
日	zəʔ	zəʔ	ɲiᴇʔ	zəʔ	ɲieʔ	zeʔ	ɲieʔ	zəʔ	ɲiɪʔ

正如赵元任（1928/1956：83）所言：“别处有文白两读的字（家，间，交，江，樱，角[①]，甲，耳等等），在杭州大都一律取文派的音，白话

① 韵母表例字无“樱”“角”，相应的例字是“杏”“觉”。觉韵白读＝文读，旁注“但角$_{白}$：ɔ”（按：表中省去了喉塞尾）。

中取白派音的字甚少。”上表所列白读韵只有以下几种：阴声韵见于止合三纸韵（蕊ɥəi文/ɥ白[1]）、果开一歌韵（我[2]ɒ白），阳声韵见于通合三东韵（戎文oŋ/绒白ioŋ），入声韵见于[3]江摄觉韵（角kɔʔ、确[4]k‘ɔʔ/tɕ‘iɔʔ）。此外，词汇表中“晏歇等火儿”的“晏”注明是白读；“还”除了文读音外，还有两个白读音：一读为“晏”字白读平声，另一读为“咸”字白读；可见咸删韵也有白读音。“姆妈”的“姆”标为声化韵m，也属白读。至于声母，吴语微、日、疑三母普遍有文白异读，但杭州话仅见于微母（问v-文/m-白，少）。

鲍士杰（1998a、b）指出“家江茶花闻味人耳”“杭州市区的话不分文白读，只有近似湖州、嘉兴文读的一种读法”。其同音字表（鲍士杰，1998a）无文白异读，但所收的又读字（右下角标注“又”[5]，或虽未标“又”字但收了两种读音）有些实际上就是文白异读，其中包括赵元任已指出的微母文白异读（v文/m白）：忘vaŋ又/maŋ又、晚fɛ̃/mɛ̃[6]、网maŋ又、尾mi又[7]。需要指出的是，其同音字表中有些只收一读的字并非与周边吴语的文读相似，而是与白读相似，例如“姆～妈[m̩^{33}]”是声化韵，应属白读。现参照吴语的一般情况摘录整理如下：

1. 奉母：肥vi又/bi又|缚voʔ/boʔ（该字两收但漏标“又”字）

2. 日母：惹dzɑ又/ȵiɑ又|韧ȵin|绒ȵioŋ|饶zɔ文/ȵiɔ白（该字破例标明文

---

① 原文此处为“ɥ文/ɥəi白”，文白读音标反了，与上表不一致。——校者注

② 韵母表无此例字，但杭州歌戈韵见系韵母ou旁注“但我白：ɒ”。词汇表也注明“我”读“傲”的阴上声。而“傲”是豪韵字，韵母表中杭州豪韵为ɒ。可见“我”的文读韵是ou，白读韵是ɒ。

③ 原文此处有“梗摄麦陌昔韵（麦ɘʔ文/əʔ白、白ɘʔ文/əʔ白、额ɘʔ文/格əʔ白、策ɘʔ文/əʔ白）”，这里的ɘ赵元任的韵母表中为ə，上面表格摘录字音时大概是因为印刷不清楚而错看成ɘ，上述各对文白读音实际上是相同的，主元音都是ə，与嘉兴等有文白异读的吴语的文读相同。原文表格中韵母为ɘʔ的字音校者已经删除，这里这句相应的分析也删去。——校者注

④ 韵母表例字无“确”，觉韵文读ia（按：表中省去了喉塞尾）旁注“但确：iɔ,ɔ”（按：表中省去了喉塞尾），表明开口韵和齐齿韵均为白读。

⑤ 分以下几种情况：一字两收，两个音都标注“又”，或一个音标注，另一音不标注；一字一收，但标注“又”。

⑥ 同音字表漏收该字白读音，但在常用词汇第23条“晚米”中标音为mɛ̃^{53}。

⑦ 原文此处有“往ʔuɑŋ又”，不是微母字，因此删除。——校者注

白读）

3. 见系开二：价kɑ/tɕiɑ又|敲tɕ‘iɔ/k‘ɔ又|楷tɕ‘iᴇ又/k‘ᴇ又|舰tɕ‘iẼ又/k‘Ẽ又|角tɕiɑʔ/koʔ又|掐tɕ‘iɑʔ/k‘ɑʔ①|甲tɕiɑʔ/k‘ɑʔ|确k‘oʔ又|豇kɑŋ②|嵌k‘Ẽ |咸ɦiẼ|项ɦɑŋ

4. 遇合三鱼韵：去ts‘ʮ又/tɕ‘i

5. 梗开二：樱ʔen又/ʔɑŋ又|亨hen又/hɑŋ又|硬ŋen又/ŋɑŋ又|格keʔ/kɑʔ

6. 假开三：爷夜ɦi又/ɦiɑ又|也ʔiᴇ/ɦɑ又

7. 果摄一等：大do文/dɑ白

8. 山合一末韵：拨poʔ/pɑʔ|泼p‘oʔ/p‘ɑʔ

鲍士杰语料中的白读音类和字数均多于赵元任。不过，赵所收文白异读韵母的有些例字鲍反而只有一读，其音值有的相当于赵的白读（姆m̩）③，有的则相当于文读（蕊zʮəi）④。

王福堂（2009：5）记忆所及的白读音有以下6种共28字：

1. 微奉母：尾微vi文/mi白|晚微vɛ̃文/mɛ̃白|防奉baŋ白

2. 日母：饶zɔ文/ȵiɔ白|绕zɔ文/ȵiɔ白|软zʮõ文/ȵyõ白|韧zən文/ȵin白|绒毻ȵioŋ白

3. 见系：介见tɕiɛ文/ka白|胶见tɕiɔ文/kɔ白|豇见kaŋ白|角见tɕiaʔ文/koʔ白|觉见,~得tɕyəʔ文/koʔ白|揩溪tɕ^{h}iɛ文/k^{h}a白|嵌溪tɕ^{h}iẽ文/k^{h}ɛ̃白|掐溪k^{h}aʔ白|确溪tɕ^{h}yəʔ文/k^{h}oʔ白|苋匣ɕiẽ文/hɛ̃白|咸匣jiẽ文/ɦɛ̃白|项匣jiaŋ文/ɦaŋ白|压影iaʔ文/aʔ白|也喻jiɛ文/jia白/ha白

4. 遇摄：吕来ly文/li白|去溪tɕ^{h}y文/tɕ^{h}i白

5. 梗摄：硬疑ŋən文/ŋaŋ白|横匣,~竖ɦuaŋ白|横匣,蛮~hən文/uaŋ白

钱乃荣（1992b：2）最早指出杭州话新老两派文白异读的差异，老

---

① 同音字表漏收该字白读音，但在常用词汇第59条“手指掐儿”中标音为k‘ɑʔ^5。

② 该字只收一音，且未标又读，但声母是舌根音，应属白读。下同。

③ 原文此处为“（蕊zʮei|姆m̩）”，因为“蕊”的此音（这里e为ə之误）为文读，因此挪至下一句后的括号中。——校者注

④ 此处括号内原有“尺ts‘əʔ”，赵元任的韵母表中杭州“尺$_文$”“尺$_白$”韵母都是əʔ。这句话后面原文有“也有与文白读都不同的（麦mɑʔ|白bɑʔ|格kɑʔ）”。赵元任书中韵母表这几字一共出现五次：“麦$_文$”“麦$_白$”“白$_文$”“白$_白$”“格$_白$”，韵母都是əʔ，前文字表摘录字音时误把文读韵母主元音ə辨识成ɐ而认为文白读音不同（参见第109页脚注）。——校者注

派“中古音‘见’系开口二等字大致上没有文白两读，都随官话读成相当于太湖片其他方言的文读音。如‘加、家、嘉、假、价、架’等字只读‘[tɕiɑ]’而不另读‘[kɑ]’。值得注意的是，已有一些常用词可能主要是受周围地区方言的影响而逐渐恢复了白读音。如‘敲’既读‘[k‘ɔ323]’又读‘[tɕ‘iɔ323]’，‘热’既读‘[ȵiɪʔ12]’又读‘[zɐʔ12]/[zuɐʔ12]’，‘问’既读‘[mən113]’又读‘[vən113]’，‘番茄’既读‘[fᴇ32dʑiɑ23]’又读‘[fᴇ32gɑ23]’，‘角’在‘三角形、角落’中读‘[kɔʔ5]’，在‘一角钱’中读‘[tɕyɪʔ5]’。”① 他的同音字表也未标明文白异读而只标出又读（右下角标注“1、2、3”），但所收又读字的数量大增。例如，鲍士杰认定“只有近似湖州、嘉兴文读的一种读法”的微母字“蚊、味”钱乃荣都收了又读音（蚊vən/mən，味vi/mi），实际上就是文白异读。现参照吴语常例，摘录整理如下（数字为原文所标的又读）：

1. 微母（v-文/m-白）：问vən2/mən1|尾vi2/mi1

2. 奉母（v-文/b-白）：防vᴀŋ2/bᴀŋ1

3. 日母（z,ɹ-文/ȵ-白）②：如zɥ1,zu3/lu2|儒zɥ1/lu2,ɹu2|汝zu1/ɹu2|乳zɥ1/ɹu3,ɹɥ2|饶ɹɔ1/ȵiɔ2|绕ɹɔ/ȵiɔ|人仁仍zən1/ɹən2|任刃纫认zən1/ɹən2|让zᴀŋ1,ɹᴀŋ2/ȵiᴀŋ3|绒ɹoŋ1/ȵioŋ2|肉zɔʔ1/ȵiɔʔ2

4. 见系开口二等（舌面音文/舌根音白）：敲tɕ‘iɔ2/k‘ɔ1|茄dʑi1/dʑiɑ2/gɑ|角tɕiɪʔ2/tɕyɪʔ3/kɔʔ1|铅tɕ‘ie/k‘ᴇ1|嵌tɕ‘ie2/k‘ᴇ1|闲ʔie2/ɦᴇ1|项ɕiᴀŋ2/ɦᴀŋ1

5. 遇合三鱼韵（y文/i白）：去tɕ‘y2/tɕ‘i1

6. 梗开二（ən,oŋ文/ᴀŋ白）：彭bən1/bᴀŋ2|撑ts‘ən1/ts‘ᴀŋ2|碰p‘oŋ2/bᴀŋ1|孟moŋ2/mᴀŋ1|横ɦən1/ɦuᴀŋ2|伯pɔʔ1/pɐʔ2

7. 假开三（i,iᴇ文/iɑ白）：借tɕi1/tɕiɑ2|谢dʑi1/dʑiɑ2|写ɕi1/ɕiɑ2|爷崖ɦie2/ɦiɑ1|也ʔie/ɦiɑ2

8. 果摄一等韵（ou文/ɑ白）：破p‘ou1/p‘ɑ2|大dou1/dɑ2

9. 山合一末韵：拨pɔʔ1/pɐʔ2|泼p‘ɔʔ1/p‘ɐʔ2|夺dɔʔ1/dɐʔ2|括kuɔʔ1/kuɐʔ2。

---

① 这几个字同音字表分别标为：敲$_1$[k‘ɔ]/ 敲$_2$[tɕ‘iɔ]| 热$_1$[zɐʔ]/ 热$_2$[zuɐʔ]/ 热$_3$[ȵiɪʔ]| 问$_1$[mən]/ 问$_2$[vən]| 茄 [gɑ]（番茄）/ 茄$_1$[dʑi]/ 茄$_2$[dʑiɑ]| 角$_1$[kɔʔ]（三角）/ 角$_2$[tɕiɪʔ]（洋钿）/ 角$_3$[tɕyɪʔ]（一角洋钿）。

② 日母的白读原文为 m，当是 ȵ。——校者注

此项入声韵的文白异读表现为韵腹ɔ与ɐ的交替，此项异读还包括其他入声韵：①曾摄德韵：默mɔʔ$_1$/mɐʔ$_2$|国kuɔʔ$_1$/kuɐʔ$_2$。②深开三缉韵：入ɹɔʔ/zɐʔ$_2$。③臻合三术韵：出ts'ɔʔ$_1$/ts'ɐʔ|术zuɔʔ$_1$/zɐʔ$_2$。④通合三屋韵：熟zɔʔ$_1$/zɐʔ$_1$。

10. 江摄觉韵：角kɔʔ|确k'ɔʔ/tɕ'iɔʔ

钱乃荣所记新派文白异读字多于鲍士杰的老派，但也有个别例字钱乃荣只收一读，鲍士杰则有两读。[①]

徐越（2010：169）指出："新派文白异读明显增多，一些周边吴语普遍有文白异读的字新派也产生了第二种读音，而这第二种读音恰好与周边吴语的白读音一致，两种读音并存，从而构成了杭州方言新一轮的文白异读。"具体情况如下：

1. 微母：蚊吻闻vəŋ文/mən白|味vi文/mi白|尾fi文/mi白|网vaŋ文/maŋ白|忘望vaŋ文/maŋ白|问vəŋ文/mən白

2. 日母：肉zoʔ文/ȵioʔ白|热zʮəʔ文/ȵiəʔ白

3. 假开三麻韵：借tɕi文/tɕia白|写ɕi文/ɕia白|谢ʑi文/ʑia白|爷ɦi文/ɦia白|野i文/ia白|夜ɦi文/ɦia白。

4. 其他：挨iɛ文/a白|矮iɛ文/a白|蟹ɕiɛ文/ha白|破p'o文/ p'a白

综观以上5种文献可知：

1. 新派的白读字数明显增多，尤以见系开二和微母白读为最。

2. 新老两派声母和舒声韵文白异读的中古音类基本一致。声母文白异读见于微母（v-/m-）、奉母（v-/b-）、见系开二（舌面音/舌根音）、日母（z-/ȵ-），舒声韵文白异读见于遇合三鱼韵（-y,-ʮ/-i）、梗摄二等（非低元音/低元音）、假开三（非低元音/低元音）、果摄一等（非低元音/低元音）。由于赵元任（1928）仅列韵母例字，王福堂（2009）仅为"记忆所及"，其文白异读音类和字数少于鲍士杰并不奇怪。徐越（2010）所记新派文白异读字数多于老派，但音类种数反而少于老派，这是因为她只考察白读字音明显增多的音类，并未罗列全部文白异读。

3. 鲍士杰语料中只有一读的杭州老派字音并非全都与周边吴语的文读

① 原文此处有"例如：尾 vi/mi"，前文摘录了钱乃荣"尾"的记音，有"vi2/mi1"两个读音，不只一读。——校者注

音相似，也有一些与白读音相似，需要逐字比对，不能笼统地断言杭州话只有一读的字音都是文读音。例如，以下字音都与别处吴语白读音相似：确k‘oʔ又|豇kaŋ|嵌k‘ẽ|咸ɦiẽ|项ɦaŋ|石zaʔ|麦maʔ|白baʔ|额ŋaʔ|策ts‘aʔ|伯paʔ|括kuaʔ。

7.3 文白异读的消长与历史层次的兴衰

以上文献表明，杭州话的文白异读，无论是异读音类还是异读字，在北部吴语里同样存在，音值也对应相似。可见与北部吴语的文白异读属同一类型，只是文白异读的音类和字数明显减少。杭州新派和老派的文白异读也不相同，新派异读字数明显增多。本节将杭州话文白异读的形成和发展分宋元以前、明清两代、民国以来三个阶段来观察其消长变化的历程。

吴语的文读音最初是宋元以前借入中古正音而形成的读书音，它与平时说话用的白读音叠置，成为同一共时系统中并存的两个历史层次。其中，白读音是原有的主层，文读音是借层。杭州话文白异读与别处吴语的差异在于文读音后来居上，压倒了白读音，上升为主层，白读音则趋于消亡，降为残留的变层。文读音本来用于官场、文教、礼仪等庄重典雅的公众场合，也用来与外地人交际，本地人日常生活的私下场合一般用白读音。但杭州话的文读音上升为主层，不仅用于公众场合，也用于私下场合，逐渐覆盖了白读音的使用范围。久而久之，别处吴语有明确语用分工的文白异读在杭州话里就全用文读了。值得深思的是，杭州话的文读音为什么如此强大？

唐宋科举盛行，科考以诗赋为重。苏轼对当时风气有如下描写：“天下学者寅夜竞习诗赋，举业率皆成就，虽降平分取人之法，缘业已习熟，不愿再有改更，兼学者亦以朝廷追复祖宗取士故事，以词学为优，士人皆以不能诗赋为耻。……臣在都下，见太学生习诗赋者十人而六。臣本蜀人，闻蜀中进士习诗赋者，十人而九。及出守东南，亲历十郡，多见江南、福建士人皆争作诗赋。”（《苏轼文集》卷219）诗赋若不合声律，科考必定落第，而声律的标准则是基于中原方音的《切韵》音系。于是，《切韵》音系就成了“天下正音”。正音对方言字音产生了深刻影响，但并非直接取代，而是逐渐渗透，在方言音系中形成有别于日常口语的读书音。读书音与原有的说话音以文白叠置的方式实行语用分工，互相竞争，长期并存。一个地区的文教传统越深，读书风气越盛，文读音的力量就越强。中唐以后，经济重心逐渐由中原转向江南。宋以后，文化重心也随之转移。唐代科举取士北方人仍占优势，北宋则“但见每次科场东南进士得多，而西北进士得少”（《欧阳文忠公集》卷113）。吴语区文教传统深厚，科考独占鳌头，其文白异读就是在这样的背景下形成的。那时杭州话的读书音与别处吴语并无二致，直到今天，作为杭州字音的主层，仍与常州、绍兴、嘉兴、湖州等地文读音“相差无几”。

除了文教传承的读书音之外，不同方言人群的日常交际也会把甲方言的字音带进乙方言音系，形成系统性的异读，通常也称之为文白异读。究其性质，这种口语传播的外方言读音与文教传承的读书音都是从外音系移借的。究其使用范围，口传的文读音和白读音都用于日常生活，而文传读书音则用于公众场合。究其传播空间，文传读书音几乎不受空间距离的限制，凡行政管辖和教化所及之地皆可波及，口传文读音则与白读音一样，限于特定人群日常生活的社区。移民社群将原住地字音带到移居地就是一种口传文读音的传播，其传播空间是移民与土著聚居的社区。

文白异读在语用上有分工，具有互补关系，故可并存于同一个音系之中，形成音类叠置。音系的基本性质是要求简匀，它会排斥同一音类无语音条件的叠置并存，但表意的汉字对方音则极具兼容性。因此，文白异读一经形成便互相竞争，并以消除叠置、重归简匀为目标。文传读书音与白读音的竞争在于语用范围的宽窄，口传文读音与白读音的竞争则在于使用人口的多少。正音的权威越高，文传读书音就越强；移民的力量越大，口传文读音就越强。以上关系见下表：

表 7.3　文传、口传读书音与白读音比较

<table>
<tr><td colspan="2"></td><td>性质</td><td>传播空间</td><td>使用范围</td><td>使用人群</td></tr>
<tr><td rowspan="2">文读</td><td>文传</td><td rowspan="2">移借</td><td>远程辐射</td><td>公众场合</td><td>土著、移民</td></tr>
<tr><td>口传</td><td rowspan="2">社区内部</td><td rowspan="2">私下场合</td><td>移民</td></tr>
<tr><td colspan="2">白读</td><td>自变</td><td>土著</td></tr>
</table>

文传读书音与口传文读音若不同源，借入以后会与原有的白读音形成多层叠置。但若两种文读音同出一源，则殊途同归，融为一体，从而形成

强大的合力，在语用范围和使用人群上压倒白读音。杭州话文读音之所以强大，就因为它是这两种文读音的汇合。

南宋150余年间，宋室自汴梁迁都临安，“西北人以驻跸之地，辐辏骈集，数倍土著”（《建炎以来系年要录》）。据徐越（2005：108）估算，当时移民与土著的数量比“极有可能是8比1甚至是9比1”。南宋皇城（内城）位于杭州城中心，方圆9里，几为皇室公卿、南渡士族所占据。这一波汴洛移民对杭州话影响之深堪与东晋南朝时洛阳移民对南京话的影响相提并论。而南宋移民带到杭州的汴洛音恰与文教传承的中原正音同出一源，于是融为一体，二者的语用范围叠加在一起，既用于公众场合又用于私下场合，从而挤占以至覆盖了白读音的语用范围。经过几代人的交替之后就很少有人继续使用白读音了。于是，杭州话的文读音便一统天下，升为主层，白读音则极度萎缩，只保留了零星残迹。同一时期，吴语各地虽然也都接纳过中原移民，但其规模和影响远不及杭州，难以形成强大的合力，文读音也就没能成为主层。

杭州话残存的文白异读多反映中古音韵变化，例如微母、奉母的唇齿化、日母非鼻音化、果摄元音高化、梗摄主元音高化等。此类文白异读多有唐宋正音以及南宋建都临安的移民背景，形成时间应在元明以前。明清两代，吴语新产生了若干与中古背景无关的文白异读。其中有一些普遍存在于别处吴语，而杭州话则曾长期阙如①，例如蟹摄一二等“派败拜戴带泰奶豺蔡鞋快槐外”等字的韵母，吴语普遍有文白异读，但5种杭州话文献均未见痕迹。这或许是因为杭州话早期白读音萎缩后，其文白异读与别处吴语便不再同步，后起的文白异读杭州话未必都有。至于杭州话也有的后起文白异读，其字数也都明显少于别处吴语，文读音同样压倒了白读音，例如，见开二声母、梗开二韵母吴语普遍有大量文白异读字，杭州话则寥寥无几，大多数字只有与别处文读音相似的一读。

杭州话明清后起的文读音为何也强于别处吴语？这固然与前一阶段

---

① 此处“曾长期”三字是王洪君老师建议加上的。后面的举例，原文“的韵母”前原有“假开三‘借写谢’等字”，现在按王洪君老师的意见删除。后文说这些字的文白异读“5种杭州话文献均未见痕迹”，但钱乃荣、徐越记录的杭州话有，所以并非“未见痕迹”。——校者注

的文读音此时已居音系主层有关，更重要的则是后起的文传读书音再次与口传文读音汇合，从而获得了新的合力。明清吴语的文传读书音已不是中古正音，而是近代官话。杭州话的口传文读音则来自清廷派驻的八旗军及其家族。二者恰好又是同源。顺治四年（1647）八旗军驻防杭州，圈西湖以东千余亩繁华地段建造防城，筑起一座方圆10里的城中城，城头遍插八色旗，世称"旗下营"，其规模一如南宋皇城。有清一代，杭州土著虽然占有人口优势，北方旗人则有较高的社会地位。旗下营规模之大，历时之久，对杭州城市生活的影响之深，实为吴语其他地区所难及。辛亥革命推翻清朝后拆除旗下营，辟为新市场，这一带重新成为杭州的黄金宝地。旗人则编入民籍，改名换姓，混同于平民百姓，渐渐与杭州人融为一体，"他们虽努力学说杭州话，却带着浓重的北京腔，使杭州本地话再次受到影响"（鲍士杰，1998a：60）。

辛亥革命后，杭州话的文白异读发展到第三阶段，并持续至今。其特点是新派与老派的文白异读产生了明显的差异，具体表现在两个方面。

显而易见的是白读音的恢复。前两个阶段已经消失的白读音在新派口中重新出现，而且日益增多。这些白读音并非上承父母，而是借自周边吴语。徐越（2010：169）认为，这些白读音的借入使文白"两种读音并存，从而构成了杭州方言新一轮的文白异读"。王福堂（2009：5）进一步指出"这是一种恢复性的变化"。5种文献表明，前两个阶段文白异读字的白读音虽然极度萎缩，但并未彻底消亡，文白叠置的格局尚存，新借入的白读音与此格局正相吻合，称之为恢复颇为恰当。不过，这种恢复是通过借入白读音实现的，可见白读音未必都是音系内部连续演变的结果。而文读音也未必都借自外方言，例如，"苏州（旧派）把知照的三等字读如国语的舌尖后音"（赵元任，1928/1956：31），丁邦新（2002：423）、王洪君（2006：74）都认为这是一种文读音，但并非借自外方言，而是本方言早期读音或高层读音的保留。丁邦新（2002：424）还认为"反而白话音是从其他吴方言借进来的"。

历史层次分析首先要判明各层次的性质是自变的还是移借的，既然白读音并非都是自变，文读音也并非都是移借，就不宜用这一对术语来给历史层次定性。改用移借层次、演变层次则可避免不确定性。杭州话新派文白异读的这种变化逆转了近千年来文读音压倒白读音的发展趋势，其进一步的变化能否全面恢复文白异读的早先面貌很值得关注，音变逆转的机制也有待进一步深入研究。

另一方面，新文读的产生也不容忽视。新派杭州话产生了一批新的异读，其一读与老派相同，也与周边方言一致；另一读近似普通话而不见于老派，周边方言也很少见。例字见下表①：

表 7.4 杭州话新起的文白异读例字

例字	中古韵类	杭州	绍兴	嘉兴	湖州	常州
律	臻合三术	liɪʔ1/lyɪʔ2	lieʔ	liəʔ	liɐʔ	liɪʔ
曲	通合三烛	tɕʻiɔʔ1/tɕʻyɪʔ2	tɕʻioʔ	tɕʻyɵʔ	tɕʻioʔ	tɕʻiɔʔ
玉	通合三烛	ȵiɔʔ1/ɦyɪʔ2	ȵioʔ	ʔȵioʔ/ȵyɵʔ	ʔioʔ	ɦiɔʔ
浴	通合三烛	ɦiɔʔ1/ɦyɪʔ2	ɦioʔ	ʔioʔ/ʔyɵʔ	ʔioʔ	ɦiɔʔ
缺	山合三薛	tɕʻiɔʔ1/tɕʻyɪʔ2	tɕʻiøʔ/tɕʻioʔ 又	tʻyɵʔ	tɕieʔ	tɕʻiɔʔ/tɕʻyeʔ
雪	山合三薛	ɕiɪʔ1/ɕyɪʔ2	ɕieʔ	ɕiəʔ/ɕyɵʔ	ɕieʔ	ɕiɔʔ/ɕyeʔ
却	宕开三药	tɕʻiɪʔ/tɕʻyɪʔ2	tɕʻiaʔ	tɕʻyɵʔ	tʻiᴀʔ	tɕiɑʔ
削	宕开三药	ɕiɪʔ1/ɕyɪʔ2	iaʔ	ɕiᴀʔ	siᴀʔ	ɕiɑʔ
略掠	宕开三药	liɪʔ1/lyɪʔ2	liaʔ	ʔliᴀʔ/ʔlyɵʔ	liᴀʔ	liɑʔ
虐疟	宕开三药	ȵiɪʔ1/ȵyɪʔ2	iaʔ	ʔȵiᴀʔ	ʔȵiᴀʔ	ȵiᴀʔ

这些字音成系统地叠置，可以视为新起的文白异读。这些字绍兴、常州、湖州方言基本上只有齐齿韵一读，嘉兴方言少数字又读撮口韵。因此，杭州新派的撮口韵异读并非从周边方言借入，而是借自普通话的文传读书音，白读齐齿韵则是杭州话的自变层次。此项新起文白异读的字数明显多于其他吴语，且有的字已丧失白读音而只有文读音了，例字见下表：

表 7.5 杭州话“绝”“雀”“约”的新老派读音

	绝	雀	约
老派（鲍士杰 1998a）	dʑiəʔ	tɕʻiɑʔ	ʔiɑʔ
新派（钱乃荣 1992b）	dʑyɪʔ	tɕʻyɪʔ	ʔyɪʔ

① 杭州例字据钱乃荣（1992b），绍兴例字据王福堂（2008），嘉兴、湖州、常州例字据钱乃荣（1992a）。

新起文白异读的白读音与前两期白读音无别，属于同一历史层次；但借自官话的新文读则不同于源自中原正音的旧文读，不属同一历史层次。因此，新文读就叠加在旧的文白异读上，成为第三个历史层次。例如，吴语江开二觉韵见晓组字明清时代已产生文白异读，绍兴、常州、嘉兴、湖州“学”的白读音都是开口韵，文读音都是齐齿韵，杭州话开口韵虽已趋消亡，但个别字仍保留白读音，例如“觉”。新派杭州话在此项文白异读上又叠加了撮口韵的新文读，例如：觉kɔʔ/tɕiɔʔ/tɕyɪʔ、学ɦiɪʔ/ɦyɪʔ、确tɕ‘iɔʔ/tɕ‘yɪʔ、乐音乐ɦiɪʔ/ɦyɪʔ（钱乃荣，1992b）。其中，白读、旧文读、新文读俱全的只有“觉”字，其他字只有旧文读和新文读。杭州话新文读的撮口韵读法类似普通话，周边吴语目前还很少见，可见新文读是从普通话借入的文传读书音。这三种异读音代表了三个历史层次，究其性质，新旧文读都是移借层次，白读的层次性质则颇费斟酌。残留的早期白读音无疑是自变层，但新派从周边方言借入的白读音则非音系内部连续演变的产物，然而借入之后便与残留的自变层次融为一体，并不构成独立的叠置层次。其性质兼具自变性和移借性，是一种混合层次。由此可见，音韵层次分析必须从叠置的文白异读入手，而分析出来的历史层次性质未必单纯。这是因为历史层次并非一成不变，它受共时音系制约，不同来源不同性质的层次有可能被整合成同一个层次。

综上所述，近百年来杭州话文白异读的发展也有口传和文传两条路径，形成了两个借层和一个混合层并存的三个历史层次，主层目前仍然是前两个阶段借入的旧文读。第三阶段文白异读不同以往的特点是：

1. 口传的不是文读音，而是白读音。

2. 口传者不是远程移民，而是相邻方言的土著。

3. 文传读书音不同于早先的旧文读，故未融为一体。口传白读音则因与原先的白读音相同而融为一体，构成一个混合层次。

4. 随着白读音的恢复和新文读的产生，出现多层叠置，使杭州话的历史层次趋于复杂。

参考文献

丁邦新（2002）《苏州同音常用字汇》之文白异读，《中国语文》第5期。

鲍士杰（1998a）《杭州话音档》，上海教育出版社。
鲍士杰（1998b）《杭州方言词典》，江苏教育出版社。
李小凡（2010）论层次，《中国语言学》第4辑，北京大学出版社。
钱乃荣（1992a）《当代吴语研究》，上海教育出版社。
钱乃荣（1992b）《杭州方言志》，日本好文出版。
王福堂（2008）绍兴方言同音字汇，《方言》第1期。
王福堂（2009）文白异读和层次区分，《语言研究》第1期。
王洪君（2006）层次与演变阶段——苏州话文白异读析层拟测三例，《语言暨语言学》第7卷第1期。
徐　越（2005）《从宋室南迁看杭州方言的文白异读》，《杭州师范学院学报（社会科学版）》第5期。
徐　越（2007）杭州方言语音的内部差异，《方言》第1期。
徐　越（2010）新派杭州方言对周边吴语语音的吸收，《方言》第2期。
游汝杰（2000）《汉语方言学导论》（修订本），上海教育出版社。
赵元任（1928/1956）《现代吴语的研究》，清华学校研究院/科学出版社。
中国社会科学院、澳大利亚人文科学院（1987）《中国语言地图集》，香港朗文出版（远东）有限公司。
中华续行委办会调查特委会编，蔡咏春、文庸、段琦、杨周怀译（1922/2007）《1901—1920年中国基督教调查资料》（原《中华归主》修订版），中国社会科学出版社。
Norman, Jerry (罗杰瑞) (1997) Some thoughts on the early development of Mandarin，余蔼芹、远藤光晓编《桥本万太郎纪念 中国语学论集》，东京：内山书店；中文译文《关于官话早期发展的一些想法》，梅祖麟译，《方言》2004年第4期。

八、苏州话连读变调的共时层面和历史层次

《方言》季刊创刊号发表叶祥苓《苏州方言的连读变调》后，随即引起了张家茂（1979），谢自立（1982），钱乃荣、石汝杰（1983），汪平（1983）等的热烈讨论。[①]此后，叶祥苓（1993）、汪平（1996）再次对苏州方言的连读变调进行描写和分析。李小凡（1990，1998）则对苏州方言连读变调和单字调的互动关系加以分析，还探讨了苏州方言两类连读变调的不同性质。目前，苏州方言连读变调的基本面貌和特点已经得到了全面的揭示，我们拟在此基础上进一步分析其性质和成因。

8.1 连调式及其类型

苏州方言有7个单字调：阴平（44）、上声（52）、阴去（523）、阳平（223）、阳去（231）、阴入（5）、阳入（23），前5个是舒声调，后两个是促声调。

前字为舒声调的两字组，除叶祥苓外各家一致认为有以下5种

---

① 叶祥苓《苏州方言的连读变调》发表于《方言》1979年第1期，同年又在《方言》第4期上发表《再论苏州方言上声和阴去的连读变调》回应张家茂（1979）的意见。——校者注

格式（各家调值一并列出，以斜线相隔）：①前高后低（44 21/55 21/44 11）；②前升后降（23 21/13 21/24 21/23 11）；③前降后低（52 21/41 11）；④前低后高（22 44/22 33/11 44）；⑤前降后升（52 23/41 34/52 44）。叶祥苓起初无第4式，后（叶祥苓，1993）予以增补（13 33）。他还认为，当前字为舒声时，后字为入声与后字为舒声的两字组连调格式不同，因此有10种连调式。其实，后字舒促固然有别，但调型和音高是一致的，合为一式较为简明。以上连调式的前字均为舒声调，统称为舒声式连调，舒声连调式的调型分别与前字的单字调相似，都用单字调来命名。舒声式两字组连调可以用下面的表格来表示（表中的X1表示前字的本调是任意一个舒声调，后字的本调是来自中古清平的阴平调，其余类推。同一行两字组的前字同音，同一列两字组的后字同音）：

表 8.1　舒声式两字组连调

连调式名称	连调式调型	连调式调值		两字组						
		前字	后字	X1	X2	X3	X5	X6	X7	X8
阴平式	前高后低	44	21	新生	新人	新手	心意	心事	心室	心力
阳平式	前低后高	22	44	名声	名人	名手	民意	民事	明室	名列
上声式	高低连降	52	21	九声	九人	九首	九亿	九市	九室	九列
阴去式	前降后升	52	23	四声	四人	四首	四亿	四市	四室	四列
阳去式	前升后降	23	21	两声	两人	两首	两亿	两市	两室	两列

前字为促声调的连调式相应称为促声式连调。促声式连调前字不变调，后字多变调，但中和程度较低，没有统一的变调值。公认的促声式连调有5种格式：①阴入后升（5 23/5 34/5 44/43 23）；②阴入后降（5 52/43 41）；③阴入后促（5 5/43 44）；④阳入后降（23 52/23 32/23 21）；⑤阳入后促（23 5）。前三种前字为阴入，后两种前字为阳入。此外，汪平另有阴入后曲（43 523）和阳入后曲（23 523）两种格式。钱乃荣、石汝杰则

指出，阳入后曲式已趋消亡，正在并入阳入后降式（$\underline{23}$ 52）。而在新派口音中，阴入后曲式也已并入阴入后降式（5 52）。钱乃荣、石汝杰还补充了一个指代词专用的连调格式（2 44）。叶祥苓认为前后两字均为入声时两个字都不变调，其他各家则认为只有后字阴入不变调，后字阳入则变同阴入。孰是孰非，可以通过比字来判断。以下各对字组前字同音，后字同声同韵，唯有单字调阴入和阳入对立，连读则变得完全同音，苏州人不能分辨，足以证明后字阳入的确变同阴入：

十一꜆ = 十页꜇ [zəʔ$^{\underline{23}}$iɪʔ^{5}]　　作揖꜆ = 作协꜇ [tsoʔ$^{\underline{23}}$iɪʔ^{5}]

合一꜆ = 合译꜇ [əʔ$^{\underline{23}}$iɪʔ^{5}]　　独一꜆ = 毒液꜇ [doʔ$^{\underline{23}}$iɪʔ^{5}]

六一꜆ = 绿叶꜇ [loʔ$^{\underline{23}}$iɪʔ^{5}]　　十恶꜆ = 实学꜇ [zəʔ$^{\underline{23}}$oʔ^{5}]

黑鸭꜆（子）= 黑盒꜇（子）[həʔ^{5}ᴀʔ^{5}(tsɿ)]

叶祥苓（1993）还认为前字为入声后字为舒声的两字组各有高低两种后降式和后曲式。例如“铁饼”的连调式不同于“铁桶”（5 51≠5 21），“国庆”的连调式不同于“吃饭”（5 513≠5 212），“学者”的连调式不同于“学士”（3 51≠3 21），“熟菜”的连调式不同于“熟饭”（3 513≠3 212）。由于举不出比字例证，上述区分难以确立。

促声式两字组连调可以列表如下：

表 8.2　促声式两字组连调

连调式名称	连调式调值		连调式调型	两字组						
	前字	后字		X1	X2	X3	X5	X6	X7	X8
阴入式	5	23	后升	发音	发形	发起	发布	发射		
阴入式	5	52	后降			发火	发奋	发动		
阴入式	5	5	后促						发作	发育
阳入式	$\underline{23}$	52	后降	律师	历时	历史	劣势	烈士		
阳入式	$\underline{23}$	5	后促						立足	力学
阳入式	2	44	后平	搿天	搿头	搿点	搿趟	搿浪	搿搭	搿粒

舒声式连调的后字一律发生中和型变调，促声式连调的中和程度不及舒声式连调。两类连调式都是由前字决定的，前字是整个连调式的基准，

称为基字（陈宝贤、李小凡，2008），基字居前的是前基字连调式。以上两类连调式均为前基字连调式。除此之外，苏州方言还有另外一类基字居后的连调式，其后字连读时一律不变调，是后基字连调式，后基字连调式的前字可以变调，也可以不变调，若变调则为简化型而非中和型（李小凡，2004）。

叶祥苓（1993）认为只有促声式连调基字才可以居后。谢自立（1982）则指出舒声式连调也有基字居后的，其中有两种格式前字要变调：一是前字阳平（23）变低平（22），二是前字阴去（412）变降调（41）。钱乃荣、石汝杰（1983）则将前一式的变调值22修正为33，后一式的变调值41修正为53，此外还增加了前字阳去（31）变平调（33）、前字上声（52）变半降（53）两种连调式。汪平（1996）保留前字阴去变降调的格式，取消前字阳平变低平和前字上声变半降的格式，增加前字阴平（44）、阳平（223）、阴去（523）、阳去（231）、阳入（$\underline{23}$）变前轻声（3）的5种格式。李小凡（1998）认为后基字连调式前字变调的共有以下3种：阳平、阴去和阳去三个曲折调在语速加快时，调长相对缩短以至脱落前半截或后半截。后基字连调式列表如下：

表 8.3　后基字连调式

2X	5X	6X
穷很新 dʑioŋ$^{223}_{23}$ sin^{44}	过关 kou$^{523}_{52}$ kuᴇ^{44}	是俚他 zɿ$^{231}_{23}$ li^{44}
穷灵好 dʑioŋ$^{223}_{23}$ lin^{223}	过桥 kou$^{523}_{52}$ dʑiæ^{223}	是人 zɿ$^{231}_{23}$ ȵin^{223}
穷崭棒 dʑioŋ$^{223}_{23}$ tsᴇ^{52}	过手 kou$^{523}_{52}$ sei^{52}	是鬼 zɿ$^{231}_{23}$ tɕy^{52}
穷臭 dʑioŋ$^{223}_{23}$ ts'ei^{523}	过胖 kou$^{523}_{52}$ p'ã^{523}	是贵 zɿ$^{231}_{23}$ tɕy^{523}
穷大 dʑioŋ$^{223}_{23}$ dou^{231}	过重 kou$^{523}_{52}$ zoŋ^{231}	是我 zɿ$^{231}_{23}$ ŋou^{231}
穷黑 dʑioŋ$^{223}_{23}$ həʔ$^{\underline{55}}$	过节 kou$^{523}_{52}$ tɕiɪʔ$^{\underline{55}}$	是铁 zɿ$^{231}_{23}$ t'iɪʔ$^{\underline{55}}$
穷熟 dʑioŋ$^{223}_{23}$ zoʔ$^{\underline{23}}$	过密 kou$^{523}_{52}$ miɪʔ$^{\underline{23}}$	是白 zɿ$^{231}_{23}$ bᴀʔ$^{\underline{23}}$

综上所述，苏州方言两字组分前基字连调和后基字连调两类，前基字连调又分为舒声式和促声式。舒声式连调的后字高度中和，只有一种变调值。促声式连调的后字有的发生不同程度的中和，有的不变调。后基字连调式的后字一律不变调。苏州方言多字组连调同样分前基字连调和后基字

连调两类，以多字组首字为基字的是前基字连调，以末字为基字的是后基字连调，两类连调式的连调规则截然不同。需要指出的是，字组是连调单位而非语法单位，它可以对应于词或大于词的语法单位。

前基字多字组连读，基字的表现与两字组的前基字相同，末字则一律中和为低降调21。首末字之间的其他字则可由前基字两字组推导，例如，三字组的中字按两字组后字是否已变成21而分两种情况：未变21的，中字变同两字组后字；已变21的，中字变成与前字调尾等高的平调。对n字组而言，只需确定第（n–1）字的连调值，其他字则与（n–1）字组一一对应。第（n–1）字的连调值是一个高度介于其前一字和后一字（末字）之间的舒声平调。综上，前基字多字组变调有两个特点：①末字的中和程度比两字组末字更高。两字组连调式的后字虽然都中和，但不同连调式后字的中和调值尚未统一，而多字组末字的中和调值则一律为21。②多字组连调式的总调型是两字组连调式的延伸，也就是首字单字调的进一步延伸。下面是前基字连调式总表。

表8.4　前基字连调式总表

<table>
<tr><th colspan="2">连调式名称</th><th>两字组</th><th>三字组</th><th>四字组</th><th>五字组</th><th>n(>3) 字组</th></tr>
<tr><td rowspan="5">舒声式</td><td>阴平式</td><td>44 21
天花</td><td>44 44 21
天花板</td><td>44 44 33 21
天花板浪上</td><td>44 44 33 22 21
天花板浪向上面</td><td rowspan="5">①首字：是整个连调式的基字。
②末字：一律中和变调为21。
③(n–1)字：舒声为不高于(n–2)字、不低于n字的平调；促声则与阴入单字调同。
④其他字：与（n–1）字组一一对应。</td></tr>
<tr><td>阳平式</td><td>22 44
平常</td><td>22 44 21
平常心</td><td>22 44 33 21
平平常常</td><td>22 44 33 22 21
平门汽车站地名</td></tr>
<tr><td>上声式</td><td>52 21
火冒发火</td><td>52 22 21
火冒哉</td><td>52 22 22 21
火冒煞哉极了</td><td>52 22 22 22 21
火冒三丈哉</td></tr>
<tr><td>阴去式</td><td>52 23
试试</td><td>52 23 21
试试看</td><td>52 23 33 21
试一试看</td><td>52 23 33 22 21
试试看末哉好了</td></tr>
<tr><td>阳去式</td><td>23 21
老早</td><td>23 33 21
老老早</td><td>23 33 22 21
老里百早很早</td><td>23 33 22 22 21
老里百早哉</td></tr>
</table>

（续表）

<table>
<tr><th colspan="2">连调式名称</th><th>两字组</th><th>三字组</th><th>四字组</th><th>五字组</th><th>n(>3) 字组</th></tr>
<tr><td rowspan="6">促声式</td><td rowspan="3">阴入式</td><td>5 23
一径一直</td><td>5 23 21
一家头一个人</td><td>5 23 33 21
一门心思专心</td><td>5 23 33 22 21
一似一脱式一模一样</td><td rowspan="6">①首字：是整个连调式的基字。
②末字：一律中和变调为 21。
③(n–1)字：舒声为不高于(n–2)字、不低于 n 字的平调；促声则与阴入单字调同。
④其他字：与（n–1）字组一一对应。</td></tr>
<tr><td>5 52
发火</td><td>5 52 21
鸭屎臭糟透了</td><td>5 52 33 21
黑眼乌珠眼珠</td><td>5 52 33 22 21
七老八十岁</td></tr>
<tr><td>5 5
一歇一阵</td><td>5 5 21
一歇歇一会儿</td><td>5 5 5 21
一塌刮子全部</td><td>5 5 5 44 21
一烙铁烫
平不偏不倚</td></tr>
<tr><td rowspan="3">阳入式</td><td>23 52
活动</td><td>23 52 21
活受罪</td><td>23 52 33 21
活灵活现</td><td>23 52 33 22 21
活猕爬肚肠
牵肠挂肚</td></tr>
<tr><td>2 5
搿答这里</td><td>2 5 21
搿答滩</td><td>2 5 44 21
搿只碗里</td><td>2 5 44 33 21
搿只碗里向</td></tr>
<tr><td>23 5
十一</td><td>23 5 21
十一点</td><td>23 5 5 21
十恶不赦</td><td>23 5 44 33 21
十万八千里</td></tr>
</table>

后基字多字组连调式的基字与两字组一样不变调，其他字则遵循后基字两字组的连调规则：三种舒声曲折调都要发生简化型变调，脱落本调的前半截或后半截。例如，“是我”作为两字组，“我”是后基字，不变调，“是”则脱落曲折调的后半截，由231变成23：[zɿ$^{231}_{23}$ ŋou^{231}]。而在三字组“是我大”中，“大”是后基字，“我”不再是基字，因此与首字“是”一样变调：[zɿ$^{231}_{23}$ ŋou$^{231}_{23}$dou^{231}]。

需要注意的是，在语流中，前基字连调和后基字连调往往交叉衔接。例如，“是我格的”的前两个字“是我”为语音变调，后两个字“我格”则为音义变调，① “我”既是前一个两字组的后基字，又是后一个两字组的前基字，一身兼二任，两个不同类的连调组分别受基字控制按各自的规则变调：是我格[zɿ$^{231}_{23}$ ŋou$^{231}_{23}$ gəʔ$^{5}_{21}$]。

① 前基字连调和后基字连调从性质上看分别是“语音变调”和“音义变调”，详见后文 8.2 节。——校者注

8.2 两类连调的不同性质及其共时层面

苏州方言连读变调十分复杂，不仅类型不一，还有同调异式现象，即单字调排列相同的两字组往往可以读不同的连调式。叶祥苓（1979a）指出，前字为阴去的两字组和前字为阴入、后字为阴去的两字组都有两种连调格式，但看不出分化条件。谢自立（1982）进一步指出该现象普遍存在于各类字组：前字为阳平、前字为阴去（后字为阴去、阳去除外），以及前字为阴入、后字为阳去的两字组各有两种连调式；前字为上声或阳去的两字组，以及前字为阴去、后字为阴去或阳去的两字组各有三种连调式，同一个词语也可以读不同的连调式，并称之为“跨式”。钱乃荣、石汝杰（1983）也指出有些字组兼有广用式和窄用式两种读法。

同样的单字调排列为什么会形成不同的连调式？这首先与这个两字组的前字和后字都可以充当基字有关，而前基字连调式与后基字连调式是两类不同的连调式。谢自立（1982）认为后基字连调式内部结合松散，不是严格意义上的连调单位；钱乃荣、石汝杰（1983）指出苏州方言存在着内部结合紧密的广用式（基字居前）和内部结合松散的窄用式（基字居后）两种不同的连调形式，并注意到此类字组多为谓词性；汪平（1996）则称前者为紧式，后者为松式。

李小凡（1998）曾将苏州方言后基字连调式分析为语流音变型，前基字连调式则为构词型；后来（李小凡，2004）进一步将前者的性质定为单一层面的语音变调，后者则为跨层面的音义变调。语音变调只发生声调的变化，音义变调在声调变化的同时还伴有语义变化。语音变调只产生调位变体，音义变调不仅是调位变体，而且是语义标记。二者的不同类似温岭方言的字调和变音（李荣，1978），前者只区别意义，后者不仅区别意义，还代表某种意义。语音变调和音义变调性质不同，连接的层面不同，所遵循的音变规律也不同，必须分别对待。例如，苏州方言“雇人”“个人”和“故人”的前字[kou^{523}]和后字[ȵin^{223}]分别同音，连调式却不同：“雇人（52 223）”是两个离散的单音节词构成的词组，采用基字居后的语音变调；“个人（44 21）”和“故人（52 23/44 21）”是偏正复合词，采用基字居前的音义变调，其中“故人”又有两种不同的连调式。又如，述宾词组"烧鸡[sæ tɕi]"连读时若采用语音变调，保持单字调调值不变（44 44），结构关系也不变；若采用音义变调，后字调值由44变为21，结构关系也由述宾变为偏正，同时，字组也由词组凝聚成了复合词。

对苏州方言的连读变调进行分类、定性和分层，有助于解释同调异式现象。例如，表8.1的"名人"和表8.3的"穷灵"单字调排列都是"阳平＋阳平"，但前者连调式是"22 44"，后者则是"23 223"。此类同调异式可作如下解释："穷灵"是基字居后的语音变调，连读时"穷"和"灵"的词义和语法意义均未发生变化，仅前字声调由223简化为23；"名人"是基字居前的音义变调，连读时前字由223变为22，后字由223变为44，同时，"名"和"人"由两个离散的单音节语素凝聚成一个双音节复合词，音义变调的前基字连调式"22 44"就成了复合词的标记，跟语音变调的后基字连调式"23 223"相区别。

8.3 连调式的漂移及其对单字调的影响

语音变调与音义变调的区分可以解释苏州方言的一部分同调异式现象，但音义变调从语音变调中离析出来后，其内部仍然存在同调异式。此类同调异式又与苏州方言单字调的一字多调和窜调现象有着某种内在联系。

汪平（1983）将舒声连调式（即音义变调）分为前字为阴调的阴调式和前字为阳调的阳调式，并指出前字为阴平、上声或阴去的两字组各自对应三种阴调式，前字为阳平或阳去的两字组各自对应两种阳调式。这就是音义变调内部的同调异式，具体表现如下：不同的人读同一个字组，往往有人读作甲连调式，有人读作乙连调式；同一个人读同一个字组，往往有时读作甲式，有时读作乙式。例如，前字为阳调的两字组往往既能念阳平式（22 44），又能念阳去式（23 21）：

前字为阳平：隆重 同志 平时 从前 存心 情况 形象 林冲
前字为阳去：动员 代数 导演 冷饭 代替 重视 避免 李逵

前字为阴调的两字组同调异式的例子见下表：

表 8.5 前字为阴调的两字组同调异式

前字 / 例词 / 连调	前字阴平		前字上声				前字阴去				
	天井 相信	欣赏 司马	口红 改良	厕所 可能	早饭 讨论	走走 九斤	教师 向来	衬衫 看见	退休 对策	锻炼 漂亮	破坏 布告
阴平式 （44 21）	+	+		+	+			+	+		+
上声式 （52 21）					+	+				+	+
阴去式 （52 23）		+	+	+	+		+		+	+	+

音义变调内部的同调异式非常普遍，一个字组究竟读哪种连调式常常难以确定，犹如水面上的漂浮物，不由自主地随风漂移。从微观角度看，一个个连调式的漂移似无定向；从宏观角度看，众多连调式的漂移却似有沿流：前字为阴平的字组大多稳定地读作阴平式，少数向阴去式漂移（欣赏、司马）。前字为上声的字组除了动词重叠式（走走）和数量词（九斤）尚能稳定地保持上声式读法外，多向阴平式或阴去式漂移，不少字组甚至已完全丧失上声式读法（口红、改良、厕所、可能）。前字为阴去的字组多数向阴平式漂移，少数向上声式漂移，也有一些已丧失阴去式读法（衬衫、看见）。两个阳调式看似互相漂移，但前字为阳平的字组大多能保持阳平式读法，前字为阳去的字组则多已丧失阳去式读法而只读阳平式，例如：地板[di^{22} pᴇ^{44}]、露水[lou^{22} sɥ^{44}]、并排[bin^{22} bɒ^{44}]。总而言之，宏观地看，舒声阴调式中，阴平式较稳定，阴去式次之，上声式则已趋于消亡；舒声阳调式中，阳平式较稳定，阳去式则多向阳平式漂移。需要注意的是：连调式的漂移只发生在三个阴调式之间或两个阳调式之间，绝不超越阴阳的界限。

连调式的漂移反映了各连调式之间的竞争，字组受到竞争力强的连调式吸引，就会漂离原先的连调式。三个阴调式中，阴平式是强式，阴去式较弱，上声式最弱；两个阳调式中，阳平式是强式，阳去式是弱式。连调式的漂移类似扩散式音变，总趋势是强式逐个吸引原属弱式的字组，变得越来越强，弱式则逐个失落原有的字组，变得越来越弱，最终有可能完全并入强式。

值得注意的是，舒声式连调（表8.1）的漂移对单字调系统产生了深刻影响，导致舒声单字调窜调或一字多调。单字调的窜调与连调式的漂移平行对应，范围只限于舒声调，入声调则很稳定，绝不窜调。舒声调的窜调有严格的阴阳界限和明确的方向：在三个舒声阴调内部，上声字、阴去字纷纷窜入阴平，阴平字则很少窜入上声或阴去；两个舒声阳调之间则以阳去窜入阳平为多。单字调系统的紊乱使得不少字可以读出多个声调，而那些不单用的字，其本调便可能失落，这些字的声调也就难以确定。陆基《注音符号 苏州同音常用字汇》（1935）就曾无奈地宣称："平上去三声，在苏州人嘴里是不大分别格。"窜调例字如下（多调字用发圈法标明又读的调类）：

清上念阴平：꜂左 叟 矩 ꜂岂 ꜂揣 ꜂否 帚 枉 鲜 颈 ꜂拥
清去念阴平：错 据꜄ 句꜄ 蔡 筷 桂꜄ 按꜄ 串꜄ 旦꜄ 爸 径
清去念上声：佐 ꜀亚 蔼 腕 饷 访 统 ꜀讽 ꜀饮 蒯 卷 谏
全浊上念阳平：腐꜅ 怠꜅ 陛꜅ 妓꜅ 技꜅ 婢꜅ 痔꜅ 绍 仕꜅ 被꜅ 鲍 荠
次浊上念阳平：燎 蠓 懵 岭 陇 乳꜅ 苇 俨 酉 尾꜅ 篓꜅ 拟꜅
全浊去念阳平：耙 务 驮 但꜅ 禅 邓꜅ 匠꜅ 羡꜅ 袖꜅ 旋
次浊去念阳平：谊 肄 屹꜅ 纬 味꜅ 涝 疗 谚 唁 酽 砚꜅ 柚

连调式的漂移仅限于音义变调。例如，"存心"前字为阳平，音义变调为阳平式（22 44），又读阳去式（23 21）；"存包"则为语音变调，前字曲折调（223）变升调（23），只有一种连调式（23 44），并不发生漂移。"避免"为音义变调，读阳去式（23 21），又读阳平式（22 44）；"避乱"为语音变调，前字曲折调（231）变升调（23），只有一种连调式（23 231）。"对策"为音义变调，读阴去式（52 23），又读阴平式（44 21）；"对我"为语音变调，前字曲折调（523）变为降调（52），只有一种连调式（52 231）。"看见"为音义变调，本为阴去式（52 23），漂移为阴平式（44 21）；"看书"为语音变调，前字曲折调（523）变为降调（52），只有一种连调式（52 44）。

8.4 两类连读变调的历史层次及其成因

音义变调和语音变调并存于今天的苏州方言，但并非同时发生、同步发展。如同音类的叠置一样，这两种音变形式也是不同历史层次的共存。古汉语词汇系统以单音节词为主体，声调具有区别词形的音位价值，无需连调式担负辨义功能。那时连读变调只是一种受单字调制约的纯粹的语流音变，有的变调是单字调的音位变体，有的则是与另一单字调相同的形态音位变体。随着某些实词虚化为语法后缀以及汉语编码方式由单音节向复音节的转变（徐通锵，1997），一部分连调式逐渐摆脱单字调的制约而自成体系，逐渐发展成为负载某种语义的音义变调，进而反过来影响单字调系统。也就是说，语音变调和音义变调的共时分层是语言系统历史演变的结果，音义变调是从语音变调滋生出来的，二者具有渊源关系。两类连调分别在不同的语言层面上发挥不同的作用，各自相安无扰，相得益彰。

历史层次不仅包括语言系统外部接触造成的移借层次，也包括系统内部正在进行或已经中断的扩散式演变造成的演变层次。苏州方言的音义变调就是一种演变层次，它源自语音变调，渐渐自成系统，最终成为并存的历史层次。早期，语音变调是苏州方言连读变调的主层，音义变调是创新的变层。随着音义变调的不断壮大，目前已上升为主层，语音变调则降为滞后的变层。理清了历史层次，苏州方言连读变调的同调异式和连调式漂移以及单字调的一字多调和窜调等复杂现象就能得到统一的合理解释。

苏州方言的音义变调虽已取代语音变调成为主层，但演变历程尚未终止，这就给我们提供了观察这一演变的机会。目前，舒声式连调和促声式连调的后字在摆脱单字调制约也即中和化的程度上还有差异。从表8.1可以看出，5种舒声连调式与5个舒声单字调一一对应，连调式由前基字控制，后字无论是何种单字调一律中和。由表8.2则可见，促声式连调有6种格式，后字尚未全部中和，因此不能与两个促声单字调一一对应。这表明促声式连调后字的单字调对连调式还有一定的制约作用，但阴阳调的对立已不复存在。当后字为舒声调时，阴入式和阳入式各已产生一种统一的连调式：后升式（5 23）和后降式（<u>23</u> 52）。显而易见，舒声式连调的演变在先，已经形成了与舒声单字调一一对应的简匀系统；促声式连调演变在后，尚未形成简匀系统，是语音变调衍生过程的中间环节。通常认为，音变一旦完成，就只呈现音变结果，其音变历程也就无从观察，只能通过与周边方言的比较，利用方言间的共时差异来推测。我们尝试从另一角度，即通过语音系统内部残存的音变中间环节来探究其演变过程，分析其历史层次。经过仔细观察，我们发现除了促声式连调之外，舒声式连调也存在历史演变的中间环节。

舒声连调式的漂移并未遍及各类字组。动词重叠、动词体貌结构、数量结构等字组都是音义变调，但其连调式与前字单字调一一对应，并不发生连调式漂移，例如：

前字阴平只念阴平式（44 21）：包包、推推，开过、挑仔了，三天、三年
前字上声只念上声式（52 21）：保保、掸掸，想过、讲仔了，九天、九年
前字阴去只念阴去式（52 23）：报报、对对，唱过、看仔了，四天、四年
前字阳平只念阳平式（22 44）：跑跑、谈谈，尝过、骑仔了
前字阳去只念阳去式（23 21）：抱抱、兑兑，买过、卖仔了，两天、五年

上述例子应该是音义变调从语音变调衍生的第一步，那时，舒声连调式与前字的舒声单字调一一对应，并不发生同调异式和连调式漂移。这些字组的前字与后字结合之后的整体意义并非两个单字意义的简单相加，前字大体保持单字意义，后字语义则发生某种变化，字组整体意义的构成都以前字为语义中心，后字则带附属性，连读时声调便发生弱化以至失落，于是形成了用前字声调包络整个字组的舒声式连调。这种音义变调逐渐向其他字组扩散，较早扩及的是体词性重叠式和后加名词缀的字组。例如：

前字阴平只念阴平式（44 21）：爹爹　哥哥　车子　开头
前字上声只念阴去式（52 23）：宝宝　姐姐　茧子　斧头
前字阴去只念阴平式（44 21）：泡泡　叫叫哨子　套子　盖头

前字阳平只念阳平式（22 44）：牌牌　强强小名　台子　甜头
前字阳去只念阳平式（22 44）：袋袋　奶奶乳房　妹子　纽头

以上例子也都只有一种连调式而不发生同调异式，但只用了3个舒声连调式，上声式和阳去式则弃而不用，前字为上声和阳去的字组分别读作阴去式和阳平式，前字阴去的字组则读作阴平式。于是，上声式和阳去式的弱式地位、阴平式和阳平式的强式地位便由此奠定，同时也打破了前字单字调与连调式一一对应的格局。究其原因，或许是音义变调具有了跨层性之后，独立性增强，以至于完全摆脱单字调的制约，与单字调系统彻底分离，出于连调系统的简化需要，阴调式和阳调式便分别发生了内部合并。

体词性重叠式和后加词缀的字组，语义重心也在前字，后字同样有附属性，并且都凝聚成了合成词。汉语复合词和词组的构件和构造规则都相同，差别仅在于内部结合是否紧密和有无专门意义，但二者通常并无明确的标志。复合词全由词根构成，词根之间互不附属，本来不必像重叠式和附加式合成词那样用有别于单字的连读变调形式来标记，但既然音义变调已经用作重叠式和附加式合成词的标记，也就可以用于复合式合成词。于是，音义变调就发展成了合成词的统一标记。

音义变调在复合词中进一步扩散，先扩及体词性的偏正式、联合式复合词，然后是谓词性复合词。由于音义变调已有强式和弱式的分别，加之复合词数量多、个性强，字组前字与连调式的对应便日渐松散，于是发生了连调式的漂移，进而反过来影响到其所由滋生的单字调系统，导致了单字调的窜调。

作为连读变调初始形式的语音变调是单纯的语音形式，不代表任何意义，其衍生形式音义变调则被赋予了特定意义，成为某种语法结构或语法单位的标记。这与词汇成分的语法化相似，词具有音义两面性，词的语法化先要消除原有的词汇意义，然后借用其语音外壳，在特定语境中赋予特定的语法意义。这两种情况都使得本非语法标记的成分变成语法标记，可谓殊途同归，由此看来，不妨将音义变调的衍生视为语音形式的语法化，而且是比实词虚化更为快捷的语法化途径。

参考文献

陈宝贤、李小凡（2008）闽南方言连读变调新探，《语文研究》第2期。

李　荣（1978）温岭方言的变音，《中国语文》第2期。

李小凡（1990）苏州话的字调转移及其成因，《缀玉集》，北京大学出版社。

李小凡（1998）《苏州方言语法研究》，北京大学出版社。

李小凡（2004）汉语方言连读变调的层级和类型，《方言》第1期。

钱乃荣、石汝杰（1983）关于苏州方言连读变调的意见，《方言》第4期。

汪　平（1983）苏州方言两字组的连调格式，《方言》第4期。

汪　平（1996）《苏州方言语音研究》，华中理工大学出版社。

谢自立（1982）苏州方言两字组的连读变调，《方言》第4期。

徐通锵（1997）《语言论》，东北师范大学出版社。

叶祥苓（1979a）苏州方言的连读变调，《方言》第1期。

叶祥苓（1979b）再论苏州方言上声和阴去的连读变调，《方言》第4期。

叶祥苓（1993）《苏州方言词典》，江苏教育出版社。

张家茂（1979）苏州方言上声和阴去的连读变调，《方言》第4期。

Edkins, Joseph (1853) *A Grammar of Colloquial Chinese: As Exhibited in the Shanghai Dialect.Shanghai*: London Mission Press.

九、闽南话入声韵尾的文白读音和历史层次[①]

中古音的入声韵有-p、-t、-k三种塞音韵尾，分别分布于咸、深（-p），山、臻（-t），宕、江、曾、梗、通（-k）等韵摄。闽南话大都较为完整地保留中古入声韵尾，如厦门、泉州、潮州地区；少数地区入声韵尾正逐渐消失，如雷州地区。

厦门话、泉州话的入声韵尾有-p、-t、-k、-ʔ，潮州话的入声韵尾有-p、-k、-ʔ，雷州话的入声韵尾有-p、-k。闽南话的-p、-t、-k韵尾一般出现在文读韵中，-ʔ韵尾则出现在白读韵中，形成了对当语言形式的叠置，其历史层次可作如下分析：文读 -p、-t、-k韵尾是主层，白读-ʔ韵尾是变层。目前-ʔ正在向舒化的方向发展。闽南话入声韵尾的历史层次显然比其他方言复杂，有必要深入探讨。

我们选取厦门、泉州、潮州、雷州4个闽南方言，对其入声韵尾的情况作全面考察，先建立四地入声韵尾的对应关系，再分别对其文读韵尾、白读韵尾以及无异读的字进行比较，并统计中古各韵摄对文白两类入声韵尾的辖字情况，以求揭示闽南话入声韵尾的变化过程及其历史层次形成的原因。所用字音材料如下：厦

---

① 本章采用北京大学博士生郑伟娜提交给方言研究课的课程论文《闽南语入声韵尾的分布及原因推测》的语料和大部分观点。该论文后来以《闽南语入声韵尾的分布现状及原因推测》为题发表于《汕头大学学报（人文社会科学版）》2012年第1期。

门话、潮州话采用《汉语方音字汇》（第二版重排本，2003），泉州话采用林连通《泉州市方言志》（1993），雷州话采用林伦伦《粤西闽语雷州话研究》（2006）。

9.1 四地入声韵尾的对应关系

9.1.1《广韵》入声韵尾与四地入声韵尾的对应关系

《广韵》入声韵尾和厦门、泉州、潮州、雷州四地的入声韵尾的对应关系分别如图9.1–9.3所示[①]：

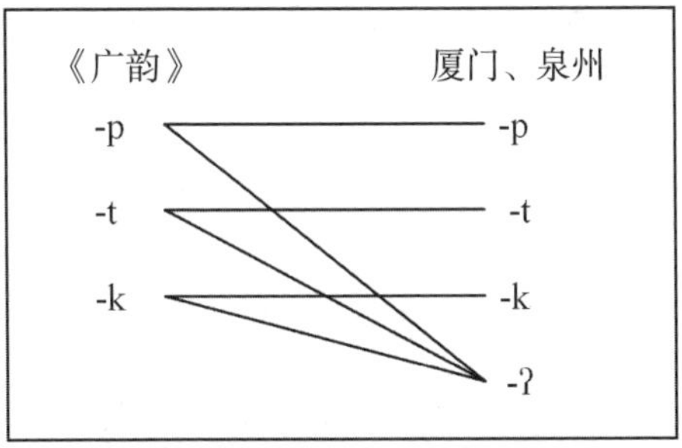

图9.1 《广韵》–厦门、泉州

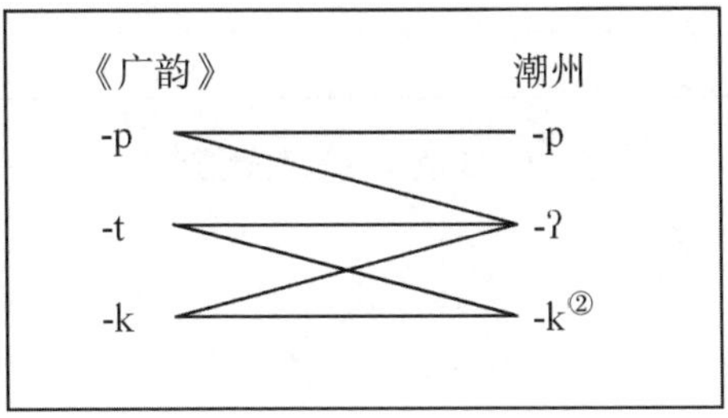

图9.2 《广韵》–潮州

---

① 图中“0”表示没有塞音韵尾。

② 原文图 9.2、图 9.3《广韵》-t 和潮州、雷州 -k 之间没有连线，郑伟娜（2012）也是如此。《广韵》-t 尾还对应这两个方言的 -k 尾。——校者注

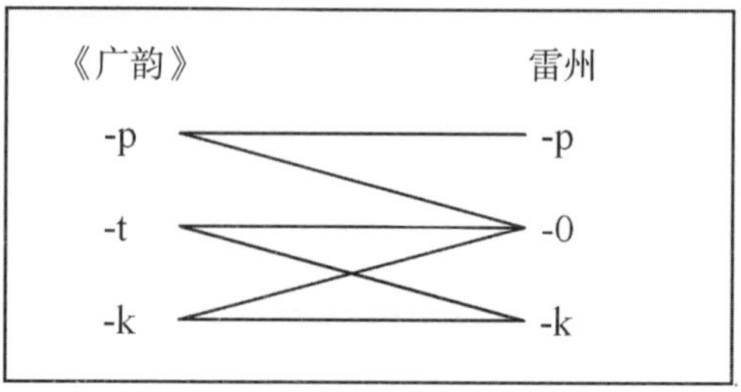

图9.3 《广韵》–雷州

9.1.2 四地入声韵尾之间的对应关系

对比四地字音，我们发现在没有文白异读的字中，厦门话、泉州话读-p、-t、-k的，潮州话、雷州话一般读-p、-k，厦门话、泉州话、潮州话读-ʔ的，雷州话一般舒化。四地入声韵尾之间的对应关系如图9.4所示：

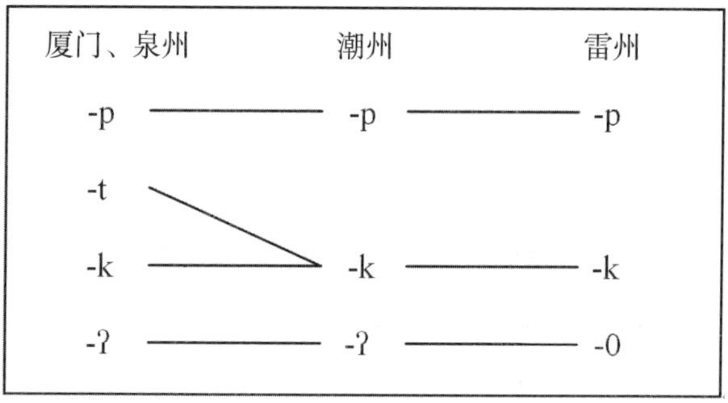

图9.4 四地入声韵尾对应关系

《广韵》中一部分入声字在雷州话中失去塞音韵尾，这是-ʔ韵尾的进一步舒化，所以下面考察中古韵摄所辖入声字时，-ʔ韵尾包括厦门、泉州、潮州的-ʔ和雷州的-0。

9.2 文白异读入声字的韵尾分析

9.2.1 闽南话文读入声韵尾分析

厦门话、泉州话入声字的文白异读十分复杂，潮州话、雷州话入声字的文白异读较为简单。我们将四地文白异读入声字的文读放在一起比较，发现它们高度一致：文读基本没有-ʔ韵尾，只有-p、-t、-k韵尾。例字见表9.1–9.4。厦门话、泉州话有文白异读的字很多（《汉语方音字汇》中厦门话有250多个，《泉州市方言志》中泉州话有350多个），表9.1、9.2不穷举；潮州话、雷州话有文白异读的字较少，表9.3、9.4穷尽列举。

表 9.1　厦门话文读入声韵尾例字

韵尾	例字
-p	十立粒笠（深）、夹狭甲猎折（咸）①
-t	说雪月伐末（山）、食蚀（曾）、物佛乞吉实（臻）
-k	药略削脚（宕）②、麦摘格客吓（梗）、桌啄朴觉剥（江）、目熟竹逐畜（通）、力息式色即（曾）③
-ʔ	——

表 9.2　泉州话文读入声韵尾例字

韵尾	例字
-p	十涩（深）、答踏塌插合（咸）
-t	七实物密漆（臻）、捋喝八杀别（山）
-k	各缚略索阁（宕）、驳啄卓剥学（江）、仆笃沃六局（通）、易百剧白辟（梗）、克逼则北贼（曾）
-ʔ	——

① 从此表看，厦门咸摄有文白异读的字文读音都是 -p 尾，但实际上不尽然。后文表 9.6 穷举了厦门咸摄有文白异读的例字，其中有的字文读音并不是 -p 尾，比如“乏”“捷”在《汉语方音字汇》中文读音分别为 huat、tsiɛt，都是 -t 尾。——校者注

② 此处宕摄原文有“却”字，郑伟娜（2012）也是如此。《汉语方音字汇》厦门“却”读 kʰiɔk，无异读，不能作为例字。——校者注

③ 此处原文有“出（臻）”，郑伟娜（2012）也是如此。《汉语方音字汇》厦门“出”读 tsʰut，无异读，也不是 -k 尾，不能作为例字。——校者注

表 9.3　潮州话文读入声韵尾例字

韵尾	例字
-p	狭夹接叠合[①]（咸）
-k	密一栗（臻）、曲腹叔畜畜生浴沃（通）、侧翼熄（曾）、喝喝彩拔别区别裂热揭撇节沫伐（山）、烙恶作约雀若脚（宕）、柏易辟脊液（梗）、学（江）[②]
-ʔ	席（梗）、宿（通）、落（宕）[③]

表 9.4　雷州话文读入声韵尾例字

韵尾	例字
-p	搭踏塔插闸匣压押鸭甲胛镊叠碟（咸）、什（深）
-k	撒热[④]歇节蔑铁阔挖刮月缺血（山）、密佛（臻）、食[⑤]刻力直色织（曾）、隔[⑥]百伯白脉册石笛（梗）、落[⑦]莫作昨索阁薄（宕）、驳浊壳学（江）、哭毒酷目六竹（通）
-0	席（梗）

---

① 原文此处无“合”字，郑伟娜（2012）也是如此。后文表 9.6 收了该字。《汉语方音字汇》潮州“合”有文白异读，文读 hap，这里补入。——校者注

② 潮州 -k 尾这格，原文臻摄无“密”，山摄无“别区别”，宕摄无“若”，曾摄字“侧”错放在臻摄，通摄字“沃”错放在曾摄，郑伟娜（2012）也是如此。后文表 9.8、表 9.7、表 9.13 收了“密”“别”“若”字。《汉语方音字汇》“密”“别区别”“若”文读音都是 -k 尾，这里补入。——校者注

③ 原文此处无“落（宕）”，郑伟娜（2012）也是如此。后文表 9.13 收了“落”字。《汉语方音字汇》潮州“落”文读 loʔ，这里补入。——校者注

④ 原文此处无“撒热”二字，郑伟娜（2012）也是如此。《粤西闽语雷州话研究》表二十五列了雷州话山摄今韵母，“撒”“热”白读都为 ua，下加单横线：撒、热；“撒”“热”都有其他读音，下面都未加横线：“热”还读 iek，“撒”还读 ak，疑漏加了表示文读的双横线。后文表 9.7 雷州话例字收了“撒热”，这里也相应补入。——校者注

⑤ 原文此处无“食”字，郑伟娜（2012）也是如此。《粤西闽语雷州话研究》表二十六列了雷州话曾摄今韵母，“食”文读 ik，白读 ia。后文表 9.12 雷州话例字收了“食”，这里也相应补入。——校者注

⑥ 原文此处无“隔”字，郑伟娜（2012）也是如此。《粤西闽语雷州话研究》表二十七列了雷州话梗摄今韵母，“隔”有 ek、e 两读，读 e 时下加表示白读的单横线：隔，读 ek 时字下未加横线，疑漏加了表示文读的双横线。后文表 9.10 雷州话例字收了“隔”，这里也相应补入。——校者注

⑦ 原文此处无“落”字，郑伟娜（2012）也是如此。《粤西闽语雷州话研究》（转下页）

表9.1–9.4显示，文读入声韵尾字除了个别例外，都不读-ʔ韵尾，而是按照中古韵摄分别读作-p、-t、-k韵尾。

9.2.2 闽南话白读入声韵尾分析

由于文读入声韵没有-ʔ韵尾，那么-ʔ韵尾字都是白读韵。表9.5–9.13按中古韵摄逐一列举文白异读入声字的白读韵尾例字：

表 9.5　深摄白读入声韵尾例字

方言点	-ʔ	-p
厦门	笠	十立粒①
泉州	笠	习吸涩十湿什拾汁缉蛰粒
潮州	——	——
雷州	——	什

表 9.6　咸摄白读入声韵尾例字

方言点	-ʔ	-p	-t
厦门	插夹狭恰鸭押甲压匣胁猎折接叠碟拉搭踏合纳答盒腊蜡塔②	捷塌	乏③
泉州	闸插夹狭炸恰鸭押甲压匣胛猎折接镊蝶碟踏合答盒沓腊蜡塔④	峡塌	乏(例外)
潮州	夹狭接叠合	——	
雷州	踏搭塔插闸⑤匣甲胛鸭压叠碟	镊	

（接上页）表二十八列了雷州话宕摄今韵母，“落”有 ok、o、ak 三读，后两读下加表示白读的单横线：落，读 ok 时字下未加横线，疑漏加了表示文读的双横线。后文表 9.13 雷州话例字收了“落”，这里也相应补入。——校者注

① 此处“粒”原文为“笠”，当是“粒”之误。郑伟娜（2012）为“粒”。“笠”在《汉语方音字汇》中白读为 lueʔ，不能放在 -p 尾这格。前文表 9.1 列了“粒”，这里也应当收入。该字在《汉语方音字汇》中有文白异读，白读 liap，应当放在 -p 尾一格。——校者注

② 厦门 -ʔ 尾这格，原文有“炸”字，郑伟娜（2012）也是如此。该字《汉语方音字汇》中有 tsa、tsaʔ、saʔ 三个音，但未注文白，文白异读不宜举此例。——校者注

③ 此处“乏”原文放在 -ʔ 尾一格而 -t 尾一格无字，郑伟娜（2012）也是如此。《汉语方音字汇》厦门“乏”白读 hat，这里将此字挪至 -t 尾一格。——校者注

④ 泉州 -ʔ 尾这格，原文例字与厦门话一样，与郑伟娜（2012）不同，有误。这里换成郑伟娜（2012）的例字。——校者注

⑤ 原文此处无“闸”字，郑伟娜（2012）也是如此。《粤西闽语雷州话研究》（转下页）

表 9.7　山摄白读入声韵尾例字

方言点	-ʔ	-t/-k
厦门	刷刮挖说雪绝袜月伐发缺血夺抹拨泼阔活沫末括脱八杀煞拔扎薛鳖舌折裂热彻泄歇揭截铁节切屑捏辣獭葛割渴喝擦	阅别哲撇结
泉州	刷刮挖说雪绝袜月伐发缺血夺抹拨泼阔活沫末括豁钵捋掇铡脱八杀煞拔扎薛鳖舌折裂热泄歇截铁节切屑捏篾獭葛割渴喝撒	滑猾悦阅脱别撇结
潮州	伐沫拔裂热别区别揭节撇喝喝采[①]	——
雷州	撒热歇节篾铁阔刮月缺血	——

表 9.8　臻摄白读入声韵尾例字

方言点	-ʔ	-t/-k
厦门	物乞	佛逸吉漆实密栗虱
泉州	物	术勃七一逸漆实密栗
潮州	——	密一栗
雷州	——	密佛

表 9.9　通摄白读入声韵尾例字

方言点	-ʔ	-k
厦门	肉俗	肉六轴覆目熟竹逐畜蓄菊宿腹叔曲录粟烛触促玉绿局狱浴毒沃木读独族
泉州	俗笃	肉陆六轴覆目熟竹逐宿腹叔曲幅烛玉绿局毒沃扑仆木读曝
潮州	——	宿腹叔畜畜生曲浴沃
雷州	哭[②]酷	六目毒

（接上页）表二十四列了雷州话咸摄今韵母，“闸”文读 ap，白读 a。前文表 9.4 收了“闸”，这里也相应补入。——校者注

① 此处原文有“撒”“末”“篾”字，无“沫”字。郑伟娜（2012）也是如此。《汉语方音字汇》潮州“末”无文白异读，这里当是“沫”。前文表 9.3 也收了“沫”字。《汉语方音字汇》潮州“沫”白读 buaʔ，当放在这里 -ʔ 尾这格。《汉语方音字汇》没有“撒、篾”的字音。——校者注

② 原文此处无“哭”字，郑伟娜（2012）也是如此。《粤西闽语雷州话研究》表二十八列了雷州话通摄今韵母，“哭”文读 ok，白读 au。前文表 9.4 收了“哭”字，这里也相应补入。另外，前文表 9.4 有“竹”字，查《粤西闽语雷州话研究》表二十八，“竹”文读 ok，白读 ip。这里未列 -p 尾一栏，未收入“竹”。——校者注

表 9.10 梗摄白读入声韵尾例字

方言点	-ʔ	-k	-t（例外）
厦门	划役疫拍脉麦摘隔策册核百额白宅拆伯格客择吓柏迫益迹石僻惜只赤席易液脊亦夕历壁锡滴绩觅	剧剔	笛踢
泉州	划役拍脉麦摘隔册核责擘百额白宅拆伯格客柏帛赫屐益迹石僻惜赤席易液脊辟尺历壁滴觅寂籴	剧①	笛的剔踢
潮州	柏席易液脊辟	——	——
雷州	白百伯脉册隔席石	笛	

表 9.11 江摄白读入声韵尾例字

方言点	-ʔ	-k
厦门	桌啄学朴觉镯	剥握浊驳②
泉州	桌啄学镯卓③	朴壳驳握戳剥④
潮州	学	——
雷州	驳学	浊壳

表 9.12 曾摄白读入声韵尾例字

方言点	-ʔ	-k	-t
厦门	蚀食抑即默勒塞则	北墨	力息式色忆翼熄贼刻克得
泉州	蚀食默则	测侧北墨	即力翼熄值墨贼克得
潮州	——	侧翼熄⑤	——
雷州	食	直织刻力色	——

① 原文此格有“剔”字，郑伟娜（2012）也是如此。查《泉州市方言志》同音字表，“剔”白读 t^hat，不应收入 -k 尾一格。——校者注

② 厦门“驳”原文放在 -ʔ 一格，郑伟娜（2012）也是如此。据《汉语方音字汇》，该字白读 pak，这里应放在 -k 尾一格。——校者注

③ 原文此格有“驳”字，郑伟娜（2012）也是如此。查《泉州市方言志》同音字表，“驳”白读 pak，不应收入 -ʔ 尾一格。——校者注

④ 原文此格无“剥”字，郑伟娜（2012）也是如此。前文表 9.2 有“剥”字。查《泉州市方言志》同音字表，该字白读 pɔk，这里补入。——校者注

⑤ 原文此格有“忆”字，郑伟娜（2012）也是如此。《汉语方音字汇》潮州“忆”有 ek、i 两个字音，后者是新读，与前者不是文白异读的关系，不能作为有文白异读的例字，前文表 9.3 未收，这里也删去。——校者注

表 9.13　宕摄白读入声韵尾例字

方言点	-ʔ	-k
厦门	郭廓着药掠削约雀脚勺钥弱略昨膜漠阁搁鹤索托烙恶作落博莫薄各骆洛络	落缚凿
泉州	郭廓着药掠削约雀脚勺钥嚼芍略昨膜阁鹤索托恶作落博薄各洛络诺泊胳踱	落凿缚①
潮州	约雀若烙恶作落脚②	落
雷州	莫作昨阁薄落索	落凿

表9.5–9.13显示白读入声韵尾-ʔ在中古韵摄中有以下分布规律：

1. 深、臻、通摄-ʔ韵尾只有少数几个字。至于曾摄，厦门、泉州有一批字读-t韵尾，但这些字对应于潮州、雷州的-k韵尾字，-t和-k在与-ʔ相对立上是一致的，可以视为同类。那么，曾摄读-k、-t韵尾的字也大大多于读-ʔ韵尾的字。我们称深、臻、通、曾4摄为A韵摄。

2. 咸、山、宕、梗摄集中了大量-ʔ韵尾字，而这几个摄的白读音很少读作-p、-t、-k韵尾。江摄字读-ʔ与读-k的都不多，这与江摄字在历时演变过程中受到多种因素影响有关，这里不赘述。但总的看来，江摄大部分入声字还是读-ʔ韵尾的。我们称咸、山、宕、梗、江5摄为B韵摄。

9.2.3 入声韵尾与中古韵摄和文白读音的关系

闽南话入声韵尾与中古韵摄和文白读音对应关系大致可以综合为表9.14：

表 9.14　闽南话入声韵尾在不同摄中的分布

文白读音	A 韵摄				B 韵摄				
	深	臻	通	曾	咸	山	宕	梗	江
文读	p	t/k	k	k	p	t/k	k	k	k
白读	p	t/k	k	k(ʔ)	ʔ	ʔ	ʔ	ʔ	ʔ (k)

① 原文此格无“缚”字，郑伟娜（2012）也是如此。前文表 9.2 有“缚”字。查《泉州市方言志》同音字表，“缚”白读 pak，这里补入。——校者注

② 原文此处无“脚”字，郑伟娜（2012）也是如此。前文表 9.3 有“脚”字，《汉语方音字汇》潮州“脚”白读 kieʔ，这里补入。——校者注

9.3 无异读入声字的韵尾分析

我们将潮州话无异读入声字韵尾的表现列为表9.15–9.17：

表 9.15 潮州话-ʔ韵尾无异读入声字

A 韵摄	深	笠
	臻	物质
	曾	蚀食职
B 韵摄	山	辣獭葛割渴八杀煞薛鳖舌折歇噎截铁抹拨泼阔夺撮活刷说雪绝袜月血缺
	宕	膜漠阁搁鹤索托委托托托盘着药掠削郭
	梗	拍麦脉摘隔责策册百白宅拆伯额格客择吓剧益璧僻惜积迹石只赤历壁锡滴绩划役
	江	驳桌啄乐音乐
	咸	腊蜡塔搭踏闸插夹猎折蝶碟

表 9.16 潮州话-p韵尾无异读入声字

A 韵摄	深	给习袭吸集急级及泣十湿拾汁执涩入立粒
B 韵摄	咸	纳答杂鸽盒榻塌涉霎扎恰掐匣业胁劫怯聂捷妾摄协谍帖贴法
	山	泄捏窃

表 9.17 潮州话-k韵尾无异读入声字

A 韵摄	臻	乞乙逸蜜笔毕必匹膝悉疾吉漆七实失室侄日虱瑟勃核骨窟不突卒忽术述出律率恤橘佛屈
	曾	肋北贼黑墨默刻克勒塞德得特则抑亿力逼息极即式饰植直织色啬测域国或
	通	酷毒督屋谷鹿禄木扑仆速读独牍秃族六轴粥肉福复覆服复陆目牧肃熟竹筑逐祝缩郁育畜蓄菊录粟俗赎束属蜀烛嘱触足促辱褥玉狱绿旭续局
B 韵摄	山	捺达擦瞎辖札扎察列烈灭孽杰设浙哲彻撤竭屑结洁切跌末括脱豁劣悦阅发出发发头发罚越粤掘穴决

（续表）

B韵摄	宕	酪凿莫博薄腭各乐快乐骆洛络诺勺钥嚼绰弱跃略虐疟鹊却廓霍缚
	梗	泽革核陌迫魄逆碧译夕适释觅溺劈析的笛敌狄击激寂戚踢剔惕吃获
	江	雹角剥壳朴握朔捉浊岳觉确
	咸	喝跌乏

表9.15–9.17显示，在潮州话无异读的入声字中，-p、-k韵尾和-ʔ韵尾的表现也不同，A韵摄今读-ʔ韵尾的很少，B韵摄今读-ʔ韵尾的字很多。两类韵摄形成鲜明的对比。而对-p、-k韵尾来说，A韵摄和B韵摄辖字均衡，没有明显差异。

根据9.2的分析，B韵摄入声文白读在-p、-k韵尾与-ʔ韵尾的表现上大不相同，我们据此推测，无异读入声字韵尾的分化可能受到了“文白异读”的影响。

为了证实这一推断，我们将B韵摄的字打乱，采用“勾取生活日常用字”（白读字）的方式对一名50岁的潮州男性进行调查。结果是：表9.15–9.17的95个-ʔ韵尾字勾取出69个，将近73%；而138[①]个-p、-k韵尾字只勾取出12个，不到9%。这进一步证实，-ʔ韵尾字大多数属于白读层，而-p、-k韵尾字则属于文读层。

由此可见，-ʔ韵尾主要来自B韵摄的白读入声韵。

9.4 闽南话入声韵尾的历史层次问题

闽南话以历史层次丰富而著称，其韵母系统叠置了多个历史层次，其中既有变层，又有借层。就入声韵尾而言，-ʔ是方言自身的演变层次似乎没有问题，但作为主层的-p、-t、-k，其性质是本有的还是移借的则需深入探讨。

刘泽民（2009：114）认为闽南话的“入声系统是两个历史层次的叠加，早期入声韵尾合流为-ʔ，晚期又从权威方言中借入了一个-p/-t/-k三分

① 原文为“140”。——校者注

的入声韵尾层次，两个层次共存。这种双层型主要体现在闽语中”。这种看法颇有代表性，但尚缺可靠的证据。假如闽南话入声韵尾真的是先合流为-ʔ，后又从权威方言借入-p、-t、-k三分的入声韵尾层次，所有入声韵摄就应该有相同的表现，但为什么A韵摄和B韵摄会有不同的表现呢？不解释好这个问题，移借说就难以确立。

我们不妨换一种思路，先不假设-p、-t、-k是晚于-ʔ的移借层次。那么，-p、-t、-k变成-ʔ无疑是方言的内部演变，假如这种演变是有条件的，符合条件的就变或先变，不合条件的就不变或后变，那就有可能形成固有层次-p、-t、-k与创新变层-ʔ的叠置。按此思路，问题的关键就在于-p、-t、-k到-ʔ的变化有没有语音条件。

我们认为，A韵摄和B韵摄主要元音的差异就是这样的语音条件。A韵摄主要元音舌位较高，音长较短，通常称为短元音；B韵摄主要元音舌位相对较低，音长较长，通常称为长元音。长元音韵母的塞音韵尾由于受到长元音的挤压，发音时间太短，逐渐由-p、-t、-k弱化成-ʔ，进而完全脱落，变成舒声韵，因此B韵摄的白读入声字变成了今天的-ʔ韵尾甚至完全舒化。而B韵摄[①]中的文读入声字由于不常用于口语，所以发展缓慢，依然保留早先的-p、-t、-k韵尾。短元音韵母的塞音韵尾由于发音时间未受挤压，塞音韵尾-p、-t、-k得以保留。

以上分析可以得到粤方言的佐证。总的来说，粤方言完整地保留了《广韵》-p、-t、-k韵尾，但某些方言点的某些入声字韵尾也开始弱化成-ʔ。根据陈晓锦（2001）的研究，东莞粤语中，“韵尾演变最彻底的入声舒化现象咸、山、宕、江、梗五摄都有，舒化后的入声音节有的归成‘变入’调，有的归入去声”（陈晓锦，2001：173）。宝安粤语中，“入声则收喉塞音[-ʔ]尾，也有入声失落辅音尾，归并到阴平35调中的……这种现象在咸、山、宕、江、梗、通等摄都有发生”（陈晓锦，2001：173）。据杨蔚（2003：308–315）研究，广州话中上阴入的韵母主元音舌位较高、音长较短，例如[ɐ]；下阴入的韵母主元音舌位较低、音长较长，例如[a]。而这两个主要元音的分布情况是：“以广州、广宁为例，广州话山摄、宕

---

① 原文为“A 韵摄”。上一句“因此 B 韵摄的白读入声字”系校者所加。——校者注

摄没有[ɐ]类主元音，咸摄除‘恰’字、江摄除‘捉’‘浞’字外，几乎没有[ɐ]类元音分布。广宁话咸摄、宕摄、江摄没有[ɐ]类主元音，山摄除了‘獭’‘瞎’字外，几乎没有[ɐ]类主元音，[ɐ]类元音较一致地集中在深摄、臻摄、曾摄、梗摄、通摄，尤其是深摄、曾摄、梗摄、通摄，在这一点上广州、广宁是一致的，在我们所考察的粤语中多数点情况是一致的。”而在考察塞音韵尾情况时，杨蔚指出“下阴入先行舒化是趋势”。关于“下阴入先行舒化”，黄家教（1984：428）早就谈到过：“（广州）与中入相配的入声韵，主要元音拉长，韵尾逐渐弱化，-k已似-ʔ，整个入声韵逐渐舒化，这是入声消亡的信号。”综上所述，粤方言长元音韵母先行舒化，这些韵摄包括咸、山、宕、江、（梗）。

刘勋宁（1983/1998：73–90）对陕北清涧话的研究也发现深、臻、曾、通四摄入声字今读仍为入声，咸、山、宕、江四摄则多读舒声。清涧话入声韵的分化呈现出与广州话的一致性。他据此推测，古汉语可能像同语系的其他语言一样，曾经是一个有长短元音对立的语言。

由此看来，在作历史层次分析时，不能简单地作出“从权威方言借入”的判断。假如内部演变和外部移借两种可能性都存在，宁可先作内部演变的假设。

参考文献

北京大学中国语言文学系语言学教研室编（2003）《汉语方音字汇》（第二版重排本），语文出版社。
陈晓锦（2001）广东粤语的鼻音韵尾和入声韵尾，《方言》第2期。
黄家教（1984）从“等”来看广州方言入声消失的迹象，《音韵学研究》第1期。
侯兴泉（2005）关于广州话-k塞尾入声变化的调查实验，《暨南学报（哲学社会科学版）》第2期。
林连通主编（1993）《泉州市方言志》，社会科学文献出版社。
林伦伦（2006）《粤西闽语雷州话研究》，中华书局。
林伦伦、陈小枫（1996）《广东闽方言语音研究》，汕头大学出版社。
刘勋宁（1983）古入声在清涧话中的分化与广州话的长短入，《语言学论丛》第10辑，商务印书馆；又载于刘勋宁《现代汉语研究》，北京语言文化大学出版社，1998。

刘泽民（2009）汉语南方方言入声韵尾的类型及其演变，《上海师范大学学报（哲学社会科学版）》第5期。

杨　蔚（2003）粤语古入声字分化情况考察，詹伯慧主编《第八届国际粤方言研讨会论文集》，中国社会科学出版社。

郑伟娜（2012）闽南语入声韵尾的分布现状及原因推测，《汕头大学学报（人文社会科学版）》第1期。

十、王力《汉越语研究》对历史层次的探索和启示

汉语方言历史层次分析是20世纪80年代逐渐兴起的一种理论方法，目前正在向纵深发展，但尚未成熟定型。而早在1948年，王力先生的《汉越语研究》已经对作为域外方言的“汉越语”的历史层次现象作了翔实的描写和深入的分析。他的这一探索相当超前，其中有些思想对当前历史层次分析的理论构建仍有启示性。

10.1 《汉越语研究》对历史层次的探索

《汉越语研究》发表于《岭南学报》第9卷第1期，长达128页，相当于一部专著，[①]是研究越南汉字音的扛鼎之作。汉越语即高本汉《中国音韵学研究》所用3种域外方言之一的安南译音。

《汉越语研究》依据越南语的文献，参照汉语中古音，归纳

① 这篇文章见于《岭南学报》该期 1–96 页，总页数不是这里所说的页数。这篇文章后来收入《王力文集》第 18 卷 460–587 页（山东教育出版社，1991），有改动。这里的页码与王力（1991）的页数相符。本章引用《汉越语研究》时原来未注出处，经查，凡与王力（1948）不一致之处均与王力（1991）相符，大概参考的就是这个版本。——校者注

出越南汉字音的声韵调系统，进而与汉语方音和古音作比较，深入探讨了一系列语音演变和音韵史问题，发现了不少在汉越语中仍然保存而在汉语方言中已趋消失的音韵史证据，例如（王力，1948/1991：480）：

> 喻母在《切韵》系统里显然分为两类：喻三和喻四，非但在中古有别，它们在上古也是有别的。可惜在汉语各处的方言里无从证明这一种分别，现在汉越语里的喻三和喻四截然不紊，这是很好的一个证据。

又如（王力，1948/1991：503）：

> 在韵摄中，鱼虞是没有分别的，在汉越语里，它们的分别却是十分清楚。……一个遇摄分为四个主要元音，这是汉语任何方言所没有的现象。

再如（王力，1948/1991：524）：

> 粤语本该有-m的，但广州“禀”“品”都读pɐn。汉越语“禀”“品”都能保持着字尾-m，这是很难得的。

《汉越语研究》对汉语音韵史研究的价值众所周知，但它对越南语和越南汉字音历史层次现象的描写和分析长期以来却未引起学界关注。“历史层次的本质是共时语言系统的同一层面内若干对当语言形式成系统地并存共现”（李小凡，2010），《汉越语研究》首次揭示了越南语词汇和越南汉字音中的此类现象。越南语中表示相同意义的语素往往有两个，一个构成汉越语词，用于文言，源自汉语；另一个构成越语词，用于白话，源自泰语或高棉语或来历不明。例如（王力，1948/1991：470–471）：

> 同意义的两个字，其中往往有一个是汉越语，用于文言，另一个是泰语或高棉语或来历不明的字，用于白话。例如：

汉字	文言（汉越语）	白话
贫	bən^{2}（bən^{2}tien^{6} 贫贱）	nghEO^{2}（nha^{2}nghEO^{2} 贫家）
六	luc^{6}（luc^{6}suc^{5} 六畜）	sau^{5}（sau^{5}thang^{5} 六个月）

天	thien^{1}（thien^{1}dang^{2} 天堂）	giɐi^{2}（giya^{4}giɐi^{2} 天空里）
难	nan^{1}（gian^{1}nan^{1} 艰难）	khɔ^{5}（khɔ^{5}biet^{5} 难知）
见	kien^{5}（chyng^{5}kien^{5} 证见）	thəy^{3}（cɔ^{5}thəy^{5}khong^{1}看见吗）

在汉越语词“贫贱”和越语词“贫家”中，意义为“贫”的语素有bən^{2}和nghɛo^{2}两个词形。此类词形不同、语用环境和词语风格不同的同义语素成系统地并存于越南语的词汇系统中，形成词汇层面以语素为基本单位的历史层次。

汉越语词作为越南语词汇系统中的一个历史层次，其汉字读音自成系统，这个字音系统中又有叠置并存的对当语音形式，从而形成语音层面以音类为基本单位的历史层次。越南汉字音的主体层是唐代借入的汉字读音，除此之外，另有一些汉语借字的读音比唐音更古老。例如，汉越语的“雁”读作nhan^{6}，“鹅”读作ngan^{1}，后者不合唐音。这是因为上古汉语“雁”与“鹅”同义（《说文解字》：雁，鹅也），ngan^{1}其实是上古汉语“雁”的音①，而“雁”另有一个来自唐音的读音nhan^{6}，实际上是一字两读。其异读表现为声母和声调的双重叠置。两个读音中，ngan^{1}比nhan^{6}更古老。

另一种情况是，有些越南汉字音借入之后发生了音变，比唐音“多走了一步”。例如（王力，1948/1991：552），匣母字在越南语中往往有两种读音：划hoach^{6}/vach^{6}、祸hoa^{6}/va^{6}、镬hoac^{6}/vac^{6}，前一读来自唐音，后一读由前一读演变而成，其音变历程为：

> 匣母合口呼的字，本来应该是读hw-的，后来有些常用字的[h]失掉了，只剩一个[w]，又变为[v]（其实越南的v与w颇近似）。

王力主张以历史的、系统的眼光考察语言演变。王力（1984）在谈到治学经验时说：

> 语言的历史发展也是系统的。从一个时代变到另一个时代，是一个新的系统代替一个旧的系统。它不是零零碎碎地变的。所以我们研

---

① 以上关于“雁”“鹅”的读音及分析参见王力（1948/1991：534）。

究语言史决不能零敲碎打，而必须对整个语言系统进行全面的审查。

基于这样的认识，他将越南汉字音分为“古汉越语”“汉越语”和“汉语越化”三个不同的系统（王力，1948/1991：533）：

> 所谓古汉越语，指的是汉字尚未大量传入越南以前，零星传到越南口语里的字音。这个时代，大约是在中唐以前。它们是比汉越语更古的一种语言形式。所谓汉语越化，和古汉越语恰恰相反，它们的产生，是在整套的汉越语传入了之后。

《汉越语研究》问世于半个世纪之前，那时学界尚无历史层次之说，但王力先生的上述思想与后来的历史层次是一脉相通的。例如，《汉越语研究》“鱼虞两韵的古读”一节指出：汉越语的鱼韵读y，虞韵读u；古汉越语则分别为ya、ua。“墓”字本作mua音，其后受唇音影响丧失了u音，就只读作ma而与麻韵混了。“声调的越化”一节又指出：“其实声调无所谓越化，只有误读。越化语声调之不合于汉越语者甚多”，其中有一条是阳去调读作阳平调，所举的17个例字[①]中包括“墓”字：mo^6—mo^2。综上，“墓”的三个读音分属于古汉越语（ma^3）、汉越语（mo^6）、越化汉语（mo^2）。三十年后，罗杰瑞（1979）也分析了越南语“墓”字的读音，与王力如出一辙。他将闽语词汇分析为秦汉、南朝、晚唐三个时代层次，并指出（罗杰瑞，1979/1994：47）：

> 我觉得上面所说的情况不是闽语独有的。借入越南语的汉语词汇可以分成同样的层次。比方说，“墓”字在越南语里有三种说法：mả，mô，mộ。这三种形式正好分别属于上面所说的闽语的三个层次。

王育德用日文撰写的博士论文《闽音系研究》（1968）据称与今天的历史层次分析法“几乎完全一样”（秋谷裕幸、韩哲夫，2012），而《汉

① 根据王力（1948/1991：559–560），例子一共16个，有14个为单字词，有两个为双字词，其中“玳瑁”两个字都注了音，都是阳去读作阳平；“运韵”只有“运”注了音，“韵”未注音，大概是因为“韵”不属于阳去读阳平的情况。这样，注了字音的字共17个。——校者注

越语研究》仍比之超前二十年。王力先生探索历史层次的学术眼光令人叹服，其中的学术营养更值得吸取。

10.2《汉越语研究》历史层次观的启示

近年来，语音层面的历史层次分析正在向纵深发展。其基本思路是从共时音系中将来自外音系的层次离析出去，以求确保构拟原始语所依据的语音形式都是本音系固有的，因为“历史比较法所能还原的是每一个语言各自独立地在没有受到其他语言影响的情况下产生的语音演变”（秋谷裕幸、韩哲夫，2012）。这种思路基于以下认识：叠置着若干历史层次的共时音系混杂有本音系和外音系的不同成分，性质并不单纯，故需将外来层次离析出去；离析后的历史层次要么是原始音系自行演变的某个阶段，要么是从外音系借入的，其性质泾渭分明，一成不变。

《汉越语研究》则认为历史层次形成之后还会发生变化，其性质可能变得模糊不清。汉越语本是越南语的外来层次，但借入越南语后，有可能跟越南语的固有层次融为一体，其性质就不再单纯，层次也难以离析（王力，1948/1991：533）：

> 所谓古汉越语，指的是汉字尚未大量传入越南以前，零星传到越南口语里的字音。这个时代，大约是在中唐以前。它们是比汉越语更古的一种语言形式。所谓汉语越化，和古汉越语恰恰相反，它们的产生，是在整套的汉越语传入了之后。但是，前者和后者有一个共同之点：它们都是脱离了汉越语，混入了日常应用的越语里去了的。它们在越语里生了根，完全改变了汉家的面目，越南语里再也少不了它们。将来汉越语也许将会渐趋消灭；但是，那些和越南话融为一体的古汉越语及越化汉语是永远不会消灭的。古汉越语好比汉族人在越南住了十几代，现在已经没有人知道他们是汉族的血统了。越化汉语好比汉族人和越南人结婚生的儿子，事实上他们已经不是纯粹的汉族了。

这种认识近年来得到了方言事实的支持和学界的认同。朱晓农2008

年在香港中文大学“历时演变与语言接触：中国东南方言国际研讨会”的口头讨论中打过一个与“混血儿”异曲同工的比方：江河水从源头流向大海，沿途有百川汇入，其下游的每一滴水都难以分清来自哪一条支流。

王士元（2000：71、109）将此类外来层次和原有层次的互动演变称为“双向扩散”：

> 潮州方言里有力的证据表明，两个语言系统混合之后就进入彼此依存的关系互相影响。我们创造“双向扩散”这个名称来指明，……内外部系统的依存性一旦确立，词汇扩散和方言混合就不再矛盾了。……这种音变互动的模式包容了内部的和接触引发的演变，可以适用于其他情况下类似的音变。

袁碧霞（2011：233、241）将此类外音系借入成分与本音系成分一起发生共时音变的现象称为层次和演变的“交集”：

> 闽东方言共时音系中却有同一韵母读音兼具音变和层次双重身份的情形。这种情形在闽东方言内部具有系统性。……层次是外来源在语言接触过程中的沉积，而非某一语言自身的内部演变。但由于历史层次分析建立在对某一语言共时平面的音系分析的基础上，那么，这原本不同质的两种现象就可能在共时音系产生交集。这启发我们，对一种语言共时音系层面的深入认识有时要借助对它不同历史来源的考察，而历史层次分析的方法和理论也还有待进一步发展和完善。

以上情况表明：历史层次固然可以按其来源分为外系统移借和本系统自变两类，但这仅限于当前的共时系统。从共时音系中叠置的对当语音形式入手，根据它们在有据可凭的早期音系中的音韵地位，凭借它们的文白差异，可以将早期音系到当前音系这一时段内未发生“双向扩散”而形成“交集”的外来层次离析出去，从而确定剩下的历史层次在上述时段内并未混入外音系成分，但这并不意味着该层次在此之前也从未混入过外来成分。另一种情况是，外部移借的层次经过叠置竞争最终取代了原有的主体层，层次叠置的局面不复存在，这个外来层次也就无从剔除了。如此看来，历史层次分析未必能够彻底剔除共时音系中的外来层次。

历史层次分析以剔除外来层次为己任是为了确保构拟原始语所依据的语料都是本音系固有的，其前提是假设原始语中不包含外来层次。一般认为，构拟原始语应该遵循这一基于谱系树模型的理论假设。施莱歇尔（1863/2008：376–377）的谱系树模型要点如下：

> 像达尔文对动植物种类的渊源关系所作的描述那样，我们也可以用一些谱系树来描绘已知的语族。……这里我们只画出印度-日耳曼一个语系的谱系树，我们可以把它看作这个语系形成的图景。……我们这幅图的含义，可以表述如下：在人类历史上的某个较早的生活时期，存在过一种语言，即印度-日耳曼原始母语；我们从源于这一原始母语的印度-日耳曼诸语言上，有相当的把握推导出这种古老的语言。经过许多代人以后，讲这种语言的人民想必增加了，并且分散了开来，在不同的居住地区逐渐形成了不同的特性，于是，从一种语言中便生成了两种语言，也可能存在过若干种语言，但只有两种得以生存下来，继续发展。所有后来的语言分化也都以同样的方式发生。上述两种语言中的每一种，本身又多次卷入分裂过程。

然而，问题在于这样的语言是否真实存在。施莱歇尔（1863/2008：378）对此是肯定的：

> 我们能够确凿地证明，某些语言分化成了更多的语言、方言或土语，对有些语言和亲属语言，我们甚至可以观察到它们有两千多年的历史，因为它们的早期形式在文字中基本保留了原貌。……而在这样一些语言中真实存在的东西，我们可以假定也存在于其它语言里，尽管后者的早期形式已经消失得无影无踪。

值得注意的是，坚持用严格的历史比较法依据现代方言构拟汉语原始语的普林斯顿学派的观点则有所不同。他们一方面剔除书面语中外来的文读音，只用口头使用的白读音构拟原始语，一方面又认为这样构拟出来的原始语包含外来层次，并怀疑不含外来层次的原始语的真实性。罗杰瑞（1979/1994：46–47）指出：

我拟构共同闽语，一般假设凡是带鼻化元音[1]或喉塞音韵尾的闽南话语词都来自口语或俚俗语，因而可以用来拟构共同闽语。……从另一个观点来看，我所拟构的共同闽语并不是内部一致的方言，它包括时代远近不同的成分，同时也可能包括不同地区的次方言。不过我认为所有拟构出来的共同语都是这种性质；如果一个语言完全没有借词，那才叫奇怪。

秋谷裕幸、韩哲夫（2012：317）强调原始闽语的不同层次“叠加在早于原始闽语的阶段”，进而认为：

如果原始语包含着层次，那些层次都是所有子孙语的共同遗产。运用比较方法的时候一定要保持这些层次，要不然所构拟出来的词汇和音系不会正确地反映真实的原始语。实际上，包括运用比较方法而构拟的原始语在内的所有语言也都包含着不同来源的层次。

基于这种观点，他们认为历史层次分析法的以下做法“不一定是对的”（秋谷裕幸、韩哲夫，2012：317）：

通语层次分析法认为原始语（就是说，一组有谱系关系方言的共同祖先）应该是一个完全没有层次的纯粹语言，坚持要把方言所包含的所有的层次离析后才能开始进行原始语的构拟。

一般认为，若不剔除共时音系中的外来层次，就会在原始语中构拟出外音系的成分；剔除共时音系中的外来层次后，依据“独立地在没有受到其他语言影响的情况下产生的语音演变”来构拟，就不会将外音系的成分构拟到原始语中。而秋谷裕幸、韩哲夫实际上将外来层次分为两种，一种是子方言自身吸纳的，一种是母方言遗传的，构拟原始语要剔除前者，保留后者。这好比父母若有外族血统，必定会遗传给子女，而子女自身不一定与外族结合。这种观点有其合理性。不过，语言的嬗变并无谱牒可查，若无确凿证据，很难断言外族血统出自哪一代。方言里实际存在的文白异读

① 原文“音”为“首”，当误。

是观察历史层次最系统、最可靠的语言事实，若无语言事实可凭就无法进行历史层次分析。若将历史层次的时代往上推，只能暂时避开当前离析历史层次的麻烦，却无法取消析层问题，而年代久远的历史层次似乎无从离析。

综上所述，既然历史层次分析法未必能彻底离析外来层次，既然原始语本身也可以包含外来层次，历史层次分析的目标和任务就需要重新考虑。

历史层次分析法不应以构拟原始语为最终目标，其作用并不仅仅是为了弥补历史比较法的局限。王力先生将越南汉字音分析成古汉越语、汉越语和越化汉语三个历史层次就不是为了构拟原始语，“而在于希望研究的结果可以帮助汉语古音的探讨”。历史层次分析不仅有助于古音研究，在“处理和解释汉语方言异常丰富的异读和条件不明的特殊音变现象”（李小凡，2010）方面还有着更加广阔的用武之地。正如罗仁地（2006：28）所言：

> 描写某种语言的学者不一定构拟原始形式，他们的研究目的在于了解哪种形式可以变成另外的哪一种形式，换句话说，就是了解某种形式可能是从哪些形式演变过来的。

参考文献

李小凡（2010）论层次，《中国语言学》第4辑，北京大学出版社。

罗仁地（2006）历史语言学和语言类型学，《北京大学学报（哲学社会科学版）》第2期。

秋谷裕幸、韩哲夫（2012）历史比较法和层次分析法，《语言学论丛》第45辑，商务印书馆。

王　力（1948）汉越语研究，《岭南学报》第9卷第1期；《王力文集》第十八卷，山东教育出版社，1991。

王　力（1984）我的治学经验，《高教战线》第5期。

王士元（2000）语音演变的双向扩散，王士元著、石锋等译《语言的探索——王士元语言学论文选译》，北京语言文化大学出版社。

袁碧霞（2011）音变与层次在闽东方言共时层面的交集——以深、臻摄为例，《方言》第3期。

August Schleicher (施莱歇尔) (1863) Die Darwinsche theorie und die sprachwissenschaft, Weimar: Hermann Böhlau；中文译文《达尔文理论与语言学》，姚小平译，《方言》2008年第4期。

Norman, Jerry (罗杰瑞) (1979) Chronological strata in the Min dialects,《方言》第4期；中文译文《闽语词汇的时代层次》，梅祖麟译，《大陆杂志》1994年第88卷第2期。

十一、闽粤方言古全浊声母的文白异读和历史层次

11.1 引言

中古全浊声母塞音、塞擦音在汉语方言里的读音有多种不同类型，是方言分类的各项标准中区分度最高，在共时音系中牵涉面最广，也最具历史深度的音类标准。据此可以将汉语方言分为以下7类：（1）保留全浊声母系统——吴方言。（2）清化为不送气音——平话。（3）清化为送气音——客赣方言。（4）平声清化为送气音，仄声清化为不送气音——官话。（5）平声清化为送气音，去声、入声清化为不送气音；上声今读阳上的清化为送气音，今读阳去的清化为不送气音——粤方言。（6）多数字清化为不送气音，但有“一致的例外”——闽方言。（7）舒声字大都仍为浊音，部分字已清化为不送气音；入声字大都清化为送气音，部分字仍为浊音——湘方言。（李小凡，2012）

以上类型中，吴方言全浊声母至今仍与全清、次清鼎足三分，音类格局保持未变。平话和客赣方言全浊声母整体并入全清或次清声母，音类内部未曾分化。官话全浊声母按声调的平仄分别并入全清和次清声母，发生了有条件的音类分化。以上类型一般没有文白异读，也没有历史层次的叠置。粤方言全浊声母逢平

去入三声与官话相同，但全浊上声字的声类和调类都无条件地一分为二。闽方言全浊声母多读不送气清音，也与“一致的例外”的送气清音构成条件不明的声类分化。闽粤方言古全浊声母的无条件分化都伴有文白异读，形成叠置的历史层次。本章依据《汉语方音字汇》的字音材料试作描写、分析和解释，并对此前的相关研究加以讨论。

11.2 粤语古全浊声母的文白异读和历史层次

11.2.1 广州话古全浊上字声母与声调的双重分化

学界对以广州话为代表的粤方言古全浊声母的今读类型有一个逐步深化的认识过程。王力（1936）认为“官话音系的第一特征（即古全浊声母今读类型）与粤音系的第一特征相同”，因此需要增加第二特征[①]才能区分。袁家骅等（1960）意识到粤方言与官话的古全浊声母今读类型不尽相同，便不再采用以上说法。熊正辉（1987）作出新的概括：“今读阳平阳上的字送气，今读阳去阳入的字不送气。”詹伯慧有时持旧说：“古浊声字在粤海片粤语里大部分转为相应的清声母字，平声送气，仄声不送气。”（詹伯慧，2002）有时又倾向新说：“古全浊声母在粤语中今读塞音及塞擦音的大都是平声送气，仄声不送气，只有少数全浊声母上声字念送气声母。”（侯精一，2002）熊正辉的概括从共时角度看十分到位，足以认定粤方言古全浊声母今读类型不同于官话，但尚需从历时角度进一步解释全浊上声字发生这种与众不同的独特变化的原因，弄清其声母何以清化为送气和不送气两类，其声调又何以分化为阳上和阳去两类。

广州话古全浊上声字既有声母分化又有声调分化，二者互相伴随，严整匹配，如同一体两面。乍看起来，全浊上字的声母分化和声调分化似乎互为条件：声母按声调是否变成阳去分化为不送气和送气两类，声调则按声母送气与否分化为阳上和阳去两类。实际上，这两种分化条件互相矛盾，互不相容：声母的分化以声调是阳上还是阳去为条件，其前提是浊音

① 第二特征是“有韵尾 -m、-p、-t、-k”。

清化之前已经发生了全浊上归去的声调演变；声调的分化以声母送不送气为条件则隐含了浊音清化已先期完成的预设，也即全浊上归去晚于浊音清化。由此可见，我们无法用条件式音变的原理对这两种无条件分化现象作出统一的解释。

11.2.2 广州话古全浊上字的文白异读

在声母和声调的双重分化中，学界较早关注的是声调分化。清末陈澧《广州音说》指出个别古全浊上字今有上去两读："孝弟之弟去声十二霁、兄弟之弟上声浊音十二荠、郑重之重去声三用、轻重之重上声浊音二肿，他方则兄弟之弟、轻重之重亦皆去声，无所分别，惟广音不溷，其善二也。"王力《两粤音说》（1928）所列全浊上的两读字除"弟重"外还有"咎婢父愤妇负纣上"。黄锡凌《粤音韵汇》（1941）"低上（即阳上）字变读低去（即阳去）例"一节专门讨论该现象，他指出："在粤语还有一小部分的字，尚游移于上和去之间"，例字为"伴淡断在坐重厦造善"。他认为"上和去两读意义相同"，区别在于"读低上声的一般人视为'语音'，读低去的视为'读音'。兹假设这一说是对的话，也不是没有理由的，因为古音往往在'语音'里保存着"。此说为后来的学者所沿用，并将"语音、读音"分别对应为"白读音、文读音"，又将这种声调异读与声母送气与否的异读匹配在一起，称为文白异读，其条例为："古全浊上声字""有一部分以变阳去调、声母不送气为文读音，以读阳上调、声母送气为白读音"。（詹伯慧，2002）

历史层次分析法兴起以来，一些学者认为文读音代表从外方言移借的音韵层次，白读音代表本方言固有的音韵层次。根据这种原则，广州话古全浊上字的上述文白异读可以断定为是因方言接触而引发的叠置式音变。①

但是，以上文白两读的例字很少，绝大多数古全浊上声字只有其中的一读。值得注意的是，陈澧认为"弟重"二字读上声或去声时意义并不相

① 虽未见分析广州话古全浊上声字文白异读现象的专论，但本章作为单篇论文发表时（具体见书末附录），匿审专家提醒这是学界普遍接受的看法。

同，这就提示我们，两种不同读音可能并非读书音和口语音的差别。查检《广州方言词典》，这些字的异读的确可以区别字义，却并不与读书音和口语音整齐对应。例如“坐”字，一读tsɔ꜅，义为：①将物置于与之相配的座上，②放在炉子上加热，③下陷、塌，④坐落；另一读꜃ts‘ɔ，义为将臀部置于椅子等物体上，以支持身体重量。“坐”在口语词中并非都是送气声母阳上调的白读音：～(tsɔ꜅)定啯粒六肯定，源于赌博术语|～(꜃ts‘ɔ)唔黏坐不住|～(꜃ts‘ɔ)定定坐得很安稳。再如“淡”字，一读tam꜅，另一读꜃t‘am，前者义为不旺，后者义为：①不咸，②味道不浓。“淡”在不同的词语中也有不同读音，但这些词看不出有书面语和口语的区别：～(tam꜅)市生意不好，买卖不兴旺|～(tam꜅)月生意不旺的时期|～(꜃t‘am)水不咸的水，多指河水|～(꜃t‘am)汗虚汗，没有咸味。

由此看来，广州话少数古全浊上声字的异读并无口语和书面语的语用分工，其意思却有细微差异，尽管它们的中古音类条件相同，却并非典型的文白异读。称之为文白异读是差强人意的，若将这样的“文读音”直接对应为从外部移借的“文读层”，从而认定这是叠置式音变，则很可能发生误判。

退一步而言，即便异读有口语音和读书音的明确分工，其读书音也未必是移借来的文读层，口语音也不一定就是本方言固有的白读层。正如丁邦新（2012）所言：“文读未必是读书音，而是一种口语，时间或早或晚。当两种白话音融合的时候，用其中一种强势的白话音来读书，因为用这种白话音读书，慢慢就成为文读。”“汉语方言里整体文白异读的现象并不一致”，应该根据具体情况进行具体分析。不能仅凭记音材料所标注的文白异读来推断由方言接触引发的叠置式音变，因为这些材料未必是按照文读音必须代表移借的文读层的原则来标记的。

再退一步看，即便所据材料遵照文读音代表移借层次的原则，认定这就是叠置式音变也只完成了张光宇（1996）所说的“逻辑过程”，而要最终证实这一推断则必须完成其“历史过程”，即用历史事实说明这个移借层次借自何处，借于何时。丁邦新（2012）猜测广州全浊上字的文白异读本是两种口语音，它们“应当是早晚期两种粤语方言因移民的融合而产生的现象”。这实际上仍是方言接触引发的叠置式音变，其逻辑过程虽与前述不尽相同，但同样缺少历史过程，不清楚是哪个时代的哪一支移民将全浊上清化为送气音、全浊去清化为不送气音的方言带进了粤语。迄今所知，除粤语之外似乎并不存在这样的方言。

综上所述，以上关于广州话古全浊声母字声母和声调的双重分化是方言接触引发的叠置式音变也非定论，而只是一种合理的推测。我们试图另辟蹊径，从广州话内部音变的角度另行分析和解释。

11.2.3 声母与声调双重分化是两种不同性质的音变

语音演变并非只有一种模式，音类分化也未必只有一条路径。广州话全浊上字声母和声调的分化是机制不同、前后相接、互相交织的两种音变。其历程是：全浊上与全浊去先发生声调合流，这是扩散式音变。在此阶段，全浊上字在一部分词中先变同去声，而在另一部分词中暂时保持上声不变。此时声母仍为浊音，稍后才开始清化。浊音清化是条件式音变，全浊声母短时间内同步清化，并依声调条件分化为送气和不送气两种清音：逢平上二调清化为送气音，逢去入二调清化为不送气音。于是出现全浊上声字有的按阳去调清化为不送气声母，有的按阳上调清化为送气声母的“无条件分化”局面。浊音清化打断了正在进行的全浊上并入全浊去的扩散式音变，此时，已变同全浊去的字并入阳去调，未变的则为阳上调。全浊上字声母一旦清化，其上声调向阳去调扩散的浊声母条件便不复存在，全浊上声并入全浊去声的扩散式音变即告终止。于是呈现出一部分字派入阳去，另一部分字留在阳上的“无条件分化”的局面。所谓“无条件”，指的是没有音韵条件，而在字义上，则是某些义项先变，然后扩及其他义项，或可视为某种词汇条件。

广州话古全浊上声字调类的扩散式归并和声类的条件式分化两种不同性质的音变虽然起变时间不同，终止时间却相同。大部分粤方言的情况与广州话相似。

值得注意的是，在浊音清化打断浊上归去的当口，一些正在向全浊去逐词扩散的全浊上字的声母也依据它们在已扩散的词和尚未扩散的词中的不同声调条件同步清化，分别读作不送气音和送气音。浊音清化一旦完成，这些字在不同词语中的两种读音便固定下来，长期并存。尽管它们均非借自外方言，也无明确的语用分工，但因中古音类条件相同，便被差强人意地视为文白异读了。

11.2.4 粤语古全浊声母今读的历史层次

根据以上分析，广州话古全浊声母的清化按不同的声调一分为二，逢平声清化为送气音，逢去入二声清化为不送气音，分化条件分明，并不产生成系统的异读，分化出来的送气声母和不送气声母也不构成历史层次的叠置。但是，全浊上声字的情况则另当别论。它先发生了浊上归去的扩散式音变，后被浊音清化的条件式音变所打断，遂使其声调有的为阳上，有的为阳去，其声母则有的清化为送气音，有的清化为不送气音，呈现双重无条件分化的局面，并产生了为数不多的文白异读字，其声母和声调在共时音系中均构成历史层次的叠置。这两个层次形成于音系内部的两种音变，层次性质均为自变而非移借。声调的起变时间虽然早于声母，但并未进行到底，两种音变的结局则同时产生，从而形成两个共生的历史层次。这两个历史层次所辖字数多寡不等，它们在音系中的地位也因此而不同。辖字多的为主体层，但辖字少的也不失为一个历史层次。主体层次可以通过计量统计来确定。

《汉语方音字汇》共收以下117个中古全浊上声字：（并母17字）爸罢部部队簿倍被被子抱鲍伴拌辨辩辫笨棒蚌并并且，（定母20字）舵堕惰弟杜肚待怠道稻挑挑战淡但断断绝盾人名荡浩荡锭艇挺动，（从母10字）坐聚在罪皂造建造渐践尽尽力静，（澄母8字）柱赵兆篆杖仗依仗仗打仗重重量，（崇母2字）士柿，（船母1字）盾矛盾，（群母13字）[①]技妓巨拒距跪臼舅俭件近强倔强强勉强，（奉母10字）腐辅父妇负犯范姓范模范愤奉，（邪母8字）似祀序叙绪像橡象，（禅母11字）社是市[②]竖树树立绍受善甚甚至肾上上山，（匣母17字）下山下祸蟹户厚后先后后皇后旱舰限缓很混项晃晃眼杏幸。这117个字中，以下12字广州话今读不符合语音对应规律，暂且视为例外：

---

① 《汉语方音字汇》广州话“企”记了俗读 [ᶜk‘ei]，加注说明为“徛”训读，渠绮切，也是群母上声字，这里未收，大概因为这种不写本字的情况只是个别字，统计字数时不考虑。——校者注

② “市”原文误为“柿”。——校者注

“祸户缓混”4字今声母为[w-]，“舰”字今声母为[l-]；“挑挑战爸鲍辫”4字今声调为阴平，“很晃”2字今声调为阴上，“舵”字文读调为阳平。其他106个字广州话今读声母、声调以及文白异读如表11.1所示：

表11.1 广州古全浊上声字今读声母、声调以及文白异读表

声调	送气	不送气	擦音
阳上	倍被抱伴棒蚌，舵肚怠淡断艇挺盾人名，坐践，柱重，柿，盾矛盾，拒距臼舅近强倔强强勉强，妇，似，柿①		妇，绪，社肾上，蟹厚旱②
阳去		罢部簿伴拌辨辩笨并，堕惰弟杜待怠道稻淡但断荡锭动，坐聚在罪皂造建造渐尽静，赵兆篆③杖仗依仗仗打仗④重，士，技妓巨跪俭件近，祀序叙像橡象	腐辅父负犯范姓范模范愤奉，似，⑤是柿⑥竖树绍受善甚肾，下山下后先后后皇后限项杏幸

以上106个全浊上字今读阳去调的79字，约占75%；今读阳上调的38字，约占36%；今读不送气声母的53字，占50%；今读送气声母的30字，约占28%；今读擦音声母的34字，约占32%。有文白异读的全浊上字11个，约占10%。不送气声母均配阳去调，送气声母均配阳上调，擦音声母

---

① 送气阳上这个单元格里有两个“柿”。《汉语方音字汇》广州话“柿”只有一读[ᶜtʃʰi]，这里应删除“柿”字。原文如此，保留不动。——校者注

② 《汉语方音字汇》广州话“市”读[ᶜʃi]，应放这个单元格里，原文漏写，这里保留原文面貌。——校者注

③ 《汉语方音字汇》广州话“兆”读[ʃiuᵌ]，“篆”读[ʃynᵌ]，不应放在这个单元格里。原文如此，保留不动。——校者注

④ 《汉语方音字汇》广州话“仗打仗”读[tʃœŋᵓ]，声调为阴去，不知道是不是作者怀疑实际上与原文“仗依仗”一样为阳去而放在这个单元格里，这里保留不动。——校者注

⑤ 《汉语方音字汇》广州话“似”只有一读[ᶜtʃʰi]，不应放在这个单元格里。送气阳上一格的“似”下的横线也应去掉。原文如此，保留不动。——校者注

⑥ 《汉语方音字汇》广州话“柿”读[ᶜtʃʰi]，不应放在这个单元格里。原文如此，保留不动。——校者注

约76%配阳去调，约24%配阳上调。今读塞音、塞擦音的全浊上字83个，不送气音比送气音多近1倍，具有明显的优势，当为主体层。送气音辖字虽是少数，但也占将近30%，是一个不容忽略的历史层次。[①]

根据以上对广州话古全浊上字今读的历史层次分析，可以全面分析粤方言古全浊声母今读的历史层次：古全浊声母在粤方言里逢平声和去入二声严格按声调条件分化为送气清音和不送气清音，不构成历史层次的叠置。全浊上声字因发生并入全浊去声的半截子扩散式音变而有两种声调，全浊声母清化时便按这两种声调条件发生分化，并在少数古全浊上声字中出现了阳上调配送气声母和阳去调配不送气声母的文白异读，这些字虽然不多，但已构成两个叠置的历史层次。其中，阳去调配不送气声母是主体层次。

11.3 闽语古全浊声母的文白异读和历史层次

11.3.1 古全浊声母的演变规律和“一致的例外”及其成因

学界对闽方言古全浊声母今读类型的认识也是逐步深入的。王力（1936）称闽音“多数古浊母平声字今读不吐气”，李方桂（Li 1937/1973）则完全忽略少数送气字。陈章太、李如龙（1983）举出17个古并、奉、定、从、澄、崇、群母字在福建18个闽方言点今读送气清声母，李如龙（1985）又增补为40字[②]。李荣（1989）进而指出：“李方桂1937说，古全浊声母今逢塞音、塞擦音，客家话赣语送气，闽语不送气。实际上是闽语多数字不送气，少数字送气；客家话是绝大多数字送气，极少数字不送气。一两个闽语方言某些古全浊声母字今读送气可以说是例外。这

① 根据上文的校者注，这里的个别例字有多收、漏收、放错单元格等问题，因此这段话的统计数据有的需要调整，不过也只是微调，并不影响这里最后两句话关于层次分析的结论。——校者注

② 这40个字是：a. 皮藨瓢稗被鼻彭篷曝雹缝蛇蚕簟贼柴床柿钳臼瘸；b. 浮啼苔桃头谭潭糖桐叠柱治虫杖；c. 槌锤锄虹徛。a组21个字在福州、泉州、莆田、建瓯、建阳、永安6处均为送气音（原文“被”声母为h‘，疑p‘之误，这里归入a组。个别字有的方言缺字音，其他方言都为送气音，也归入a组）；b组14个字多数点为送气音，但各有1～2个闽北方言点为h-、l-或零声母；c组5个字各有1～2个闽北、闽中方言点为不送气音。

几个闽语方言这些字送气，那几个闽语方言那些字送气，对不起来，那也可以说是例外。要是某些古全浊声母字在全体闽语或者多数闽语里都送气，那就不是例外了。‘各方言一致的例外’本身就是一种规律。”

李如龙、邓享璋（2006）对福州、厦门、永安、沙县、建瓯、建阳、石陂7处327个中古全浊并、奉、定、澄、从、崇、群母字今读状况作过统计，结果是：“各点均未保存浊音声母的136字，占41.6%，其中各点均读为送气清音的23字，半数以上读为送气音的35字，占25.7%，各点均读为不送气清音的78字，占57.4%。可见，中古全浊塞音、塞擦音声母的字中，保留浊音声母的比全部清化了的多（如果把文读为浊声母的字数也加进去还要多得多）；读为送气清音的比只读不送气清音的少；只读送气清音的尤少。这说明，古全浊声母字在闽语的演变，清化是主流，清化后读不送气也是主流。”

虽然今读浊音声母的字比读清音声母的多，但浊声母仅见于“闽北的石陂、建阳和武夷山三处”，并不能代表整个闽方言，甚至也不能代表闽北方言。因此，李、邓判断“古全浊声母字在闽语的演变，清化是主流”是正确的。不过，浊声母是不是“保留”下来的中古音遗存尚需探讨，也可能是“从邻近的保持古浊声母浊音音值的吴语借入的”（王福堂，1994）。

闽方言古全浊声母今读多数送气，少数不送气，也是无条件分化，其原因何在？李、邓认为“古全浊声母中的塞音、塞擦音字在现代闽语中的读音异同”是“闽语自身演变的多种语音层次叠置的结果”。送气清音、不送气清音、浊音是三个来源不同的历史层次，它们早在中晚唐闽语形成之前就随不同地区的移民先后迁入闽地。送气音可能是西晋永嘉之乱后关中移民带来的一种西北方音，不送气音可能是晋中移民带来的另一支西北方音，浊音则可能来自南朝侯景之乱后浙南移民带来的吴音以及隋唐通语。“中晚唐定型的闽语进入闽地偏安一角，保留了前代人从中原不同地方带来的全浊音并杂有已经清化了的送气和不送气清音。”以上历史层次分析对闽方言古全浊声母的无条件分化作出与单一源头的“原始闽语”截然不同的解释，富有启发性。我们赞同从历史层次的角度来解释，但对这三个历史层次覆盖区域的大小、形成时间的先后、层次的性质和来源，以及如何利用文白异读进行层次分析也有一些不同意见。

李、邓判断历史层次时间早晚的一个重要依据是区分“口语用字”和“书面语用字”，并将送气音与口语常用字、白读音对应，不送气音与书面语用字、文读音对应。但是，这两类字的区分和认定未必可靠，正如丁邦新（2011：89）所言：“没有上下文，只凭词汇很难判断其风格。”凡是写得出来的字都能用于书面语，要从中分离出“口语用字”缺乏可操作的明确标准，光凭语感区分则难免主观性和模糊性。纯粹的口语用字是有音无形的，这些“字”的中古音韵地位并无文献可据，只能根据语音对应规律逆推。假如古今音类一一对应或古音类发生过有条件分化，这种逆推确实可行，可以得到唯一的结果。但若古音类发生了无条件分化，逆推就得不到确定的结果。例如，北京音系的古清入字无条件派入平上去三声，今音若有一个写不出字的口语音节bǎi[pai^{214}]，逆推其中古音韵地位，既可能是“蟹开二上蟹帮”，也可能是“梗开二入陌帮”，前者音韵地位与“摆”相同，后者则与“百”相同，根本无法确定该音节中古是不是入声。闽方言的古全浊声母也无条件分化为送气清音和不送气清音，并分别并入次清音类和全清音类，同样也无从判定该音节中古是不是全浊声母。既然连中古音韵地位都无法确定，又何以确定浊音与送气、不送气三个层次的早晚呢？李、邓依据口语用字和书面语用字判断历史层次时间早晚的逻辑大概是：口语用字都是白读音，书面语用字都是文读音，白读音必定早于文读音。实际上，口语音从古到今并非一成不变，发生了音变的口语读音未必早于书面语读音。同理，白读音也不一定早于文读音。我们赞同丁邦新（2011）的以下看法：认定“白话音一定早于文言音”，“有白话色彩的一定是自源形式，有文言色彩的一定是外源形式”可能是“先入为主”的观念。因此，“不送气在文读，送气在白读”并不能据以认定送气层次早于不送气层次，同样也不能根据“文读为浊，白读为清”断定浊音层晚于清音层。

李、邓根据古全浊平字在闽北石陂、建阳方言清送气、清不送气和浊音三种声母对应两种声调、在建瓯方言送气和不送气两种清声母也对应两种声调且调值分别相似，推断闽北乃至整个闽方言古全浊声母有三个历史层次。但实际上石陂、建阳的送气音和不送气音对应的分别都是同一个声调，浊音则对应另一个声调。①根据这样的对应关系，送气音和不送气音应属同一个层次，浊音则是另一层次。从石陂、建阳的清浊两层声母和建瓯的送气、不送气两层声母分别对应两种声调推断闽北方言有三层声母相当勉强，由此推及整个闽语古全浊声母有三个历史层次则更不妥当。

11.3.2 古全浊声母的文白异读及其与送气不送气的关系

闽方言以文白异读丰富著称，这是历史层次分析的重要依据。但相对于韵母而言，古全浊声母的文白异读并不丰富，条例也不分明。李、邓提出："凡保留浊声母的一般都是文读为浊，白读为清；凡全浊声母已经清化的则不送气在文读，送气在白读。"此条例需要检验。

就"文读为浊，白读为清"而言，李、邓所举石陂话的9个例字中，"柱[dzy/t^{h}iu]、择[dze/tɔ]"（斜线前后分别为文读音、白读音）是澄母字，一般认为其文白异读反映的是发音部位的差异。例如，张盛裕（1979）对潮阳方言澄母文白异读的描写是：文读ts/ts'/z，白读t/t'。白读舌头音保存了上古无舌上音的特点，这一特点不只见于全浊澄母，也见于同组的全清知母和次清彻母。建阳话的11个例字中，来自定、从、澄母的9个字文读声母为l，来自并、奉母的2个字文读声母为β，它们分别与古次浊声母字合流，将不止一个来历的音类视为保留清浊对立似较勉强。石陂话虽有7例浊塞音、塞擦音字"文读为浊，白读为清"②，但散见于并、定、从、群4母，或许也只能算作零星现象。尽管实例不多，但作为"一般"而非绝对性的条例，大致仍可成立。不过，假如认为文读代表外来的移借层次，

---

① 据李、邓的古浊平例字，石陂"皮啼潭蚕钳"等字今读送气声母，"爬茶填筒钱"等字今读不送气声母，但它们的声调都是阴去（33）；"便陈禽群权"今读浊声母，声调是阳平（41）。建阳"皮瓢钳蚕庞"等字今读送气声母，"爬填墙丛桥"等字今读不送气声母，它们的声调都是阳平甲（334）；"贫台迟朋层"等字和"牌瓶场防甜"等字今读弱化浊声母（β、l），前者声调是阳平甲（334），后者声调是阳平乙（41）。建瓯古浊平字今读无浊声母，"皮啼潭瓢蚕"等字今读送气声母，"爬茶填筒钱"等字今读不送气声母，声调都是阴去（33）；"谈狂"等字今读送气声母，"檀庞曹群侨"等字今读不送气声母，声调都是上声（21）。

② 这7个字是：坐[dzɔ/tsuai]、弟[di/tie]、脐[dzi/ts^{h}e]、条[diau/tiau]、坛[duaiŋ/t^{h}aiŋ]、近[geiŋ/kyŋ]、平[beiŋ/piaŋ]。

这些浊音声母就该是借来的，但李、邓称石陂、建阳、武夷山是“保留浊音”，那就互相矛盾了。[1]

就“不送气在文读，送气在白读”而言，闽方言古全浊声母今读究竟文读送气还是白读送气并不整齐划一。罗常培《厦门音系》（1930/1956）描写文白异读的原则是“根据已有的现象，把可能的条理‘如实的’胪列出来；而不愿意就着‘远陌纷错，不可究理’的事实，勉强作臆测的论定”。他列举的声母文白异读分同阻（发音部位相似）和异阻（发音部位不同）两类。同阻如匣母文读h白读g/k、ng、□，以及船、禅、邪母文读s白读ts/tz；异阻如澄母和知母文读ts/tz白读t/d（“柱”即在此条）[2]。其中并无古全浊声母以送气与否构成文白异读的条例。袁家骅等《汉语方言概要》（1960）所举厦门话全浊声母文白异读例字中，不送气声母既有文读（平稗蒲涂尘葵残存贼），也有白读（袍盘苎甜恬材），送气声母亦然。张振兴《漳平方言研究》（1992）也指出：“古全浊声母字永福方言今读塞音塞擦音时，送气还是不送气，找不出什么规律，一般情况下也不能作为区分文白异读的条件。”尽管李、邓所据方言大致有“不送气在文读，送气在白读”的倾向，但倾向不等于条例，对为数并不算少的“例外”不能视而不见，而应有所交代。事实上，多数闽语学者并不认可此项条例。例如，张振兴（1992：179）对漳平永福话全浊平声字文白异读条例的归纳就与李、邓相反：“如果一个字的声母同时出现送气和不送气两读，古平声字今送气的是文读，不送气的是白读，如‘才$ts^{h}ai^{11}$人～：$tsai^{11}$～调：本领、本事|财$ts^{h}ai^{11}$发～：$tsai^{11}$～气|齐$ts^{h}ei^{11}$整～：$tsei^{11}$平～：一样|群$k^{h}un^{11}$～众：kun^{11}一～（牛）’，古仄声字不送气的是文读，送气的是白读，如‘健$kian^{53}$~康：$k^{h}ian^{53}$老妈～：詈语，说老妇|截$tsei^{53}$斩～：一言为定：$ts^{h}ei^{53}$切开，切断|

---

① 我们不认为文读音一定代表外来移借层次，不过李、邓并未明言。此处仅就一般看法而论。如果也认为文读音不一定代表外来移借层次，则不存在矛盾。

② 罗常培原文用罗马字母标音，与国际音标的对应如下：g 表示 [k]，k 表示 [k^{h}]，ng 表示 [ŋ]，tz 表示 [ts][tɕ]，ts 表示 [ts^{h}][$tɕ^{h}$]，d 表示 [t]，t 表示 [t^{h}]。喉塞音声母 [ʔ] 用方框表示。此处描述匣母白读原本还列了 w，该罗马字母对应介音 u，并非声母。这里的“如”原文为“有”。罗常培原文的文白异读举例不只这里所引的这些，即便只就古全浊声母而言也是如此，比如文中有奉母文白异读的例子。——校者注

动toŋ^{53}运～：t^{h}aŋ^{53}单音词，活动’。”

11.3.3 古全浊声母今读送气与否的内部差异

为了准确把握闽方言古全浊声母今读送气不送气与文白读的对应关系，我们对《汉语方音字汇》所收713个古全浊声母字（同形异义字分开计算）作了统计和分析。该书收录的厦门、潮州、福州、建瓯四种闽方言共有69字以送气不送气构成声母的文白异读（不包括新旧异读、俗读、训读），分别来自并、定、从、澄、群、奉6母。这些字声母送气与否跟文白读音的对应情况如表11.2、表11.3所示：

表 11.2　文读不送气、白读送气字例

并母	勃	婆	鼻	部	稗	被	陪	袍	并	平	评
厦门			+	+	+	+		+		+	
潮州		+			+						
福州			+		+		+		+	+	+
建瓯	+								+		+①
定母	叠	毒	桃	掉	垫	桐					
厦门	+	+			+	+					
潮州	+			②							
福州	+	+				+					
建瓯	+	+	+	+							
从母	脐	在	贼	凿	樵	蚕	匠	情			
厦门		③	+		+						
潮州		+④					+				

---

① 据《汉语方音字汇》，建瓯“评”有两个字音，声母分别为p、p^{h}，但未注文白，这里“+”应去掉。原文如此，保留不动。——校者注

② 据《汉语方音字汇》，潮州“掉”有两个读音：tiəu$_{文}$/t^{h}iu$_{白}$，这里应为“+”。原文如此，保留不动。——校者注

③ 据《汉语方音字汇》，厦门“在”有三个读音：tsai$_{文}$/ts^{h}ai$_{白}$/ti$_{白}$，这里应为“+”。原文如此，保留不动。——校者注

④ 据《汉语方音字汇》，潮州“在”有两个字音：tsai$_{文}$/to$_{白}$，这里“+”应该去掉。原文如此，保留不动。——校者注

（续表）

从母	脐	在	贼	凿	樵	蚕	匠	情			
福州	+①			+		+					
建瓯	②			+	+			+			
澄母	治	柱	篆	传	沉	尘	杖	肠	呈		
厦门	+	+	+	+	+	+	+	+	+		
潮州	+	+									
福州	+	+									
建瓯	+	+									
群母	忌	骑	跪	葵	臼	强倔强	琼	穷			
厦门	+			+	+	+	+	+			
潮州	+										
福州		+	+								
建瓯				+							

表 11.3　文读送气、白读不送气字例

并母	盘	平	瓶												
厦门															
潮州	+	+	+												
福州															
建瓯															
定母	蹄	图	代	抬	弹弹琴	檀	坛	弹弹药	填	堂	唐	塘	庭	同	童
厦门															
潮州	+	+	+		+	+	+	+	+③	+	+	+	+	+	+
福州									④						

---

① 据《汉语方音字汇》，福州“脐”有两个读音：tsi$_{文}$/sai$_{白}$，这里“+”应去掉。原文如此，保留不动。——校者注

② 据《汉语方音字汇》，建瓯“脐”有两个读音：tsi$_{文}$/tsʰɛ$_{白}$，这里应为“+”。原文如此，保留不动。——校者注

③ 据《汉语方音字汇》，潮州“填”有两个读音：tʰieŋ$_{文}$/tʰĩ$_{白}$，这里“+”应去掉。原文如此，保留不动。——校者注

④ 据《汉语方音字汇》，福州“填”有两个读音：tʰieŋ$_{文}$/teiŋ$_{白}$，这里应为“+”。原文如此，保留不动。——校者注

（续表）

定母	蹄	图	代	抬	弹弹琴	檀	坛	弹弹药	填	堂	唐	塘	庭	同	童
建瓯				+											
从母	齐	才	裁	残	全	情	从								
厦门				+											
潮州	+				+	+	+								
福州		+	+												
建瓯		+													
澄母	沉	陈	丈	长											
厦门															
潮州		+		+											
福州	+		+												
建瓯															
群母	葵	穷													
厦门															
潮州	+	+													
福州															
建瓯															
奉母	肥														
厦门															
潮州															
福州	+														
建瓯															

这些字中，文读不送气白读送气42例，文读送气白读不送气32例。4个方言都既有文读送气也有白读送气，二者之比分别为：厦门1:27、潮州25:8、福州5:17、建瓯2:13。[1]显而易见，厦门、福州、建瓯都是文读不送

① 根据原文表11.2，福州白读送气字例共16个，不是17个。另外，如前文表11.2、表11.3的校者注所示，表中个别单元格里的“+”要去掉，个别空单元格要填入“+”。（转下页）

气白读送气占绝对多数，潮州则相反。其中，“平情沉葵穷”5字声母送气与否跟文白读的对应关系潮州也与厦门、福州、建瓯相反：潮州是文读送气，白读不送气，其他几处存在白读送气，文读不送气的现象。[①]另据张盛裕（1979）的描写，潮阳方言并、定、从、崇、船、群母字也跟潮州一样是文读送气，白读不送气。

根据以上统计，厦门、福州、建瓯古全浊声母文白异读和送气不送气的对应关系是多数字文读不送气白读送气，但有个别字相反。但是，潮州闽语则跟福建省内闽语形成明显的反差。这种反差不仅见于文白异读字，而且见于声母无异读的字。据曾南逸（2013）观察，潮州闽语无异读的中古全浊平声字今读也是多数送气少数不送气。查检《汉语方音字汇》，以下35个全浊平声字厦门、福州、建瓯今读均不送气，潮州则送气：脯便便宜贫旁朋屏屏风驼驮徒途台涛陶淘调调和屯棠廷瞳瓷慈磁财曹潜秦藏隐藏惩奇祁求权期拳强强大。[②]

综上所述，福建省内闽方言古全浊声母今读确有“不送气在文读，送气在白读”的大致倾向，但不能推及整个闽语。文白异读条例因地而异可能反映各地闽语的历史层次不尽相同。如果把闽方言当作一个整体来分析古全浊声母的历史层次，并根据文白确定时间早晚，则会出现厦门话送气音早于不送气音，潮州话送气音晚于不送气音的矛盾。

11.3.4 浊音、送气音和不送气音的来历和早晚

李、邓认为浊音、送气音、不送气音来自“闽语地区历史上几次大

（接上页）因此这里的统计数字还要作相应的增减，有的字数因为有增有减而不变，建瓯、潮州的白读送气例字字数便是如此，有的则有变化，如下：厦门白读送气例字27要加一字（“在”字），潮州文读送气例字25要减一字（“填”字），福州文读送气例字5要多一字（“填”字），白读送气例字16要减一字（“脐”字）。——校者注

① 此处原文为“其他几处都是白读送气，文读不送气”，实际上“平情沉葵穷”在其他几处不都是白读送气、文读不送气。例如厦门话“情”有文白异读：tsɪŋ文/tsiã白（参见《汉语方音字汇》），不论文读还是白读都不送气。前文表11.2“情”在厦门话中也不是“+”。——校者注

② 原文统计数字为“38”，实际字数为37，且有“仆仆人”“频”字。《汉语方音字汇》“仆仆人”的字音对应两个古音地位，都是入声。“频”建瓯读 $p^hei\eta$，并非不送气。去除这两个字，总共35字。——校者注

批的移民过程”。具体而言，送气音来自古全浊声母白读90%以上为送气清音的关中地区。永嘉之乱后大批中原移民南迁，“其中属于关中地区的流民，当年的全浊声母字应该是已经清化为送气声母了”，其“方言有些就掺入了早期闽语，形成了全浊清化后送气的最早历史层次”。此说给出了方音事实和移民史证据，但关中古全浊声母其时是否为送气清音尚待进一步研究。此外，一般认为这一波南迁移民只到达长江流域地区，尚未大批入闽。张光宇（1996）则指出：“移居福建的是再度南迁的北人。”据他分析，永嘉时中原西部司豫州移民的大宗南迁至长江中游的江汉地区，小宗迁至长江下游的江淮地区和太湖流域（江东）。后来江东移民中的世家大族因与本地世族发生经济利益冲突，便“率其宗族、乡里、宾客、部曲，纷纷流寓到浙东会稽一带，进而又发展到温、台一带，林、黄、陈、郑四姓则移居福建”。[①]司豫移民“最突出的特色表现在古全浊声母不分平仄皆读送气清音”，“所到之处都留下这项类型特点，通泰方言如此，皖南、客、赣方言也莫不如此”。

李、邓认为不送气音来自另一支西北方言——西晋时地属并州的晋中方言。张光宇则认为来自中原东部的青州、徐州。从方音看，晋中地区确有部分古全浊声母字今音白读具有不论平仄皆读不送气清音的特征，胶东半岛的文登、荣成部分白读音也有此特征。从移民史看，永嘉南迁至江东的“以青徐移民为大宗，司豫移民为小宗”（张光宇，1996：17），则张说更合理。不过，古全浊声母读不送气清音的方言较少见，闽语往北往西则未见该特征的传播轨迹。无论源自西部还是东部，此说都相当粗略，但仍不失为一种合理推测，其细节则有待进一步考证。

至于浊音声母，李、邓认为是南朝“侯景之乱”后“浙南移民从东边海路入闽”的产物，而“闽北西片的闽语保留着全浊声母显然与隋唐之间的通语有关”。将福建闽语分为沿海与内陆两类很有见地，然而，作为闽方言主体的沿海闽语并无浊音声母的痕迹，作为内陆的闽北也仅三处有浊音声母。通语对闽语的影响应是普遍的、均衡的，隋唐通语何以仅仅对这三处方言的浊声母发生影响？三地浊声母源自隋唐通语说显然不如从邻近

① 这段引文是张光宇（1996）文中所引的王仲荦《魏晋南北朝史》（中华书局，1980）的原文。——校者注

的吴语移借说合理。

李、邓认为，以上三种声母是中晚唐闽语定型前“前代人从中原不同地方带来的”，这与此前张光宇（1996）关于闽语形成的多源混合说一致。此说符合学理，又可证之于史料，比按谱系分化原理将全浊声类的无条件分化构拟为单一源头的“原始闽语”更可行也更可信。最为可取的是，此说不必罔顾人文史实而假设闽语比吴语更早形成。

李、邓将闽方言整合定型的时间定在中晚唐也很合理。从移民人数看，北方移民入闽的高峰并非西晋永嘉之乱后，而是盛唐安史之乱后，并持续到晚唐五代。[①]大批移民涌入使山多田少的福建出现了“土地迫狭，生籍繁伙，虽硗确之地，耕耨殆尽”（《宋史·地理志》）的局面，故从五代起，闽人便开始向广东沿海的潮汕、雷州以及浙南温州一带外迁，他们在移居地被当地人称为福佬，并将已经成型的闽语传播到这些地区。从政区设置看，中唐以前福建还不是一级政区。开元二十一年（733）江南道一分为二，福建属江南东道。同时，为了加强边防而设福建观察使、经略使、都防御使，辖福州、建州、泉州、漳州，始有“福建”之名。第十任福建观察使王潮改称“武威军节度使”，其弟王审知继任，五代时被后梁太祖朱温封为闽王。经过200余年的内部一体化，到宋太宗至道三年（997），分天下为15路，福建路才成为名符其实的一级政区。在此过程中，福、建、泉、漳4州的方言逐渐整合成闽方言，建置较晚的汀州则与赣南、粤北形成客家方言。[②]

不过，李、邓关于全浊声母的三个历史层次中送气音最早、浊音最晚的判断则可商榷。既然认为闽语定型前三者均已存在，它们就都是闽语的初始层次，没有早晚之分。它们进入闽地的时间或早或晚，但这并非闽语

---

① 据《中国分省区历史人口考》，西晋太康三年（282）福建人口 51 万，到南北朝后期北魏孝明帝正光元年（520）增至 55 万，239 年间仅增 4 万。唐玄宗天宝十一年（752）福建人口 105 万，至宋太宗太平兴国八年（983）增至 240 万，231 年间净增近 1.5 倍。福建中唐至宋初的人口增长远超此前任何一段历史时期，也是同时期全国各省区之最。

② 建州前身为三国吴 260 年所设建安郡，福州前身为西晋 282 年所设晋安郡，泉州前身为南朝梁析晋安郡所置南安郡。初设福建观察使时汀州尚无建置，据《福建通志》记载：“唐开元二十一年，福州长史唐循忠于潮州北、虔州东、福州西光龙洞检责得诸州避役百姓共三千余户，上表朝廷，建议置州。三年后，汀州建置完成。”

历史层次的早晚。至于它们在移民祖居地形成时间的早晚则与闽语更不相干。李、邓认为浊音最晚，一是依据浊音声母字多非口语常用字，二是将浊音的源头与隋唐通语挂钩。然而，送气音和不送气音都有口语常用字，又被认为都是永嘉南迁时入闽，二者又何以分出早晚呢？

11.3.5 古全浊声母今读历史层次再分析

若用李如龙（1985）提出的闽方言一致读作送气清声母的40个字来检测，潮州基本上也都是送气声母，这反映了潮州闽语和福建省内闽语的一致性。但是，除了这些“一致的例外”之外，潮州另外还有一批全浊平声字今读也是送气声母，可谓“独特的例外”。这些字在厦门等方言是不送气声母，并非例外。潮州方言古全浊声母“一致的例外”和“独特的例外”分别代表两个历史层次。“一致的例外”是潮州方言从闽南话母体分化之初继承而来的早期层次，“独特的例外”则是迁离福建后形成的晚期层次。

潮州方言古全浊声母的晚期层次显然不是从本音系的不送气音演变出来的，理由有二：（1）假如这是条件式音变，则凡是不送气音[①]都应该变，但事实并非如此。尽管潮州全浊平读送气音的比厦门多得多，但不送气音仍占多数。（2）音系内部的音变是单向的，既然是不送气音变为送气音，就不该又有送气音变不送气音，但厦门等方言[②]的文白异读字“平情沉葵穷”是文读不送气白读送气，潮州话则相反，如果认为“独特的例外”是潮州音系自身演变所致，这就成了逆向演变。由此看来，这个晚期层次很可能来自外方言。正如曾南逸（2013）所言，这种外部移借只能借自古全浊声母平声清化为送气清音的方言，而这正是官话的特点。官话对各地方言都有强大影响，对潮州也不例外。同时，潮州地处广东，广州话在广东极具权威，其全浊平声今读也是送气清音，对潮州话发生影响也在情理之中。潮州方言“独特的例外”的晚期层次正是这两大权威方言合力影响的产物。虽然广州话全浊上声今读也有送气声母，但因与“仄声不送气”

---

① 原文为“送气音”，当误。——校者注

② “厦门等方言”原文为“厦门话”。前文第173页提到，这5字声母送气与否跟文白读的对应关系潮州与厦门、福州、建瓯相反，这里改为“厦门等方言”以与前文一致。——校者注

的官话相抵牾，对潮州方言的影响被抵消，因此，潮州话的全浊上声并未像平声那样产生晚期的送气音层次。

综合以上分析和时贤卓见，闽方言古全浊声母普遍具有不送气清音的主体层次，同时也都有“一致的例外”的送气层次。这两个层次并非古全浊声母在闽方言里发生的自然分化，也不是先有一个本地层次，后来再叠加一个外来层次，而是闽语形成之初并存的初始层次，它们分别来自两支不同的北方移民方言。古全浊声母清化时在北方的不同地区发生了送气和不送气两种不同的区域分化[关于“区域分化”，参见侍建国（2011：197–209）]，来自不同地区的南下移民分别将这两种读音带入闽地。这两种方音“在一地较为长期地平稳共处型的接触，由此而引发了方言混合现象”（王洪君，2012：31）。在闽语整合定型前，两种声母并行混用，各有辖字。闽语混合定型后，字音便固定下来，看上去就像同一个中古音类发生了无条件分化。有些字当初自由变读两种声母，定型后这种异读也固定下来，因其音韵条件相同而被视为文白异读，但语用风格并无明显差异，文白条例也不分明，往往不易分辨。

闽北石陂、建阳、武夷山等方言除了以上两个初始层次外，后来又从邻近的吴方言借入一批浊音声母字。这些浊音在紧邻吴语的石陂保持了塞音塞擦音音值，形成了一个移借层次；在建阳则受到音系的排斥，弱化后并入源于古次浊声母的擦音β、边音l。[1]

借入的浊声母在建瓯音系里受到更强烈的排斥，未能形成独立的层次，经音系整合后纳入既有的主体层。因此，石陂今读浊声母、建阳并入次浊声母的这批吴语借字在建瓯话里绝大部分今读不送气清声母[2]。移借的

---

① 原文此处有“并未形成独立的历史层次”，疑误。前文第 168 页说石陂、建阳“送气音和不送气音应属同一个层次，浊音则是另一层次”。——校者注

② 据李、邓的例字，石陂为 b-、建阳为 β、建瓯为 p 的有：贫朋凭牌盆瓶朋枇旁棚防；石陂为 d-、建阳为 l、建瓯为 t 的有：台逃团塘同迟除潮传重投痰廷池持朝题亭场甜铜；石陂为 dz-、建阳为 l、建瓯为 ts 的有：从情财秦层；石陂为 b-、建阳和建瓯都为 p 的有：便；石陂为 d-、建阳和建瓯都为 t 的有：陈绸；石陂为 dz-、建阳和建瓯都为 t 的有：厨；石陂为 g-、建阳和建瓯都为 k 的有：群权强奇穷乾芹棋期球骑渠旗求；石陂为 g-、建阳为 k‘、建瓯为 k 的有：禽；石陂为 dz-、建阳为 t‘、建瓯为 ts 的有：残。建瓯今读送气清声母的只有“筹”字。

浊声母被音系整合后便不复存在，看起来好像发生了一轮新的全浊并入全清的浊音清化。

潮州方言由闽迁粤后受到官话和粤语的双重影响，致使一批原先不送气的全浊平声字又有了送气声母，从而形成“独特的例外”的晚期移借层次，但因与早期“一致的例外”的送气声母音值相同而混为一体，难以看出是另一历史层次。

需要指出的是，以上历史层次分析仅针对闽方言古全浊声母今读，并不意味着其他音类也有或曾经有过同样的历史层次，换言之，该音系并非所有音类都是多源混合而成。

11.4 余论

近年来，汉语方言历史层次分析颇受学界关注，但各家的意图、方法和定义不尽一致。本章进行历史层次分析并不是为了剔除外来层次，进而构拟原始语，而是用以解释闽粤方言古全浊声母今读在共时层面上所呈现的复杂局面。我们相信，历史层次分析对于解释此类因自身演变或方言接触而产生的复杂变化有其独特价值，因而大有用武之地。

文白异读从广义上说是同一历史音类所辖的字在当前的共时音系中成系统的一字多音现象，它是音韵历史层次分析的切入口。典型的文白异读用于不同的语用场合，可以根据语用分工来识别。但有的文白异读语用分工并不显豁，难以据此区分。文白两种读音的性质并不划一，白读音往往来自音系内部的演变，文读音往往借自外方言，但也有相反的或混杂的情况，要根据不同方言的具体情况进行具体分析。

就字音而言，文白异读本质上是一个字的声韵调中至少有一项分属不同的共时音类，换言之，即不同音类叠置于同一个字，使之产生不同读音。就音类而言，文白异读字总是成批出现，它们来自同一历史音类，但在当前音系中却无条件地分置于不同音类。这样就形成了音韵层面的历史层次。

历史层次大多是不同历史时期的产物，但也可以同时共生。一个音类的历史层次多可分为音系内部自生的和从外音系移借的两类，但也可以都是自生的或都是移借的，还可能是二者的融合体。音韵历史层次分析要按照方言区的层级自下而上逐层进行，应该立足于单个音系。同类方言不同方言点的历史层次不一定都相同，不能笼统地从整个大方言入手作一刀切式的历史层次分析。单一音系音韵历史层次分析的立足点是音类及其辖字，不同的音类应逐个分析，而不能简单地类推到整个音系。

参考文献

北京大学中国语言文学系语言学教研室编（2003）《汉语方音字汇》（第二版重排本），语文出版社。

白宛如（1998）《广州方言词典》，江苏教育出版社。

（清）陈澧，广州音说，罗伟豪点校《切韵考》（附音学论著三种），广东高等教育出版社，2004。[①]

陈章太、李如龙（1983）论闽方言的一致性，《中国语言学报》第一期。

丁邦新（2011）苏州话文白的性质，《中国语言学集刊》第5卷第1期。

丁邦新（2012）汉语方言中的历史层次，《中国语文》第5期。

葛剑雄、曹树基、吴松弟（1993）《简明中国移民史》，福建人民出版社。

侯精一主编（2002）《现代汉语方言概论》，上海教育出版社。

黄锡凌（1941）《粤音韵汇——广州标准音之研究》，（香港）中华书局。

李　荣（1989）汉语方言的分区，《方言》第4期。

李如龙（1985）中古全浊声母闽方言今读的分析，《语言研究》第1期。

李如龙（2001）《福建县市方言志12种》，福建教育出版社。

李如龙、邓享璋（2006）中古全浊声母字闽方言今读的历史层次，《暨南学报（哲学社会科学版）》第3期。

李小凡（2012）平话的归属和汉语方言分类，《语言科学》第5期。

路　遇、滕泽之（2006）《中国分省区历史人口考》，山东人民出版社。

罗常培（1930/1956）《厦门音系》，中央研究院历史语言研究所单刊甲种之四/科学出版社。

① 原文这条文献只有“陈澧（清）广州音说”，其他信息为校者所加。——校者注

侍建国（2011）《历史语言学：方音比较与层次》，中国社会科学出版社。

王福堂（1994）闽北方言弱化声母和“第九调”之我见，《中国语文》第6期。

王洪君（2012）也谈闽北方言的浊弱化声母——兼论原始语构拟如何鉴别和处理借用成分以及平等混合造成的无条件分化，《语言学论丛》第46辑，商务印书馆。

王　力（1928）两粤音说，《清华学报》第5卷第1期。

王　力（1936）《中国音韵学》，商务印书馆。

熊正辉（1987）广东方言的分区，《方言》第3期。

袁家骅等（1960）《汉语方言概要》，文字改革出版社。

曾南逸（2013）潮州方言古浊塞音、塞擦音今读之统计分析，北京大学方言学沙龙报告。

詹伯慧主编（2002）《广东粤方言概要》，暨南大学出版社。

张光宇（1996）论闽方言的形成，《中国语文》第1期。

张盛裕（1979）潮阳方言的文白异读，《方言》第4期。

张振兴（1992）《漳平方言研究》，中国社会科学出版社。

Li, Fang-Kuei (李方桂) (1937) Languages and dialects, *The Chinese Year Book*, The Commercial Press, LTD; Languages and dialects of China, *Journal of Chinese Linguistics*, 1973, Vol.1, No.1.

十二、徽州方言古全浊声母无条件分化成因新探①

12.1 引言

中古全浊声母清化后的分合类型在汉语方言中呈现出多样性，有的仍保留独立的全浊音类，有的并入全清音类，有的并入次清音类，有的依调类条件分归全清和次清音类，也有的则不按音类条件分归全清和次清音类，即无条件分化。李小凡（2014）探讨了闽粤方言古全浊声母无条件分化的成因，本章将讨论徽州方言②古全浊声母的无条件分化及其成因。

乍看起来，徽州方言古全浊声母多数字今读送气清声母，少数字今读不送气清声母。这种情况似乎与多数字今读不送气清声母，少数字今读送气清声母的闽语相反而又类同；但少数今读不送气清声母的字在徽州各地并不一致，不同于闽语“一致的例外”。深入观察，徽州各地古全浊声母的无条件分化可以分为两

① 本章与笔者指导的北京大学博士生池田健太郎合作，已作为单篇论文发表（详见书末附录）。

② 限于清代徽州府6县，其中绩溪县、歙县、屯溪市、休宁县、黟县、祁门县今属安徽，婺源县今属江西。（这里“屯溪市”是后来分出来的，今为黄山市屯溪区。——校者注）

种主要类型，不宜一概而论。徽州方言古全浊声母今读类型的多样性引人关注，学界对其成因众说纷纭，莫衷一是。本章先简述徽州方言的今读状况，介绍各家对其成因的既有说法，然后提出我们的看法。

12.2 徽州方言古全浊声母今读状况

徽州方言古全浊声母今读状况学界多有报道。刘祥柏（2003：359）指出："徽州方言内部差异比较大，……全浊字的声母今读也有这种情况。"赵日新（2005：279–280）描述："古全浊声母清化，今读塞音塞擦音声母部分送气，部分不送气。具体而言，旌德、绩溪、歙县、祁门、婺源、德兴、淳安、遂安、寿昌（白读）古全浊声母今读清音声母，逢塞音、塞擦音不论平仄绝大多数读送气清音。……屯溪、休宁、黟县及今黄山市徽州区（原歙县岩寺等地），古全浊声母今读清音声母，逢塞音、塞擦音一部分读送气清音，一部分读不送气清音，送气与否，总的来说，看不出规律。"据此看来，徽州古全浊声母今读送气与否，中部的休黟片不同于东西两翼的绩歙片、祁婺片①，不宜一概而论。据我们统计②，休宁和黟县77.3%的字今读送气与否完全一致。徽州6县市的古全浊声母今读例字如表12.1所示：

表12.1　徽州6县市的古全浊声母今读举例

例字	祁婺片		休黟片		绩歙片	
	祁门	婺源	休宁	黟县	绩溪	歙县
婆	p^{h}ɔ^{55}	p^{h}o^{11}	p^{h}o^{55}	p^{h}ɐo^{44}	p^{h}ɵ^{44}	p^{h}o^{44}
白	p^{h}ɑ^{33}	p^{h}ɔ^{51}	p^{h}a^{35}	p^{h}a^{21}	p^{h}ɔʔ^{32}	p^{h}ɛ^{33}
茶	tʂ^{h}ɯːə^{55}	ts^{h}o^{11}	tsɔ^{55}	tʃoɐ^{44}	ts^{h}o^{44}	ts^{h}a^{44}
毒	t^{h}u^{33}	t^{h}u^{51}	tau^{35}	tu^{21}	t^{h}ɤʔ^{32}	t^{h}u^{33}
庭	t^{h}ã^{55}	t^{h}ɔ̃^{11}	ta^{55}	t^{h}ɛɐ^{44}	t^{h}iɑ̃^{44}	t^{h}iʌ̃^{44}
步	p^{h}u^{33}	p^{h}u^{51}	p^{h}u^{33}	pu^{3}	p^{h}u^{22}	p^{h}u^{33}

① 《中国语言地图集》（第2版）将徽语分为5片，其中严州片以及旌占片大部分地区不属旧徽州府。

② 本章统计所依据的字音材料来源，绩溪、歙县、屯溪、休宁、祁门为平田昌司（1998），黟县为池田健太郎（2008）。

12.3 徽州方言古全浊声母无条件分化成因诸说

关于徽州方言古全浊声母无条件分化的成因，多数学者认为全浊声母清化时音类本来并未分化而是整体并入某个清音类，后来在外方言影响下，一部分字的声母被取代，外来声母便与本音系声母并存于同一古音类的不同辖字中，于是形成了不同时代的历史层次。这种演变模式，属于由方言接触触发的叠置式音变。

平田昌司（1982：39）在解释徽州方言古全浊声母的演变时根据方言之间不一致、有文白异读，以及湖南泸溪瓦乡话的旁证，“认为最有力的学说是语言层次说”，并借助李荣（1956）对高本汉（Karlgren）中古全浊声母送气说的否定作出推测：“很有可能在汉语史上的某一阶段，古全浊声母读作不送气浊音或清音占了优势，成为胶东、徽、闽方言比较古的一层，后来送气的一派取代不送气的一派，形成了新的一层。就是说，古全浊声母今读的分化是由于汉语内部的派系和层次等原因而产生的。”他还引用清代江永《音学辨微·榕村等韵辨疑正误》中“即如吾婺源人呼群定澄並诸母字，离县治六十里以东达于休宁皆轻呼之，六十里以西达于饶皆重呼之”等文献作为书证。其说如图12.1所示：[①]

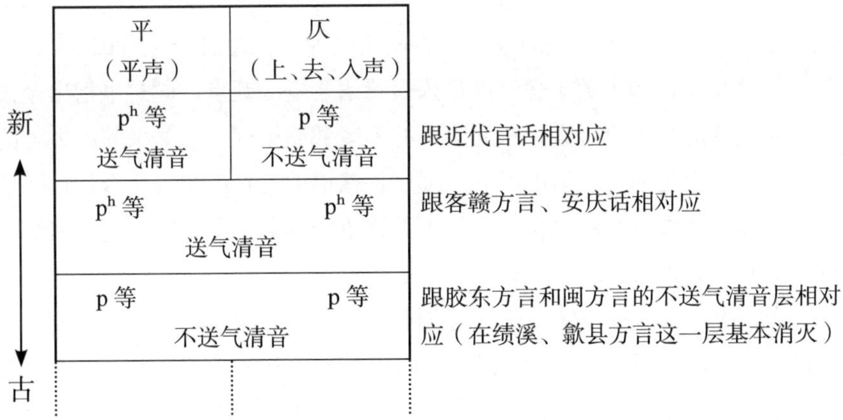

图12.1 徽州方言古全浊声母今读的层次

① 该文认为当时的安庆话属于赣语，古全浊声母字读送气清音。

王福堂（1999：92–93）讨论原始闽语声母系统时论及徽州方言古全浊声母清化后塞音塞擦音大多数字送气，少数字不送气的现象，举休宁话的例子后也引用江永的上述文字，得出“目前休宁话中出现的送气音，显然和赣方言的影响有关”的结论。他后来（王福堂，2004/2010：87–88）再次引用该段文字并进一步指出：“既然徽州方言原来是吴方言的一部分，这三百年前的不送气音应该就是吴方言的层次，后来出现的送气音是赣方言影响的结果”，“借助上述历时比较可以把吴方言和徽州方言的共时现象联系起来作为一个整体来描述：古全浊声母在绝大部分吴方言中保持浊音音值；但浙南赣东和浙西皖南少数方言已经开始清化，清化后不送气；皖南赣东北浙西十余个方言已经完全清化，清化后部分字保持为不送气，部分字变为送气（其中旧徽州府的祁门、婺源、绩溪和旧严州府的淳安、寿昌等方言甚至大部分变为送气）”。

赵日新（2005：279–280）将“古全浊声母清化，今读塞音塞擦音声母部分送气，部分不送气”列为徽语的第一共同特征，但具体情况因地而异：“旌德、绩溪、歙县、祁门、婺源、德兴、淳安、遂安、寿昌（白读）古全浊声母今读清音声母，逢塞音、塞擦音不论平仄绝大多数读送气清音”，“屯溪、休宁、黟县及今黄山市徽州区（原歙县岩寺等地），古全浊声母今读清音声母，逢塞音、塞擦音一部分读送气清音，一部分读不送气清音，送气与否，总的来说，看不出规律”。赵日新（2002：108）赞同王福堂（1999）关于送气声母来自赣语影响的观点，同时也指出今读全为送气音的绩溪位于徽州东北隅，并不紧邻赣语区，“如果绩溪方言的‘全送气’也是因为赣语的影响，那么，赣语的这种影响为什么是跳跃性的呢？如果绩溪方言的‘全送气’不是赣语的影响，那么它又该如何解释呢？对此目前我们还只能存疑”。

刘祥柏（2003：360–361）在对休宁、屯溪、黄山、歙县的7个方言点的古全浊声母字进行统计分析后推测徽州古全浊声母清化后均读送气音，后来，“东部受到吴语的长期影响，把吴语的全浊字的今读折合成徽州的不送气音，而徽州西部受到的影响小，仍然以不送气音为主”的可能性大。其证据是徽州古“邪母今读除了一部分读同心母字而读成了擦音以外，还有相当一部分读同清母字，读送气塞擦音。其他全浊字要不全部读擦音，要不就是送气、不送气各占相当比例。除了擦音，只读送气音的仅存于邪母字之中”，而“邪母吴语今多读浊擦音，不可能产生不送气的影响”。

王洪君（2006：361–362）认为，徽州方言平声不送气和仄声送气是白读音，因为“徽州曾经是吴语的一部分，在这一自源层次上，该地全浊声母清化的自然结果是一律不送气（曹志耘 1986[①]，王福堂 2004）。宋代时一些地位很高的客家大族移居徽州，全浊声母一律送气的层次当与此有关”。“再以后，威信更高的大北方话‘平送仄不送’层次又进入当地，全浊仄送气沦为‘土’的白读。”

陈瑶（2009）根据孟庆惠（2005）记录的26个方言点的71个古全浊声母字的今读，将徽语分为绝大多数送气、多数送气少数不送气、白读去声和文读平声送气3种类型。并指出第二种类型中，“周边徽语区的很多方言点都以送气的读法为主，而中心地区不送气的读法比周边地区明显增多”，进而结合江永的那段文字作出推断：“徽语古全浊声母的不送气层要早于送气层，送气的读法是后起的音变，音变发生的原因在于赣语的影响。”（陈瑶，2009：66）

12.4 区域分化模型简介

“区域分化”是侍建国（2011）在其新著《历史语言学：方音比较与层次》中提出的一种新的语言演变模型。正如王洪君（2011：659）的书评所说：“作者提出的语言演变的‘区域分化’模式和历史层次的4种类型，力图在文白异读反映历史层次的模型之外，从‘某一特定音变的区域语音对应’着眼来分析汉语方言的层次。这为如何离析没有文白异读的北方方言和处理南方方言文白异读中发音不整齐现象，提供了新的视角，是作者理论意识的突出反映。”

该书以河南方言的德、陌、麦3韵的今读为例介绍区域分化模型。河南中原官话的中古德、陌、麦韵韵尾的今读至少有两个层次：今读[-i]尾的对应现代标准音的“白读音”，今读零韵尾的对应现代标准音的“文读音”。据此可将河南方言分为2组：洛阳、郑州、信阳、开封等地基

---

① 似为“1996”之误。

本上是零韵尾，称“洛阳组”；商丘、遂平、灵宝、卢氏等地基本上都是[-i]尾，称“商丘组”。“河南方言的‘零韵尾层次’和‘/i/韵尾层次’应该都是中原官话历史上的自身演变，因为二者的普遍性都很大，从社会因素上看不出有什么不同，二者的不同主要反映在地域的分布。如果这两个层次一为自身演变，一为外来影响，那么不管哪个为外来影响，这个影响一定非常巨大，以致在洛阳组或者商丘组彻底取代了另一类读音而基本不留痕迹，这样的结果是汉语方音史上绝无仅有的，它难以接受。”（侍建国，2011：202）图12.2是该书关于这一区域分化的演变过程的示意图（侍建国，2011：204）[①]：

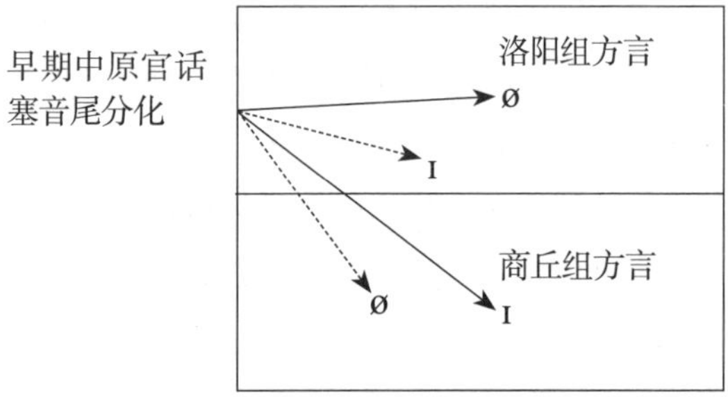

图 12.2　中原官话早期塞音尾的区域性分化

图12.2显示，中古德、陌、麦3韵的塞韵尾在河南中原官话的不同区域不受其他方言影响而自行分化为零韵尾和[-i]韵尾。洛阳组“北墨贼国或获塞核”等少数字读同商丘组的[-i]韵尾（用虚线表示），因为“这些字在中原地区具有较大的普遍性，……它不但影响了商丘组方言，甚至也影响了洛阳组方言”（侍建国，2011：204）。而商丘组也有“刻客黑吓”等个别字读同洛阳组的零韵尾。

该书还提到休宁话古全浊声母无条件分化为送气清音声母和不送气清音声母也是“区域分化型演变”，但未作具体分析。

12.5 徽州方言古全浊声母无条件分化成因之我见

我们认为，徽州方言古全浊声母的无条件分化和因地而异的多样性是

① 文中示意图用 ø 表示零韵尾，用 I 表示 /i/ 韵尾。

不同时空中发生的不同性质的音变在晚期共时层面上的映射。其中既有早期单音系内部自生的区域分化和扩散式演变，也有晚期与外方言接触的叠置式演变和徽州方言内部的系统整合。

12.5.1 初始音变：音类的区域分化与辖字的区域扩散

我们认为，徽州古全浊声母清化的初始音变用区域分化模型来解释较为合理。根据高永安（2007）对明清时期皖南各地多种韵书的研究，明末徽州古全浊声母字部分清化，其音变取向因地而异：《韵法直图》（1612）反映祁门型方言“清化后读送气清音（跟现代徽州话一致）”（高永安，2007：205）；《律古词曲赋叶韵统》（1614）反映黟县型方言“仄声清化多，平声清化的少；变成不送气的多，变成送气的少”（高永安，2007：217）。根据这些韵书，徽州方言古全浊声母的清化17世纪初的明末似乎尚未全部完成，不过韵书往往刻意存古，对此不能尽信。但韵书对已经清化的字声母送气与否的处理则必有实据，我们没有理由否认400年前徽州古全浊声母的清化存在区域差异。仿照侍建国（2011）河南方言入声韵区域分化演变示意图（见图12.2），徽州方言古全浊声母的区域分化可用图12.3表示：

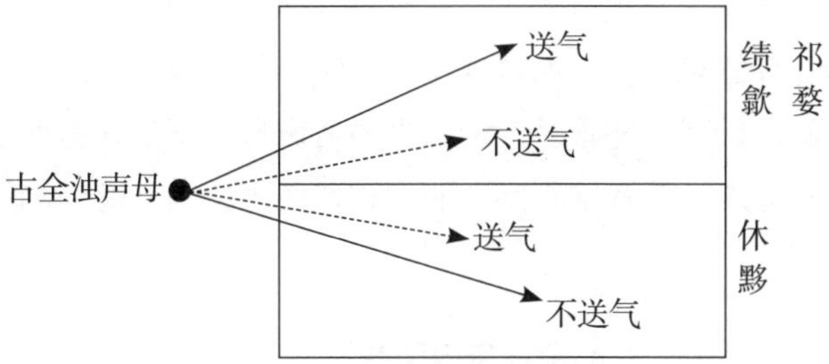

图 12.3　徽州方言古全浊声母字的区域分化

说明：图12.3以时空为坐标，横向为时间轴，纵向为空间轴。分化前的古音类“●”置于坐标系之外。

图12.3表明，古全浊声母清化时，祁婺片和绩歙片多数字送气，少数字不送气；休黟片多数字不送气，少数字送气。区域分化前，徽州方言的整套全浊声母以[+带音]特征与[–带音]的全清、次清两套音类两两对立。

[+带音]特征的消失导致全浊声母清化，清化为送气音或不送气音则具有任意性和随机性。两种音变取向均属本音系的音位移变，但相邻的区域取向不同。全浊音类发生区域分化的同一时期，两种不同的音变取向各自又通过其部分辖字向相邻区域扩散，使本区域各有少数字的声母取向受相邻区域影响而不同于多数字。这一波初始音变结束后，多数字送气少数字不送气或多数字不送气少数字送气的情况便分别在各区域固定下来，形成了徽州方言古全浊声母无条件分化为送气和不送气两类清音的局面，而哪些字送气哪些字不送气则因地而异。

王洪君（2011：667）指出，"区域分化模式"的音变是"谱系树的音变分化和波浪说的音变区域传播"原理的共同作用。[①]我们认为，徽州方言古全浊声母上述音变的主流是谱系树式的分化，同时伴随着波浪式的扩散。这种扩散来自音变取向不同的相邻区域，作用于全浊声类的辖字，大多数字固守本区域的取向，少数字在相邻区域扩散波的冲击下，取向不同于本区域多数字而与相邻区域相同。这种区域分化和扩散具有同时性和双向性，音变结束后便固定下来，一个字要么送气要么不送气，只有一种读音。这与一个字先有一个读音，后来再叠置另外一个读音的叠置式音变机制不同。它不产生文白异读的叠置并存，也谈不上竞争、取代和推平。正如平田昌司（1998：26）所言，"徽州方言的文白异读不大丰富，并没有形成过两套音系的对立"。面对这样的事实，与其假定全浊声母先统一变成一种清声母，后来再叠置另一种外来的清声母，不如认为浊音清化后直接分化为两种清声母并各辖其字，而在相邻区域，两种清声母的辖字比例则相反。

12.5.2 后起音变：外部接触与内部整合

进一步观察，我们发现徽州方言古全浊声母的区域分化与侍建国（2011）所举河南中原官话中古德陌麦三个入声韵的区域分化不尽相同。一是河南古入声韵舒化为零韵尾和[-i]韵尾后，所辖的字均无异读，徽州古全浊声母清化后则有一部分字有送气和不送气两读。二是徽州古全浊声母

① 此句中"'区域分化模式'的音变"原文为"以上音变"。——校者注

分化为两种清声母后各自的辖字并不像河南古入声韵那样稳定不变，而是朝某一方向此增彼减。这种情况多见于休黟片，区域分化时该片的音变取向是不送气，但后来送气声母字逐渐增多，目前送气音反而占了优势。以黟县为例，明代黟县型方言韵书《律古词曲赋叶韵统》（1614）里送气声母字只是少数，而250年后的清代黟县型韵书《新安乡音字义考正》（1865–1867）里送气声母字已占优势。这种此增彼减的趋势今天依然可见：魏建功《黟县方音调查录》（1935）中"有些字（包括少数清塞音声母字）有送气不送气两读，今相当一部分已只有送气一读；有些字（限于古浊声母平声字）原来只有不送气一读，今已变为送气不送气两读或只有送气一读"。（平田昌司，1998：106–107）

徽州与河南的上述差异耐人寻味，较为合理的解释是：徽州古全浊声母在区域分化和扩散的第一波音变结束之后又发生了另一波音变。后起的音变是由方言接触引发的，其根本原因在于"徽语是弱势方言，其周边的江淮官话、赣语和吴语都比它强势"（李如龙，2014：130）。这种后起的叠置式音变在一定程度上改变了初始音变时区域分化和扩散所形成的送气声母与不送气声母的辖字比例，而且不同区域所受影响及其两种清声母辖字的增减变化各不相同，因而使本来就因无条件分化而无章可循的古全浊声母今读更加错综复杂。而河南中原官话不是弱势方言，古入声韵分化后未再受外方言影响而发生叠置式音变，区域分化和扩散所形成的音类格局及其辖字稳定不变。

江淮官话对徽州方言产生影响符合近代以来该地区人文历史发展的社会背景。明清以降，徽州一直与江淮地区同属一级政区南直隶、江南省、安徽省，省会安庆、合肥在政治、文化乃至语言上对包括徽州在内的皖南地区有着强大而持久的影响。徽州的语言生活实际上并行江淮官话和徽州话两种方言，前者是交际场合的通用语，后者则用于家庭等私下场合。江淮官话在城镇也比乡村更为强势。江淮官话早期以安庆话为准，省会易地后，合肥话取代安庆话成为权威方言。徽州方言借入江淮官话全浊声母字清化后的读音，叠加于区域分化时形成的本地读音之上，若与本地声母相同便合二而一，融为一体，若不同则与之并存或取而代之。如12.5.1节所述，祁婺、绩歙2片古全浊声母字区域分化后绝大多数变为送气清声母，少数字受休黟片的扩散波影响变为不送气清声母。赵日新（2002：107）对祁门、绩溪等全浊声母清化多数送气的方言今读不送气音的古全浊声母字作过细致的观察和分析：“①这些字除个别外，大多是方言口语中的非常用字；②除个别字外，大多是仄声字，而且在仄声分阴阳调的方言中都读阴调；③寿昌方言中这些字大多是文读形式。所以我们可以断言，这些字读不送气清声母是因为普通话影响所致，换句话说，它们是被当作阴调类字从普通话中借入的。”区域分化时送气与否并不受声调制约，而这些仄声字读不送气声母既符合江淮官话浊音清化的规律，其比例又远远多于平声字，恐怕并非偶然，我们没有理由否认它们借自官话。据此可知，祁婺片、绩歙片的不送气声母字并不都是初始音变时区域扩散的产物，其中今读阴调仄声且对应于寿昌方言文读音的非常用字应是晚期叠置式音变的产物。反观之，祁婺片、绩歙片古全浊声母字发生后起的叠置式音变后，不送气声母的辖字有所增加。

赣语古全浊声母字清化后绝大多数送气，并对其东邻闽语、西邻湘语的毗连地区产生了影响。赣语的北邻是徽语，一般认为徽州方言古全浊声母今读送气清音也是赣语的影响，这似乎顺理成章。不过，紧邻赣语的徽语祁婺片古全浊声母清化后大多数字本来就送气，与赣语大体一致，如果认为其送气音也是赣语影响所致，必须假定它们曾经先清化为不送气清音。这种思路舍近求远，将简单朴素的语言事实置入复杂抽象的理论框架，既非必要，亦无证据。在我们看来，祁婺片和绩歙片的绝大多数送气声母字直接视为区域分化和扩散的结果即可，无需解释为赣语影响。但是，对休黟片而言，送气声母的辖字确呈渐增趋势，因此有必要考虑外来影响。江淮官话固然对徽州方言具有普遍性影响，但限于其浊音清化规则，送气音只能影响平声字，送气仄声字则另当别论。从地理位置看，赣语是一个可能的影响源。上文第12.3节介绍过赵日新（2002）赞同王福堂（1999）关于休宁话不送气声母字变成送气声母是受赣语影响的观点，同时又对这种影响呈“跳跃性”存有疑惑。所谓“跳跃性”大概是指绩歙片距赣语区比休黟片远，但送气字反而更多，其理据应该是：方言对外施加影响的强度应该随着距离的递增而递减。理据固然不错，但需具备以下前提：不论距离远近，被影响的项目在接受影响之前具有同一性。关于“跳跃性”的疑惑就在于忽略了这一前提。徽州古全浊声母发生区域分化后，绩歙片多数字读送气声母，休黟片多数字则读不送气声母，在这一点上二者已不再具有同一性。同样的影响施之于不同的对象，其结果自然不同，无法用上述“递增递减”的理据来考量。在我们看来，赣语“全送气”对祁婺片的影响是与原有读音合二而一，融为一体。这种影响对于祁婺片来说无足轻重，可以忽略，若视之为外来层次的全面覆盖也未尝不可，它并未改变祁婺片送气音与不送气音的辖字格局。赣语“全送气”对休黟片的影响则有实际意义，它增加了送气声母的辖字，使之逐渐超过不送气声母的辖字。

需要进一步探讨的是，从区位着眼，可能影响休黟片使其送气声母所辖古全浊仄声字增多的方言区，赣语并不是唯一的，也未必是主要的。祁婺片、绩歙片也是可能的影响源，且因其与休黟片距离更近，关系更密切，影响力或许也更大。来自徽州方言内部相邻区域的这种影响是单向的，因此不同于初始音变时与区域分化相伴随的双向性区域扩散，也不同于因权威方言进入而产生大量文白异读的叠置式音变。徽州方言古全浊声母一般只有一个读音，只有个别字有异读，有的虽然记作文白异读，但语用分工并不显豁。在古徽州府6县中，平田昌司（1998：108）只提到“黟县方言里有些两读现象可能是语音演变的结果，其性质尚待研究，这里暂且也将它们归入文白异读。……一般不送气的是白读，送气的是文读”。黟县方言古全浊声母的异读字如表12.2所示：

表 12.2　黟县方言古全浊声母今有送气和不送气多读的字[①]

中古声调	例字	不送气	送气
平声	菩	pu2	pʰu2　pʰu3
	涂	tu2（动词）	tʰu2（动词）
	苔	tuɐɯ2（文）	tʰuɐɯ1（白）
	啼	tɛɐ2 ～～哭哭	tʰɛɐ2
	跑	pɐo2（白）	pʰɐo2（文）
	调	tiːu2 ～和	tʰiːu2 ～和

① 表中字音材料源于池田健太郎（2008）。

（续表）

中古声调	例字	不送气	送气
平声	便	piːɐ2 ～宜	p^{h}iːɐ2 ～宜
	盘	poɐ2 ～点	p^{h}oɐ2（名词）
	堂	toŋ2（白）	t^{h}oŋ2（文）
	塘	toŋ2（白）	t^{h}oŋ2
	彭	pa2	p^{h}oŋ2
	膨	pa2	p^{h}oŋ2
仄声	大	ta6 ～小	t^{h}a6 ～小（白） t^{h}ɐo6 ～小
	埠	pu6	p^{h}u6
	杜	tu6 ～甫	t^{h}u3 ～仲
	罢	pa3（结束）	p^{h}a3 ～了
	牒	tiːɐ6	t^{h}iːɐ6
	蝶	tiːɐ6	t^{h}iːɐ6
	谍	tiːɐ6	t^{h}iːɐ6
	杰	tʃiːɐ6（白）	tʃ^{h}iːɐ1（文）
	垺	poɐ1	p^{h}ɤ1
	囤	tuaŋ2（动词）	t^{h}uaŋ1（名词、动词）
	突	tuɐɯ1（白）	t^{h}uɐɯ1（文） t^{h}u1（文）
	强	tʃiŋ5 倔～	tʃ^{h}iŋ3 勉～
	着	tʃɐo6 附～	tʃ^{h}iːu1 睡～（白）
	暴	pɐo5（白）	p^{h}ɤ3（文）
	瓣	poŋ2 一～一～（白）	p^{h}oɐ3
	曝	pɐo5（白）	p^{h}ɤ3（文） p^{h}u3 一～十寒（文）
	瀑	pɐo5（白）	p^{h}ɤ3（文） p^{h}u3（文）

我们认为，仅凭少量异读不足以认定为方言接触引发的叠置式音变，不妨改换思路，另行分析。作为弱势方言，徽州方言缺少对整个区域具有核心和辐射作用的中心城市方言的影响，因此共同特征少而内部分歧大。《中国语言地图集》（第2版）将“古全浊声母清化，今读塞音塞擦音声

母部分送气，部分不送气”作为徽语的第一共同特征就出于这种无奈。上述祁婺片、绩歙片对休黟片的单向影响并不意味着前者比后者更有权威，不妨视之为徽州方言自身的系统整合。这种整合虽然不如强势方言那样强劲，那样彻底，但假如连这种弱势的整合都没有，徽州方言也就不复存在了。综上所述，休黟片全浊声母今读送气字增多的后起音变源自徽州方言的外部接触和内部整合。

徽州方言本来是吴语的一部分。第12.3节介绍过王洪君（2006：361）依据这一点推断徽州方言“全浊声母清化的自然结果是一律不送气”。若用区域分化和扩散的眼光来看则无需作此假设。吴语全浊声母迄今保持与全清、次清两两对立的三分格局，这既表明徽州古全浊声母的区域分化是同吴语分离以后发生的，也表明送气和不送气声母辖字的增减未受吴语影响。

参考文献

曹志耘（1996）《严州方言研究》，日本好文出版。

陈　瑶（2009）《徽州方言音韵研究》，福建师范大学博士论文。

池田健太郎（2008）《黟县（宏村）方言语音研究》，北京大学硕士论文。

高永安（2007）《明清皖南方音研究》，商务印书馆。

李　荣（1956）《切韵音系》（新一版），科学出版社。

李如龙（2014）全浊声母清化的类型与层次，《语言学论丛》第50辑，商务印书馆。

李小凡（2014）闽粤方言古全浊声母的文白异读和历史层次，《语言学论丛》第50辑，商务印书馆。

刘祥柏（2003）徽州方言全浊字今读与吴语的关系，《吴语研究：第二届国际吴方言学术研讨会论文集》，上海教育出版社。

孟庆惠（2005）《徽州方言》，安徽人民出版社。

平田昌司（1982）徽州方言古全浊声母的演变，《均社论丛》第12期。

平田昌司主编（1998）《徽州方言研究》，日本好文出版。

侍建国（2011）《历史语言学：方音比较与层次》，中国社会科学出版社。

王福堂（1999）《汉语方言语音的演变和层次》，语文出版社。

王福堂（2004）徽州方言的性质和归属，《中国语文研究》第1期；又载于《汉语方言论集》，商务印书馆，2010。

王洪君（2006）文白杂配与析层拟测，何大安、张洪年、潘悟云、吴福祥《山高水长：丁邦新先生七秩寿庆论文集》，“中研院”语言所《语言暨语言学》专刊外编之六。

王洪君（2011）历史音变面面观——《历史语言学：方音比较与层次》评介，《语言科学》第6期。

魏建功（1935）黟县方音调查录，《国学季刊》第4期。

伍　巍（1994）《论徽州方言》，暨南大学博士论文。

赵日新（2002）徽语古全浊声母今读的几种类型，《语言研究》第4期。

赵日新（2005）徽语的特点和分区，《方言》第3期。

中国社会科学院语言研究所、中国社会科学院民族学与人类学研究所、香港城市大学语言资讯科学研究中心（2012）《中国语言地图集》（第2版），商务印书馆。

附　录

本书有的章节曾以单篇论文的形式发表，具体如下（末尾括注对应的本书章节）：

李小凡（2005）汉语方言分区方法再认识，《方言》第4期（上编第一章）

李小凡（2010）现代汉语方言的历史鸟瞰，《澳门大学中文集刊（三）》，澳门大学（上编第二章）

李小凡（2011）两广毗连地区汉语方言的归属，《语文研究》第1期（上编第三章）

李小凡（2012）平话的归属和汉语方言分类，《语言科学》第5期（上编第四章）

李小凡（2010）论层次，《中国语言学》第四辑，北京大学出版社（下编第一至六章）

李小凡（2011）杭州话的文白异读及其相关的历史层次分析问题，游汝杰、丁治民、葛爱萍主编《吴语研究》第六辑，上海教育出版社（下编第七章）

李小凡（2010）苏州方言连读变调的共时层面和历史层次，张洪年、张双庆主编《历时演变与语言接触——中国东南方言》（《中国语言学报》专集24号），香港中文大学（下编第八章）

李小凡（2012）王力《汉越语研究》对历史层次的探索和启示，

《语言研究集刊》第九辑，上海辞书出版社（下编第十章）

李小凡（2014）闽粤方言古全浊声母的文白异读和历史层次，《语言学论丛》第五十辑，商务印书馆（下编第十一章）

李小凡、池田健太郎（2015）徽州方言古全浊声母无条件分化成因新探，《语文研究》第2期（下编第十二章）

校后记

《汉语方言的共时分类与历史层次》一书是我的导师李小凡先生在汉语方言分区和历史层次分析上的研究成果，其中关于历史层次分析的部分是国家社会科学基金项目“汉语方言历史层次研究”的结项成果。

李老师生病住院期间将他十多年的研究汇总成本书，师母说书稿是在重病期间完稿，前言部分是他口述由孩子在电脑上记录完成的，三天后他就走了，没时间做更仔细的研读，希望出版前请我看看把把关。时任系党委书记的金永兵老师把书稿的电子档发给我，我便担起这个责任，作为李老师留在系里工作的唯一弟子，这是我应该做的事。

由于不是作者，不好直接改动书稿，我便先去问师母需要修改时怎么处理。师母跟郭锐老师反映了情况，郭老师跟我说，“能改的都改过来，加注说明”，但“一般的错误改后不加注”。后来在看书稿的过程中碰到了不太好改的地方，请教了王洪君老师，有一处她提供了修改意见，另一处是引用的字音材料有点儿小问题，如果改动连相关的统计数字（不止一个）都要一起改，她让我指出问题并注“原文如此”。我原本觉得没有改正又指出错误不太好，但王老师说：“没有关系。所有人都会出错，都能理解。”其实，正如项梦冰老师在序里所说：“这是一部很有深度的著作”，文中虽然有细节错误，但瑕不掩瑜，我的担心显得多余了。两位老师的意见是我在校对书稿校样时遵循的总原则。注都加在当页，末尾注明“校者注”，以跟书稿本身的注区分开。

郭锐老师将原书稿交由北京大学出版社出了校样之后，我便和责任编辑崔蕊一起校对书稿。一方面，我把我修订的地方反馈给编辑，另一方面，编辑按照出版社的图书出版要求对书稿进行审查，所有的文献出处的引注（包括页码）、引文、语料、统计数据均一一核对，小到行文表述、字形标点，大到内容甚至观点也都一一审查，我则是配合编辑，对她提出的问题进行处理，比如个别地方引述内容不见于所引的文献，个别出现在文中的文献不见于文后参考文献表，她找不到文献就由我来处理，比如个别地方字音数和统计数字对不上，比较好改的我也重新核对了字音材料并重新统计。有些细节之处她直接改或删了，比如直接引文与原文有个别字词不符或有不规范用字她直接改了，又如有些文献引注的页码她认为可以不注就删了，因为按图书出版要求只有直接引文需要注页码。我的工作便是看删改是否合适，有些不用删不用改的我尽量恢复原文，比如文献引注的页码我舍不得删，都一一查证恢复了；有的确需修改的，改得合适就接受，不合适的则重新处理。这样的校对确实有助于从细节方面提升图书质量。我们前后一共出了五次校样，前两次校样的校对改动较多，一校样的校对我和编辑各自作了改动，二校样的校对我主要是处理编辑的改动和编辑提出的问题，后三次校样的校对改动相对较少，主要是看标在先前校样上的修改是否都在新校样上改过来了，另外就是处理一些比较难处理而先前没处理好的问题和新发现的个别问题。

总的来说，我们对书稿的改动都是细节方面的改动，标点、用字之类的一般改了不加注，直接引文、引用的字音等材料、文献出处的引注、参考文献表需要修改的一般也就直接改了，有些地方加了注，比如第81页原书稿有段引文引自“《浦江县志·方言》”，我查找之后发现书名是《民国浦江县志稿》，改了过来，但我其实是在《史志中记载的浦江方言专辑》里找到引文的，因为《民国浦江县志稿》写成之后只是稿本，并未出版，2020年才有影印本出版。李老师看的肯定不是稿本，但书稿此处是梳理学术史，又必须按李老师原文引《民国浦江县志稿》，所以有必要加注说明具体情况。书稿加注的地方不一定是有问题的，比如第151页说所引的材料举了“17个例字”，这里的“17个”曾在编辑返回的二校样中被删除，我查看例子之后发现数据没错，不过很容易被数错，于是恢复原文的同时又加了注说明。编辑提出了个别涉及观点的问题比较棘手（如第74–75页借词的来源问题），我先前问王洪君老师这类涉及观点的问题时，她叮嘱过我改动要“小心再小心”，因此我就采用保留原文并加注的方式处理。

还要提到的是，原书稿下编原来一共十三章，其中第十章标题为“早期粤方言的疑问句及其历史层次分析”，注明引了学生黄海维的硕士论文《早期粤语疑问句研究》。该硕士论文在李老师指导下完成，采用了李老师提出的主层、变层、借层的理论框架对早期粤方言的疑问句进行分析，是应用该理论所作的唯一一个语法现象的个案分析。但是黄海维的论文未公开发表。李老师对该论文个别地方的层次分析观点以及行文、格式作了一些改动，全文引用作为第十章。我把这章的引用问题告诉师母之后，师母认为该论文的素材难得，去了可惜，考虑挂黄海维为第二作者。跟郭锐老师、项梦冰老师反复商量后，决定把这章单独拿出来作为书稿的附录，以黄海维为作者，并征得了黄海维的同意。编辑对第十章的语料、统计数据、文献出处等作了仔细的审查，提出了很多问题。由于论文的语料主要是早期粤方言的语料，很难找到，而黄海维本人毕业后不再从事学术研究，20年前写论文时搜集的语料因多次搬家遗失，最终这章只能从书稿里拿掉了，非常遗憾。另外，原书稿下编第九章注明引学生郑伟娜提交给方言研究课的课程论文，我未能见到这篇论文作为课程论文的版本，不过第九章的大部分内容和该学生后来公开发表的论文差不多，只是第九章采用了李老师提出的主层、变层、借层的理论框架进行分析。考虑到这篇论文已经以学生为作者公开发表，因此我觉得注明引用是可以的，于是在原注中进一步说明所引用的论文已经发表，补入已发表论文的文献信息。

原书稿缺内容简介、作者简介，我应编辑的要求补上了。

现在李老师的书稿终于可以出版了。书中上编第二章见于《汉语方言学基础教程》（李小凡、项梦冰编著 2009，北京大学出版社），也曾作为单篇论文发表。不过此次校对参考的是项梦冰老师2020年对该书的修订版。书稿如有改错、注错之处，由我负责。

此次书稿的校对过程中我碰到问题经常向项老师求助，偶尔也去请教系里的其他老师。下编第七章引赵元任《现代吴语的研究》韵母表的例字并作统计，例字的声母按书中声母表推导得到，语料和统计数字都比较难核对，一些不确定的地方问了系里来自吴方言区的在读博士生黄冬笑。师姐熊燕在具体问题的处理上也给我提了很好的意见，原书稿下编第十章的问题我便是听取她的意见后才告诉师母需要处理的。另外，这章的校对我碰到早期粤语的普通话对译问题还请李老师的学生罗言发帮忙，只可惜最后这章未能保留。

在此向书稿校对过程中给我提供帮助的所有老师、同门、学生表示感谢！

陈宝贤

2024-6-21

【师母附言】

感谢系里老师和李老师的学生为书稿出版提供的帮助，感谢郭锐老师多次联系学校相关部门落实书稿出版事宜，感谢王洪君老师指导书稿校对，感谢项梦冰老师为书稿写序，还要感谢责任编辑崔蕊认真细心地编辑校对书稿。

北大中国语言学研究丛书

王洪君　郭　锐　主编

《普通话“了$_1$”“了$_2$”的语法异质性》
范晓蕾　著

《白语方言发声的变异与演化》
汪锋 等 著

《玛丽玛萨话语法研究及标注文本》
李子鹤　著

《汉语方言的共时分类与历史层次》
李小凡　著

《汉语名词和动词向形容词转变的历史考察》
宋亚云　著